経営学

第三版 理論と体系

大月博司
高橋正泰
山口善昭
著

同文舘出版

第三版にあたって

　本書の初版は，広範囲にわたる経営学の領域について，歴史，現象，理論の観点から現代的な経営学の基礎知識を整理するとともに，80年代における経営学の新しい課題を盛り込み，その当時の最新の研究成果をも紹介しようとしたものであった．しかし，それからほぼ10年が経過し，経営学をとりまく環境内容は，以前に比べ急激に変化してきた．とりわけ，国際的には冷戦構造図式の崩壊の下，市場経済システムにおける規制緩和や企業活動の国際化がますます進展し，あらゆる業種で競争・グローバル化に伴う問題が浮上してきている．また，わが国においては，株価や地価の急上昇を背景にしたバブル経済の好景気とバブル崩壊による長期にわたる不況を経験してきた．企業環境のこのような急変において，企業を中心とした組織体の環境適応問題があらためて問われてきた．このような環境変化の中で前回の改訂が行われた．

　前回の改訂から10年が経過し，企業をとりまく環境は変化し続けている．前回の改訂から追加された企業の社会的責任・企業倫理の分野は，この10年ニュースにならない日はないほど企業にとって重要な課題になってきている．それにともないこの分野の研究者の数も増え，アプローチ方法も多彩になってきている．最も変化した研究領域の一つといえる．今回はこの分野を手直しした．今回の改訂で手直ししたもう一つの領域は，企業形態である．企業形態は，小さな変更はあったものの長い間，変化の少なかった領域であるが，商法改正，会社法施行により手直しすることとなった．本書の基本的意図，構成内容は初版から一貫している．初版から20年を経過した現在でも時代に後れることなく通用する内容であると信じている．

　経営学はダイナミックな学問領域である．経営学は，常に進化を続けている学問領域である．進化はすれば当然，経営学内での細分化・専門家が進むこと

となる．ここ10年で細分化・専門家は急激に進んでいるように思われる．細かな最先端の知識が重要なことはいうまでもないが，それは全体をわかっての話である．全体の中での位置もわからず最先端だけを知っていても意味はないと考える．本書において，経営学全体と細分化された専門領域の先端，この両方をバランスよく示すことができればと考えている．

なお今回も，先学諸氏の研究成果を大いに参考にさせていただいたことはいうまでもない．本書がきっかけとなって，一人でも多くの読者が経営学への関心をさらに高めていただければ著者として望外の喜びである．

最後に，本書の初版以来，ベターな本をと常に支援してくださった同文舘出版の秋谷克美氏，及び石井泰寛氏に感謝の意を表したい．

2008年初春

大月博司
高橋正泰
山口善昭

第二版にあたって

　本書の初版は，広範囲にわたる経営学の領域について，歴史，現象，理論の観点から現代的な経営学の基礎的知識を整理するとともに，80年代における経営学の新しい課題を盛り込み，その当時の最新の研究成果をも紹介しようとしたものであった．しかし，それからほぼ10年が経過し，経営学をとりまく環境内容は，以前に比べ急激に変化してきた．とりわけ，国際的には冷戦構造図式の崩壊の下，市場経済システムにおける規制緩和や企業活動の国際化がますます進展し，あらゆる業種で競争・グローバル化に伴う問題が浮上してきている．また，わが国においては，株や土地の急上昇を背景にしたバブル経済の好景気とバブル崩壊による長期にわたる不況を経験してきた．企業環境のこのような急変において，今日，企業を中心とした組織体の環境適応問題があらためて問われているのである．

　このような環境変化の中で今回の改訂が行われるのは，これまでも，アップ・ツー・デートを志向して毎回増刷の際に若干の手直しを続けてきたが，最新の研究成果を取り込むにはもはや不可能になってきたためである．とはいえ，本書の基本的意図は変わらず，構成内容は初版と同じである．ただし最近の研究動向を反映して，企業の国際化，コーポレートガバナンス，新しい組織形態，企業倫理，情報管理，経営戦略，日本的経営などの部分を中心に，新しい項目の追加と大幅な見直しがなされている．それは，こうした部分こそが過去10年間もっとも研究の進んだ部分だからである．

　経営学がダイナミックな学問分野であるという性格は，こうした研究動向からより鮮明となろう．経営学においては，たえず新しい現象の登場とともにその理論化が行われてきたが，最近の経営環境の変化はこうした傾向をますます促進し，経営学のさらなる発展を確信させるものとなっているのである．

なお今回の改訂にあたっては，企業倫理の部分を中心に，富士短期大学教授山口善昭氏にも参加してもらうことになった。山口氏による見直しにより初版における不十分な部分がかなり改善されたはずである．また今回も，先学諸氏の研究成果を大いに参考にさせていただいたことはいうまでもない．本書がきっかけになって，一人でも多くの読者が経営学への関心をさらに高めていただければ著者として望外の喜びである．

　最後に，本書の初版以来，よりベターな本をと常に支援してくださった同文舘の秋谷克美氏，佐久間幹夫氏，田村純男氏に感謝の意を表したい．

1997年初春

大 月 博 司
高 橋 正 泰
山 口 善 昭

はしがき

　経営学は学問として認められてからまだ一世紀ほどの歴史しか有していないが，成立期に比べると，最近におけるその内容の豊かさには目をみはるものがある．しかし，こうした内容充実の傾向は，何をもって経営学の基礎とするかの問題に関して，ますます共通認識を得るのを難しくしている．経営学のテキストと称するものが数多く出版されているにもかかわらず，その内容にかなりの相違がみられ，いまや，標準となるものがなかなかみいだせない状況なのである．

　このような状況下で，新たに経営学のテキストを著そうとするのは，われわれが意図する経営学の基礎とその動向をコンパクトにまとめたものが，なかなかみつからないからである．われわれは，現代の経営学をこれまでの経営学的研究の成果を包括したダイナミックな学問と理解している．したがって，経営学の内容を固定的なものであるとはみなさず，常に新しい問題にさらされ，しかもそれを積極的に吸収するものとみなすのである．

　本書は，経営学を学んでみようとする人を対象として，基本的に，経営学を歴史，現象，理論の観点から整理することを志向している．まず序章では，経営学とは何かという観点から，経営学の必要性と対象，およびその課題がまとめられている．つぎに第1章では，経営学が学問の歴史として，いかに生成・発展してきたかというその系譜をたどっている．第2章，第3章では，経営学が対象とする組織体の現象という観点から，とくに企業組織の形態や目的・責任，そしてその支配者である専門経営者の現象が中心に述べられている．第4章以下では，経営学の理論としてどのようなものがあるか，また現在どのようなことが問題とされているかを，経営組織，経営管理，経営戦略，経営と文化

というテーマでそれぞれ論じている．

　以上の内容をもつ本書は，経営学のテキストとして屋上屋を架すということになりかねない懸念があるが，従来のテキストとは構成内容を若干異にするとともに，つぎのような意図で編集されている．
　（1）　経営学の研究対象は企業というよりむしろ組織体であるという立場から組織論の成果を積極的に導入していること．
　（2）　経営学に関する最新の成果をできるだけ入れて，内容をアップ・ツー・デートにしていること．
　（3）　経営学では何が問題とされるかを明らかにすることで，さらに突っ込んだ研究をするための指針を提供していること．

　しかしながら，以上のような意図で書かれた本書も，不足の点や改良すべき点があれば，今後さらに，先学諸氏の御教示にもとづき，改訂を続けることで埋めて行く所存である．

　なお，本書が成るにあたって，諸先生の研究成果を大いに参考にさせていただいたことはいうまでもない．とくに，早稲田大学教授車戸 實先生，明治大学教授権 泰吉先生には，公私にわたって御指導をいただき，ここに心からの感謝の意を表わす次第である．

　また，参考文献の整理などについて，献身的な努力を惜しまなかった研究室の能瀬千恵美さんにも，ここに記して感謝したい．

　最後に，本書の出版に際し，しかも脱稿が大幅に遅れたにもかかわらず，度々の激励で支援してくださった同文舘の秋谷克美氏，それに池田勝也氏に厚く御礼申し上げたい．

1986年5月

大 月 博 司
高 橋 正 泰

目　　次

はしがき

序　章　現代社会と経営学 …………………………………3
　Ⅰ　経営学の研究対象　3
　Ⅱ　経営学の方法と特徴　6
　Ⅲ　経営学のアプローチと課題　8

第Ⅰ部　歴　史　編——————————————13

第1章　経営学の系譜 ………………………………………15
　Ⅰ　経営学成立前史　15
　Ⅱ　経営学の成立　17
　　1　ドイツ経営学の成立　17
　　2　アメリカ経営学の成立　21
　　3　わが国の経営学の成立　24
　Ⅲ　経営学の展開　25
　　1　ドイツ経営学の展開　25
　　2　アメリカ経営学の展開　29
　　3　日本における経営学の展開　34
　Ⅳ　経営学の現状　35

1　ドイツ経営学の動向　35
　　2　アメリカ経営学の動向　36
　　3　日本における経営学の動向　38

第II部　現象編 —————————————41

第2章　企業論 ···43
　I　企業の形態と分類　44
　　1　個人企業　45
　　2　共同企業　45
　II　企業の結合形態　52
　　1　カルテル　53
　　2　トラスト　55
　　3　コンツェルン　55
　　4　企業結合の規制──独占禁止法　56
　III　企業の国際化　57
　IV　企業の経営目的と社会的責任　60
　　1　経営目的　60
　　2　企業の社会的責任　65

第3章　経営者論 ···71
　I　専門経営者の出現　71
　　1　所有と経営の分離　71
　　2　専門経営者支配の成立とその基盤　74
　　3　利害関係者集団とコーポレート・ガバナンス　78
　II　トップ・マネジメントの職能　81
　　1　取締役会の職能　82

2　全般経営者（ゼネラルマネジャー）の職能　84
　　　3　専門経営者に要求される資質・能力　86
　　　4　ゼネラル・スタッフ（general staff）の重要性　87
　　Ⅲ　わが国のトップ・マネジメントの特色　88

第Ⅲ部　理　論　編 ——————————93

第4章　経営組織 ……………………………………95
　　Ⅰ　組織の概念　95
　　Ⅱ　組織形態の発展　100
　　　1　伝統的組織原則　100
　　　2　組織の基本形態　101
　　　3　職能部門制組織　104
　　　4　事業部制組織　105
　　　5　マトリックス組織　107
　　　6　ネットワーク組織　110
　　　7　組織形態の発展　110
　　Ⅲ　マクロ組織論　112
　　　1　組織と環境　112
　　　2　組織の環境適応論　115
　　　3　組織デザイン論　119
　　　4　組織のパワー論　123
　　Ⅳ　ミクロ組織論　125
　　　1　モティベーション　125
　　　2　リーダーシップ　142
　　　3　組織コンフリクト　156

第 5 章　経 営 管 理 …………………………………………167

　　Ⅰ　意思決定論　167
　　　　1　意思決定の意味　167
　　　　2　意思決定のパターンと構造　170
　　　　3　組織の意思決定　172
　　Ⅱ　経営管理論　174
　　　　1　プロトタイプとしてのFayol経営管理論　174
　　　　2　経営管理論　177
　　Ⅲ　経営管理各論　181
　　　　1　人事・労務管理　182
　　　　2　生産管理とマーケティング　185
　　　　3　財 務 管 理　186
　　　　4　情 報 管 理　188

第 6 章　経 営 戦 略 …………………………………………193

　　Ⅰ　戦略の概念　193
　　Ⅱ　経営戦略のレベル　197
　　Ⅲ　経営戦略の策定　199
　　　　1　戦略策定プロセス　199
　　　　2　製品—市場戦略　201
　　　　3　製品ポートフォリオ・マネジメント　202
　　Ⅳ　戦略と組織　208
　　Ⅴ　経営戦略論の発展と課題　210

第 7 章　経営と文化 …………………………………………217

　　Ⅰ　経営の国際化と文化　217

Ⅱ　経営における風土と文化　218
　　Ⅲ　日本的経営　227
　　　　1　日本的経営　227
　　　　2　日本的経営論　231
　　Ⅳ　日本的経営の課題と展望　239

参 考 文 献 ―――――――――――――――― 243

索　　　引 ――――――――――――――――― 265

経　営　学
――理論と体系――
〔第三版〕

序　章
現代社会と経営学

　経済学をはじめとする社会科学は，社会の発展にともなう諸現象の解明とそれにかかわる諸問題の解決のために成立・発展してきたといえる．社会科学としての経営学もその例外ではない．しかし，経営学はその歴史が相対的に新しく，社会の発展といっても産業社会の発展，すなわち資本主義国を中心とした企業の発展とそれにともなう問題とともに発展してきたのである．

　また近年，現代社会（産業社会）の変貌に関して「脱工業化社会論」とか「高度情報化社会論」，「知価革命論」というようにそれぞれ内容を根本的に異にする議論が盛んになされているが，いずれにせよ，現代社会のそうした趨勢によって生ずる問題に対して，経営学が重要な学問として新たな展開を迫られるのはその発展経過からして明らかである．

I　経営学の研究対象

　経営学を独立した学問体系とするにはその研究対象を明確にすることがまず必要である．そもそも，特定の研究対象に対する理論の体系が学を形成することになるからである．

　歴史的にみて，いわゆる経営学の研究とされるものの多くは，ドイツを中心

としたもの，アメリカを中心としたものに大きく2つに分けることができる．ドイツにおいては，経営学の経済学からの独立性を主張した方法論的研究が盛んに行われたのに対し，アメリカでは組織における実践的なマネジメント論として展開されたきらいがある．しかし，現代の経営学の視点から眺めてみるとそれらの研究対象は，企業であったり，また個別経済，経営経済，経営組織，経営管理であったりして，それぞれの論者の問題意識によって若干の相違がみられるのである．

ところで，従来から，研究対象を確定する考え方としてよく引用されるのに「経験対象と認識対象の区別」がある．ある学問がその独立性を主張するには，独自の認識対象を有することによって可能であるということが，その背景にあるからである．

この場合の経験対象とは，日常直接経験できるものとして研究者に与えられている諸現象ないし諸事実のことであり，無限の複雑性と多様性を有するものである．たとえば企業という協働体は，経済学，社会学，心理学，経営学などそれぞれの研究者にとって1つの経験対象といえるが，その複雑性と多様性からこれをすべて余すところなく記述することは不可能である．そこで各研究者は，それぞれの基準（視点）から企業という経験対象を眺めることによって，自分の問題意識にとって重要な特質だけを抽出し，そこに固有の研究対象を得ることになる．これがいわゆる認識対象である．

認識対象はこのように研究者の選択の基準によって経験対象から抽出されるわけだが，通常，その基準は選択原理とよばれている．各研究者によって選択原理は異なるが，たとえば経営学においては，収益性原理（Rentabilitätsprinzip）や経済性原理（Wirtschaftlichkeitsprinzip）がその代表的なものである．

ドイツ経営学（経営経済学）の初期の発展過程においては，その研究対象が「企業」であるとか，「経営」であるとか，いろいろ議論されてきたが，それは別の見方をすれば，生産組織体という経験対象から認識対象を抽出するのに，収益性原理を基準とするか，経済性原理を基準にするかといった選択原理の問題でもあったといえる．確かに，選択原理に基づく認識対象の規定は，経営学

の独立性を主張するのに都合のよい方法であったが，そのために，研究によって明らかにされるべき現象が固定され，経験対象を説明しうる満足のいく理論の構築を不可能にする危険性があるのである．しかも認識対象の選択は，個々の研究者の特性に基づいて選ばれるものであって，それが客観的で，絶対的な妥当性を有するものであると考えるのは誤りなのである（Köhler, 1966）．

こうした点から考えると，認識対象の厳密な規定は，経営学の発展にとって生産的というよりも，むしろそれを阻害するものといえる．しかし，経験対象と認識対象の区別はそれとして，研究対象の規定なくしては理論体系を志向した研究を進めることができない．それでは，現代の経営学の研究対象は何に求めたらよいのであろうか．

研究対象の規定は認識対象の規定の論理と同じく，個々の研究者の主観的な選択の問題にならざるをえない．ところが，個々の研究者は業績をあげる過程において，特定の視点に基づいた従来の研究をベースに自らの枠組みを形成してきたといえる．それゆえ，研究対象の規定は研究者の数だけあることにはならず，研究者間で共有化し一定の学派を形成するような傾向がみられることになる．たとえば，経営学の研究対象について，それを「経営」（山本，1964）とみなしたり，「企業経営」（占部，1976），「協働体系としての企業」（岡本，1982），「市場経済体制における企業」（田島，1984）とみなすような見解はその代表的なものである．研究対象を広狭どのようにとらえるかの相違があるものの，これらの見解はいずれも共通して，従来の経営的研究の成果がすべて当該研究対象のもとで説明のつくことが意図されている．したがって，企業の問題を中心に経営的研究がなされてきたことをみると，それぞれの見解で企業を対象とすることが共通しているのは当然かもしれない．

しかし，現在展開されている経営学の研究とみなされるものは，組織にかかわる諸問題が中心になされており，上記のような研究対象の規定の枠をこえつつあるといえる．そこで，われわれは現代の経営学の研究対象を，経営学的研究の歴史的発展に共通するものとして，広く組織体（＝協働システム）に求めることにしたい．現代社会において企業が代表的な組織体であることはいうま

でもないが，それ以外の組織体，たとえば，自治体，病院，学校なども対象に入れるのは，それらが企業において展開される論理を取り入れなくてはならなくなってきたからである．それはまた，科学的管理法から人間関係論，そして近代組織論という理論の展開を包含する対象は何かということを重視するからでもある．

　もちろん組織体の研究は経営学だけに限らず，経済学，社会学，心理学などにおいても可能である．たとえば，経済学では組織体の経済的分析を，社会学ではその構造・機能分析を，そして心理学では組織メンバーの心理的分析を行っている．しかし経営学では，組織体といってもその目的―行動―成果をつねに視座において研究が進められるのである．成果の問題を欠いた組織論は経営学とはいえないであろう．

II　経営学の方法と特徴

　組織体の行動にはいくつかのヴァリエーションがみられるが，そこから共通の論理を把握し，それを体系化することが経営学理論の目指すところである．そのためには，すべての組織体に関する事実をもれなく認識することが必要である．しかし，われわれ人間の認知能力には限界があり，それは不可能である．それゆえ，理論構築のためにいくら大量の実態調査を行おうとも，そこでの認識は限られたものでしかなく，われわれは，ある程度の限られた経験的事実をベースにしながら仮設設定をして，組織体の行動についての論理を探求せざるをえないのである．

　理論構築に必要な仮設の定立は，経験的事実の蓄積とともに増えていくが，また，論理的推理によっても可能である．そして仮設の集合が形成されると，つぎに，各仮設間に論理的一貫性があるかどうかが研究者によって問われ（論理演繹），そこでもし問題がなければ，それが仮設的命題とされるのである．

　しかしこのような命題は，特定の経験的事実と論理演繹によって導きだされ

たものでしかなく，一般的に真であると確証されたとはまだいえない．仮設的命題は，経験的データとの関連で検証されてはじめて，しかも反証がでない限りにおいて真の命題とみなされるのである（岡本，1982）．

社会科学としての経営学は，その理論構築において，このような近代科学の支配的方法論である仮設→論理演繹→検証という分析手続きをとることが必要である．しかし，そうするうえで，社会科学特有の障害があることも認識しておかなければならない．それは，社会科学の場合には自然科学と違って，実験という確かな検証方法を得ることができないということである．統計的推定法というすぐれた検証方法が考案されてきたとはいえ，まだ社会科学では，コントロールすべき要因を実験室で行うようにうまくコントロールすることができず，研究によっては相対立する命題がそれぞれ実証されることがあるのである．

したがって，経営学においては，その理論構築をする際の仮設がきわめて重要であり，それを慎重に行わなければならないといえる．そのために，客観的な事実をできるだけ多く収集し，それを体系的に分析することで，仮設設定を行うことが必要なのである．

経営学の研究は他の諸学と同じくこのような方法に基づいて展開されるべきといえるが，また経営学にはいくつかの特徴をみいだすことができる．まず第一の点は，学際性である．これは，経営学の研究対象が組織体（＝協働システム）であるという点からうかがい知ることができる．たとえば，代表的な組織体である企業には，経済的側面，社会的側面，人間的側面，法律的側面などの問題がすべて含まれており，その行動を総合的に解明する場合，経済学，社会学，心理学，法律学などの手助けが是非とも必要とされるからである．

第二の点は，実践性である．これは，経営学の生成・発展をみるとわかる．とくにアメリカ経営学においては，科学的管理法以来，組織の能率向上のための方策が探求されてきたといえるからである．しかし，実践性といっても，目的達成の手段である技術論や政策論だけが問題とされるのではなく，それを裏づける理論が求められるのはいうまでもない．

第三の点は，人間の主体性である．他の社会科学と異なって経営学では，組

織体行動の分析を組織メンバーの意思決定に注目して行うのであり，それは受動的な人間というよりも主体的な人間の行動を重視するものである．

ともかく，経営学が学際的で，かつ実践的な理論志向をもった学問であることは間違いないといえよう．

III 経営学のアプローチと課題

組織体は，その経済的側面，人間的側面，社会的側面，文化的側面などの諸活動が，専門化および秩序化の原理を中心に相互に調和のとれた状態であり続けることによって，社会の制度として存続する．したがって，組織体を研究対象とする経営学は，いろいろなアプローチが可能となる．たとえば，経済的側面を中心にした経済学的アプローチ，人間的側面を中心にした心理学的アプローチ，社会的側面を中心にした社会学的アプローチなどである．しかしこうした単独のアプローチでは，その分析視点の偏りから，経営学という学問体系を構成する単なる各論の展開に留まる可能性が高い．経営学は他の諸学とは異なったその特徴から，インターディシプリナリー・アプローチが望まれるのである．

インターディシプリナリー・アプローチは，複雑な現象に対して関連諸科学の協力による統一理論の構築を志向したものだが，問題がないわけではない．これは多様なアプローチがひしめきあう状況を是認することになるからである．H.Koontz（1976）の主張した「マネジメント・セオリー・ジャングル」[1]がまさにそれである．彼は，経営学に対するアプローチを隣接諸科学との関連で整理して（図1），つぎの9つを指摘している．すなわち，(1)経験的・事例的アプローチ，(2)個人間行動アプローチ，(3)集団行動アプローチ，(4)協働的社会システム・アプローチ，(5)社会・技術システム・アプローチ，(6)決定論的アプローチ，(7)コミュニケーション・センター・アプローチ，(8)経営科学的アプローチ，(9)オペレーショナル・アプローチである．また，1980年のマネジ

メント・セオリー・ジャングル再検討論文では，(7)を削除する代わりに，システムズ・アプローチ，マネジリアル・ロール・アプローチ，そしてコンティンジェンシーないし状況アプローチが付加されている．

図 0-1 マネジメントに対する各アプローチと隣接諸科学

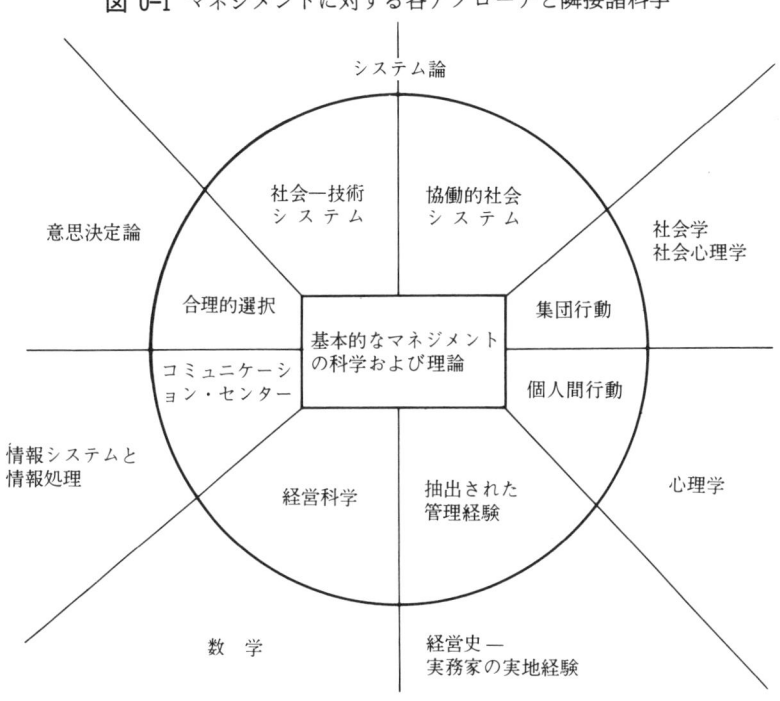

（出所） Koontz = O'Donnell, 1976, p. 65.

このような研究アプローチの多様化は，収拾のつかない結果をもたらすといえるが，また，それらを統合する動きをひきおこすものでもある．意思決定志向的なアプローチや最近のコンティンジェンシー・アプローチはそうした傾向の一例であるといえよう．

いずれにせよ各研究者は，その名称はともかくとして，何らかのアプローチに基づいて経営学の研究を進めざるをえないわけである．しかし，経営学の理論展開においていったん採用したアプローチは，論理の整合性を維持するために一貫したものであることが必要である．たとえば，経営科学的アプローチを

とるものは，その理論展開に際してあくまでも当該アプローチにのっとることが求められるのである．

　組織体の目的―行動―成果を分析の対象とするのが経営学であるという立場からすれば，組織体メンバーの行動を重視するアプローチ，すなわち行動論的アプローチがまず考えられるべきであろう．組織体の行動は，組織体メンバーの体系だった行動として理解することが論理的だと思われるからである．

　ところで，組織体にとって環境は無視できない要因であり，組織体の行動は，組織体が環境とのかかわりにおいてどのように活動し成果をだしているかという点を含んでとらえることが必要である．したがって，組織体を対象とする経営学では，組織体の行動メカニズムの解明ばかりでなく，組織体と環境との関係から生ずる問題と組織体内部が抱える問題の解決が，同時平行的に求められることになる．これは別の観点からいえば，経営学の課題が何でどこにあるかを明らかにしているといえる．

　組織体は，行動する場合いくつかの内的・外的問題に直面するが，その外的環境との関係から生ずる問題に対しては社会性の追求によって，また組織体内部において生ずる問題に対しては，組織体の行動が合目的的であるための合理性の追求と，組織体メンバーを機械ではなく人間として扱う人間性の追求によって対処するのである．それゆえ，こうした合理性の追求，人間性の追求，社会性の追求といった行動志向は，組織体が存続するうえで欠かせないものとなり，経営学の立場からいえば，これらこそ経営学の課題といえるのである．

　しかし，経営学の課題はつねにこれらに限定されるわけではないし，また，なかには時代の要請によって重視されたりされなかったりするものがあるが，実質的には経営学の発展に応じて増大しうるものなのである．たとえば，経営学発展の初期においては，科学的管理法にみられるごとく合理性の追求のみが経営学の課題とされていたのであるが，やがて，人間関係論の展開とともに人間性の追求も組み入れられ，また環境問題の発生とともに社会性の追求も課題とされるようになったのである．

　現代の経営学はどうかといえば，以上の展開からわかるように依然としてこ

れらは課題であるが，近年の驚異的な技術革新や企業活動の自由化・国際化の進展の影響から，創造性の追求，革新性の追求，文化性の追求なども経営学の新たな課題として多くの研究者の注目を集めるようになっているのである．

要するに，経営学の課題は産業社会の発展とともに，たとえば，経済のソフト化の進展や今後想定される高度情報化社会，高齢化社会の到来とともに増えざるをえないのであり，経営学はその課題解明に向けてますます重要な学問分野になるといえるのである．

図0-2　増大する経営学の課題

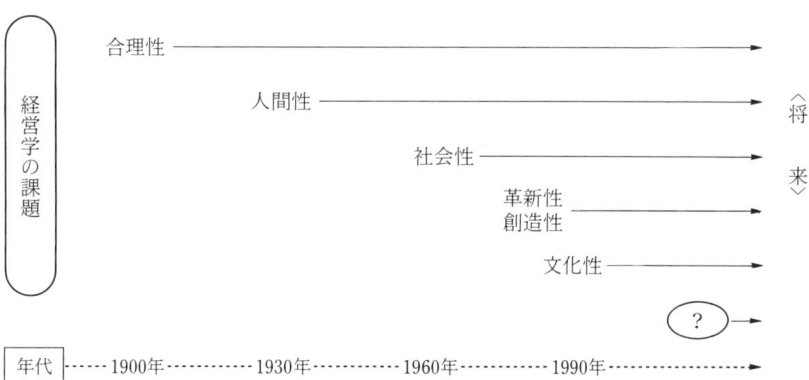

【注】1)　この名称がはじめて用いられたのはH. Koontz (1961)の論文においてであり，当初はつぎの6つが学派として分類された．すなわち，マネジメント・プロセス学派，経験学派，人間行動学派，社会システム学派，意思決定論学派，数理学派である．

【参考文献】
藤田　誠『スタンダード経営学』中央経済社，2011年
眞野　脩『講義 経営学総論』文眞堂，1997年
沼上　幹『行為の経営学』白桃書房，2000年
岡本康雄『経営学入門（上）』日本経済新聞社，1982年
坂下昭宣『経営学への招待（改訂版）』白桃書房，2000年
田島壮幸『企業論としての経営学』税務経理協会，1984年
高橋伸夫『経営の再生』有斐閣，1995年
山本安次郎『増補経営学要論』ミネルヴァ書房，1964年
J. ヘイグ，小松陽一他訳『理論構築の方法』白桃書房，1978年

第Ⅰ部　歴　史　編

第1章
経営学の系譜

I 経営学成立前史

　経営学の科学としての成立は20世紀をまたなければならない．しかし経営を広義に解釈して組織を運営することと考えれば，人間は組織的生活をはじめて以来「経営」を行ってきている．古代エジプトのピラミッドや万里の長城は，組織をつくり，管理を行わなければなしえない事業である．しかしながら，現在の経営学への要請は産業革命以後，とりわけ産業社会の発展と事業規模の拡大を背景とする実践的要請によるものであった．

　10世紀以後の「商業の復活」にともないイタリアを中心として商業活動が活発化してきたなかで，ルネッサンス隆盛期の L. Pacioli(1445?-1500?) の著した *Summa de Arithmetica, Geometria, Proportioni et Proportionalita*, 1494 (『算術，幾何，比および比例の総覧』) は，当時の商人養成のための，そして今日でいう複式簿記の原型を示した文献である．その後，商業学の研究はフランスにうつり，J. Savary(1622-1690) による *Le Parfait Négociant*, 1675 (『完全なる商人』) が著され商業学が展開する．しかし，いちはやく産業革命を果たしたイギリスと同様フランスにおいてもその後経営学は発展せず，

長く経済学のなかで論じられることになる．また，当時の商業学は商業諸学科（簿記，商業算術，商業通信，商取引学）の寄せ集めであり，科学としての体系はもっていなかった．

商業学はドイツにおいていわゆるドイツ経営学を総称する経営経済学として19世紀後半から20世紀にかけて生まれ変わっていく．18世紀に入ってP.J. Marperger(1656-1730)，C.G.Ludovici(1707-1778)，J.M.Leuchs(1763-1836)らによって体系的に展開された商業学は19世紀には衰退し，やがてL.Gomberg(1866-1935)，J.F.Schär(1846-1924)らの商業経営学へと継承される．

また一方で，18世紀末までドイツでは領邦重商主義の学科として固有の社会科学すなわち官房学が栄えていた．しかし，イギリスの古典派経済学の流入とともに，財政学を中心とした領邦経済復興のための官房学は解体され，国民経済学に組み込まれるのである．18世紀末から19世紀はドイツが経済的後進性に目覚め，領邦国家からドイツ帝国の建設による独占資本主義の先進国に変貌する時代であり，まさに領邦経済から国民経済への移行の時代であった．このような背景から官房学における私経済学的研究は国民経済学のなかで展開され，ドイツ経営経済学はこの私経済学に結びついて発展するのである．

また，アメリカは19世紀に入って対英戦争(1812)を契機にイギリスから経済的に独立し，繊維工業を中心とした産業革命を経て南北戦争(1861-1865)以後飛躍的な工業化を展開する．産業革命のなかで輸送における分野の発展は著しく，運河建設と鉄道は輸送コストの低減と新規市場の開拓（地域的独占の崩壊）を誘発し，大量生産の可能性を増大させた．また，労働力確保のための移民労働者は大多数が未熟練労働者であったことにもより，大量生産のための機械化が早くから導入されたのである．

アメリカにおける経営に関する研究には，(1)鉄道企業を対象に展開された「組織と統制」の研究，(2)工場管理の合理化の研究を課題とする「工場管理運動」，(3)原価計算を過去の実績だけでなく進行中の作業を統制するための手段として利用する問題を中心とする「原価計算改革運動」などがあげられる(Aitken, 1960)．アメリカ最初のビッグ・ビジネスである鉄道業においては，鉄

道網の拡大によって地域的限界をこえた管理のための諸技法の開発が急務であり，当時の管理者である技師にそれが要請された．管理の原則，組織体制，組織図の作成によるすぐれた管理を研究した D.C.McCallum(1815-1878)の研究を現実に採用したのはペンシルバニア鉄道であった．また，「工場管理運動」は生産技術の発達と生産の集中による労働過程の技術的・組織的性格の強化と労働強化による能率増進に対する労働者の組織的抵抗の激化という問題を抱えていた．このようにアメリカにおける経営研究は，直接的には生産過程における管理や財務的管理という，いわば実践的な要求に応えるべく展開された研究が中心となるのである．

わが国は19世紀後半，明治維新によって封建社会から資本主義社会へという大転換を果たし，ヨーロッパの先進工業国に追いつくべく富国強兵策のもと経済発展がはかられた．とくに工業化においてイギリス，フランスに遅れをとったドイツから学ぶところが多く，必然的に経営学はドイツ経営学の影響のもとに発展するのである．

以下，ドイツ経営学，アメリカ経営学の系譜を軸としてたどりながら，わが国の経営学を含めた経営学の発展を概観することにする．

II 経営学の成立

1 ドイツ経営学の成立

商業学の経済学化へ，そして商業経営学から経営経済学化への展開はドイツ経営学の生成を特徴づけている．商業教育の必要性に迫られたドイツにドイツ商業教育協会を中心として商科大学設立運動が展開され，そして1898年4月ライプチッヒに最初の商科大学が設立され，その後各地に商科大学が誕生した．しかし，当時の商業学は商科大学における高等商業教育に十分応えられる内容をもっておらず，商科大学では国民経済学が中心で本来の中心科目を有していなかった．そのような状況下，Gomberg, Schär らによって商業経営学が提唱

図 1-1

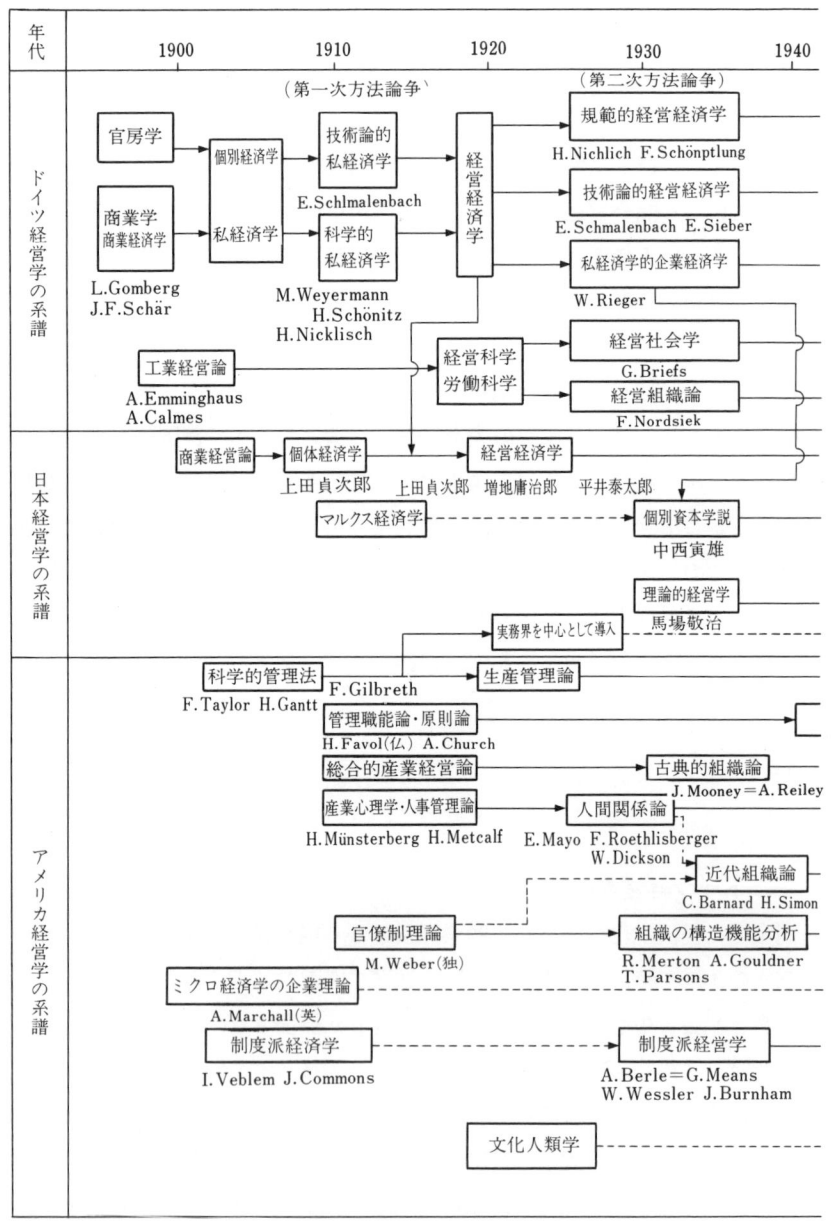

第1章 経営学の系譜　19

経営学の系譜

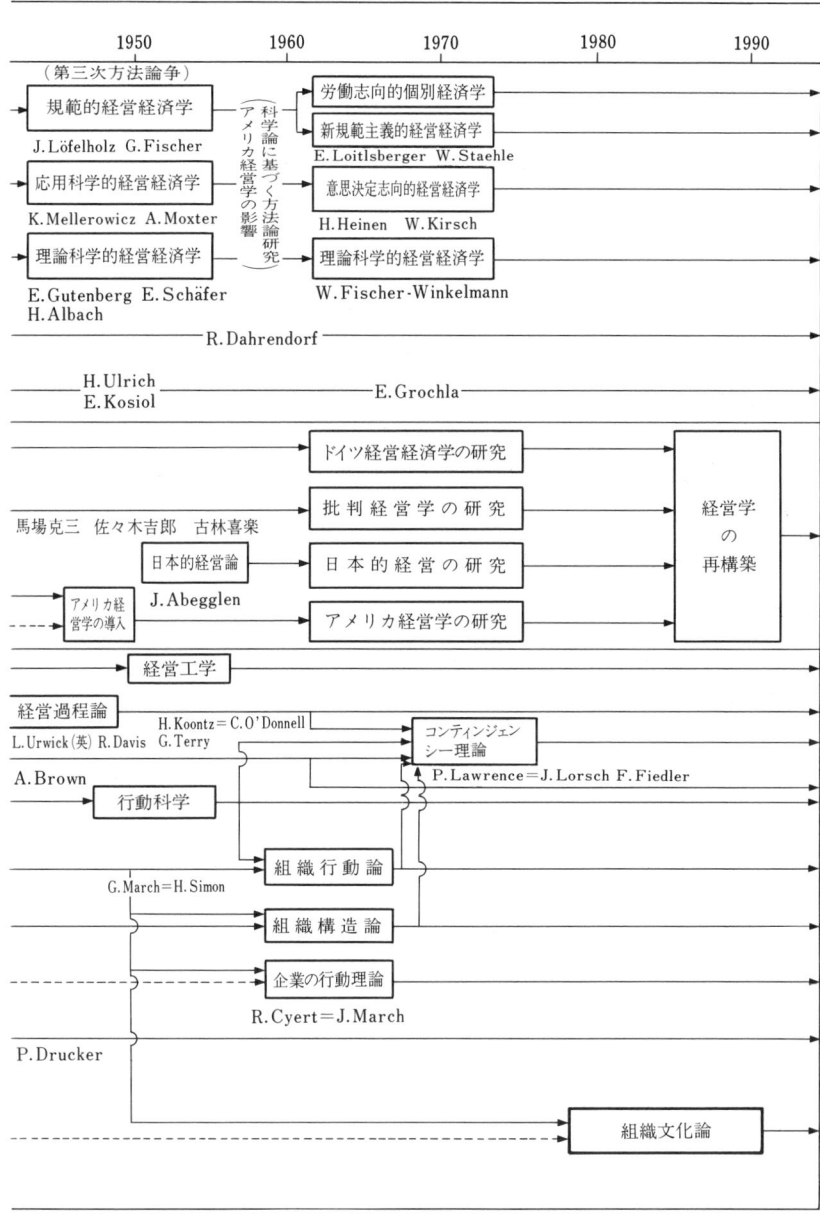

される．会計学者である Gomberg(1903)は「経営学」の課題を「合理的な組織と管理の原則を教える」こととして商業経営学を個別経済学の一部分として位置づけた．また，Schär(1911)は商業学を企業経済の視点より整理し，商業を私経済学・個別経済学的視点より理解するのではなく，商業概念を国民経済学的観点から理解しようとした．

しかし，国民経済学者 M.R.Weyermann と H.Schönitz による科学的私経済学が提唱されると，経営経済学最初の科学理論についての方法論者である Gomberg は「早すぎた先駆者」として，また，その規範的性格のゆえに Schär も孤立してしまうのである．Weyermann＝Schönitz は方法論的研究に傾注し，私経済＝企業を認識対象として，また収益性を選択原理とする理論科学としての私経済学を提唱した．Weyermann＝Schönitz は *Grundlegung und Systematik einer Wissenschaftlichen Privatwirtschaftslehre*, 1912（『科学的私経済学の基礎づけと体系化』）を著し，私経済学を国民経済学の一部分として論理的に位置づけている．つまり，自己自身（「経済人」）のために私的行為を行う私的経済主体の収益を獲得しようとする活動が私経済学の対象とされたのであり，それはまた「経済人の具体化」を課題とする没価値的純粋科学であると彼らは私経済学を設定するのである．

これに対して E.Schmalenbach は，*Die Privatwirtschaftslehre als Kunstlehre*, 1912（「技術論としての私経済学」）の論文において，目的意識的に研究されるという，実践的色彩の強い技術論としての私経済学を展開した．彼は，第1に利潤追求を所与の公理として承認することによって，第2に共同経済的生産性を選択原理とすることによって「金儲けの学」という経営学への批判を回避しようとした．また，Schmalenbach は *Selbstkostenrechung*, 1919（『原価計算』），*Grundlagen dynamischer Bilanzlehre*, 1919（『動的貸借対照表論』），*Kontenrahmen*, 1927（『コンテンラーメン―標準会計組織―』）などを著し，経営経済学とくに経営計算制度（企業会計）の分野で多くのすぐれた業績を残した．

こうした中で科学的私経済学を唱える Weyermann＝Schönitz と技術論を

提唱する Schmalenbach によって，ドイツ経営学史上初の方法論争がくりひろげられた．それは（1）私経済学は理論科学か技術論か，（2）収益性を選択原理とするか，経済性を選択原理とするか，（3）国民経済学との関係はどうか（独立か一部分か）という，いわゆる第一次方法論争が展開され，決着のつかないまま第1次世界大戦によって中断されるのであった．

2 アメリカ経営学の成立

アメリカでは19世紀後半における「能率増進運動」と「組織的怠業」(systematic soldiering) の狭間に，1880年アメリカ機械技師協会(American Society of Mechanical Engineers, 略してASME) が設立され，H. Towne の分益制，F. Halsey の割増し賃金制などの刺激賃金制度を中心とした体系的管理が進められていた．このような状況下で，F. W. Taylor による科学的管理法が登場するのである．また，ほぼ同時期にフランスの H. Fayol による経営管理の研究，ドイツの M. Weber による官僚制の研究が展開され，これら二者の研究は後のアメリカ経営学に多大な影響を及ぼすことになる．ここでは，Taylor の科学的管理法，Fayol そして Weber の業績を伝統的理論として検討することにする．

(1) 科学的管理法

科学的管理法は，経験的観察によって，より能率的な作業方法の開発に科学的方法が利用できることを示唆した．製鋼会社の技師であった Taylor は，実践的な経験から科学的管理法を展開したのである．彼は組織的怠業の原因となる従来の「成行管理」(drifting management)にかえて，あらかじめ設定された遂行されるべき仕事である課業(task)を中心とした「課業管理」(task management)を提唱した．これは科学的管理法の柱をなすものであり，(a) 大きな一日の課業，(b) 標準的諸条件，(c) 成功に対する高い報酬，(d) 失敗した場合の損失負担，(e) 第一級の労働者にしてはじめて達成できる程度に困難な課業，という原則に基づいている．つまり，科学的管理法はつぎのアプローチによっ

て行われる．
1. 所与の課業を遂行する唯一最善の方法を開発すること
2. その方法の標準化（通常は時間・動作研究によって行われる）
3. 特定課業の遂行に最も適した労働者を選抜すること
4. 仕事を遂行するのに最も能率的な方法を労働者に訓練すること

このようなアプローチは，工学的アプローチである．それは人間を機械の一部としてみなすものであり，「従業員は経済的報酬によって動機づけられる」という「経済人」仮説を内包していると批判されている．科学的管理法のもとでは課業の計画化，組織化，統制が労働者の自由裁量からとりあげられ，管理の専門家にそれが委ねられることになる．ここにおいて，万能的職長制度にかえ，計画機能と執行機能を分けた職能別職長制度が示され，それは標準課業の達成を基準として2つの異なる賃率を用いる差別出来高給制度とともにテイラー・システムを構成している．したがって，科学的管理法は管理の発展への新しいシステマティックなアプローチをもたらしたけれども，反面，労働者の強い抵抗をまねくこととなった．しかし，Taylor はこうした労働組合からの批判に対して科学的管理法の本質は管理の技法や管理制度ではなくて，科学主義と労使協調主義による労使双方の「精神革命」であると「科学的管理法特別委員会における供述」(1912年)において述べている．

(2) Fayol の管理論

科学的管理法が工場や作業レベルにおける最適化に関心をよせていたのに対し，組織のより高いレベルに適用可能な管理原則を強調し，管理の一般理論の構築を目指したのは Fayol であった．この理論は科学的管理法，官僚制モデルと同様に今日においても依然として管理や組織の理論的枠組みを提供するものとして適切かつ基礎的な役割を果たしている．Fayol(1916)は企業経営を（a）技術，（b）商業，（c）財務，（d）保全，（e）会計，（f）管理という活動の6つの職能に分け，経営はこれらの職能を円滑に行い，企業全体をできるだけ多くの利益を生みだすよう努力させ，方向づけることであるとし，管理を企業職能

の1つとしてはじめて位置づけた．ここで管理職能が重視され，管理職能は5つの要素，すなわち①計画，②組織，③命令，④調整，⑤統制からなるプロセスとして把握された．また，彼は正しい適用方法を知らなければ役に立たないとしながらも，燈台の明りにたとえられる14の管理原則を経験から導き出し，管理教育の必要性を指摘したのである．

図 1-2　Fayol（1916）の経営機能

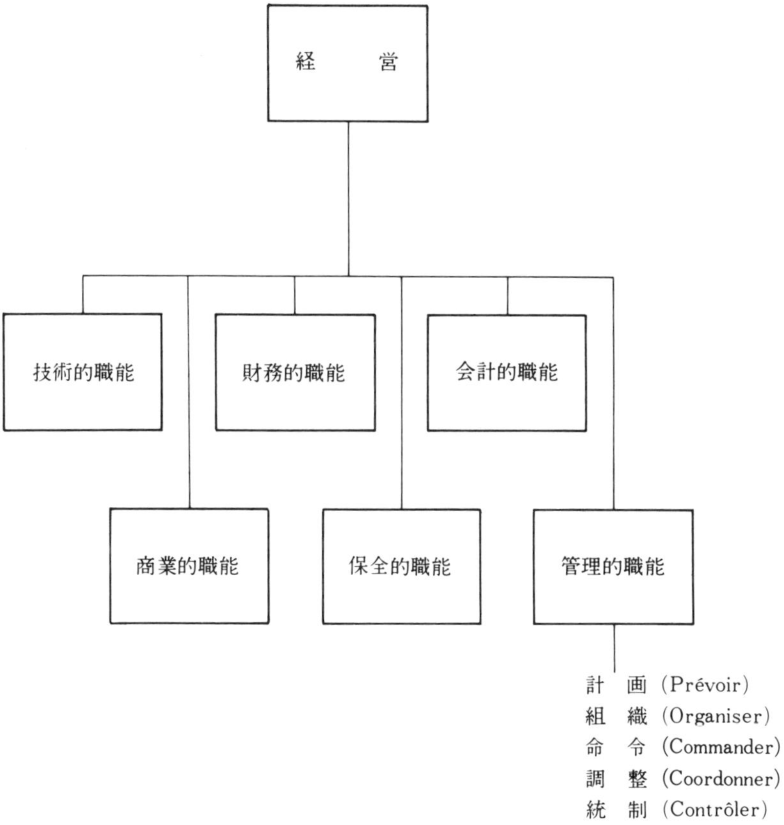
経　営
技術的職能
財務的職能
会計的職能
商業的職能
保全的職能
管理的職能
計　画（Prévoir）
組　織（Organiser）
命　令（Commander）
調　整（Coordonner）
統　制（Contrôler）

（出所）　Wren, 1979, p. 234を一部修正．

(3) Weber の官僚制理論

　Weber は周知のごとく近代社会学の創始者の1人であり，経済，社会，および政治思想に重大な貢献を行った人である．彼の関心は，単一組織の管理とともに社会の経済的・政治的構造にあった．Weber は宗教観の変化が資本主義の成長に及ぼした影響を議論し，組織構造に対する工業化の影響を検討し，複合組織の発展を導いた歴史的・社会的要因の考察から官僚制の理論を引き出した．Weber によれば，官僚制はもっとも能率的な組織形態であり，近代社会の要求によって生じた複合組織――企業，政府，軍隊など――にもっとも能率的に利用されうる組織であり，また必然的な組織形態であるとされる．Weber のこうした理念型官僚制は，①機能的専門化に基づいた分業，②権限の明確な階層制，③職務担当者の権利と義務を規定する規則のシステム，④労働条件を扱う手続きのシステム，⑤人間関係の非人格化，⑥技術的能力に基づいた雇用という特徴をもっている．大規模組織は程度の差こそあれ，これらの特徴を備えているといえよう．

　Taylor の科学的管理法は H.L.Gantt, C.G.L.Barth, F.B.Gilbreth, L.M.Gilbreth, H.Emerson らに受け継がれ，とくに経営工学の分野で展開されることになる．一方，Fayol の経営管理論はのちに R.Davis, H.Koontz=O'Donnell, G.Terry らに受け継がれ，管理過程論として現在でも管理論の中心を占めている．また，Weber の官僚制は組織の構造―機能分析の研究とともに，C.I.Barnard を始祖とする近代組織論に継承されるのである．

3　わが国の経営学の成立

　現在の一橋大学となる高等商業高校が1887年に設置され，その後神戸，大阪，長崎，小樽などにもつぎつぎに設立された．しかしながら，ドイツにおけると同様に，当時の商業学は高等商業教育に耐えうる学問的内容を有していなかった．そこで，明治から大正にかけて商業学の経営学化がはかられ，商業経営学，商事経営学として経営学が展開されるのである．上田貞次郎は「商事経営学とは何ぞや」（『国民経済雑誌』第7巻第1号，1909年）において商事経営学を企

業経営学と考え，個体経済学としての経営学を示した．また，上田によって『経営経済学序論』(1926年)が著され，さらに，H. Nicklisch の強い影響を受けつつ『経営要論』(1929年)で示した経営学の体系はその後のわが国の経営学の体系に大きな影響を及ぼした．また，渡辺鉄蔵はドイツ私経済学に関する研究，とくに Schär の学説導入の先駆者であり，1922年に『商事経営論』を刊行している．以後，ドイツ経営学の影響下でわが国の経営学は発展するのである．

III 経営学の展開

1 ドイツ経営学の展開

(1) 第2次方法論争

第1次方法論争期において，理論科学としての科学的私経済学の立場から商事経営学を提唱していた Nicklisch は転向を示し，F. Schönpflug とともに規範的経営経済学を展開する．

R. Dietrich は *Betrieb-Wissenschaft*, 1914 (『経営―科学』)において，経営の外部生活の研究を中心とする国民経済学に対して経営内部をその研究の中心とする，すなわち経営共同体である経営体を経済的・社会的存在として維持することを骨子とする規範論を展開した．そこでは労働共同体(自然・人間という本源的基礎力と資本という派生的基礎力からなる)たる経営の維持が経営の目的であり，とくに人間が強調される規範論が構築される．これは，いわば，経営の側からの分配を論じているのである．

このようなディートリッヒ的視点にたった Nicklisch(1920) は,経済生活の担い手が人間であることに注目し，人間の側から経済をみようとする経営共同体論を展開した．すなわち，企業は「資産の組織」ではなくて「人間の組織」であり，労資共同体であると主張される．それゆえに，企業の目的は労資双方の欲求充当となる．また，Nicklisch によれば経営は本源的経営(＝家政)と派

生的経営（＝企業）からなり，それらは価値循環の連鎖によって結びつけられると構想される．Nicklisch は経営経済学の認識対象を価値循環と措定しながら，経済性を選択原理として分配＝維持の問題を重視したのである(Nicklisch, 1922, 1932)．

F. Schmidt は Schär の経済有機体論を受け継ぎ，有機的経営観と経営維持を考える．企業（＝経営）は国民経済の細胞であり，市場経済の器官としての有機体論を展開するという独創的な業績を Schmidt は残している．

また，Nicklisch の規範的経営経済学に対して，Weyermann = Schönitz の方法論にのっとった W.Rieger の *Einführung in die Privatwirtshaftslehre*, 1928（『私経済学入門』）を契機に第2次方法論争がおこった．Rieger は収益性を選択原理とするところの企業理論，すなわち純粋科学・理論科学としての私経済学を展開したのである．Rieger によれば，経営は経済の担い手であり，統一的な経営は存在しないとして彼は共同経済性を批判した．

この Rieger の主張に対して，Schmarlenbach の技術論的経営経済学の立場に立つ E.Sieber は，Rieger の収益性を選択原理とすることに賛同する一方で，Rieger の没価値的な純粋科学の観点に異義を唱えた．また，規範論の立場に立った Schönpflug は，K.Marx の資本主義的貨幣経済の基本公式にのっとった Rieger の貨幣思考的一側面をとりあげ，その視野の狭さを指摘した．このようにして規範的経営経済学，技術論的経営経済学，私経済学的企業経済学が成立，展開するのである．

表 1-1 規範的・技術論的経営経済学と私経済学的企業経済学の特徴

	選択原理	科学観	対　象
規範的 経営経済学	経済性	規範科学	経営共同体としての企業
技術論的 経営経済学	収益性	実践科学	経済的経営
私経済学的 企業経済学	収益性	純粋科学	経済の担い手たる経営＝企業

他方,第2次方法論争の同時期,A.Emminghaus,A.Calmes らの工業経営論を先駆的研究とする経営科学,労働科学が展開され,G.Briefs の経営社会学,F.Nordsieck,K.W.Hennig の経営組織論が1930年代に確立された.

(2) 第3次方法論争

第2次世界大戦によって中断された方法論争は,E.Gutenberg の登場によって再びおこり,それは第3次方法論争といわれる.Gutenberg の理論の影響は強く,以後グーテンベルグ・パラダイムとして展開されることになる.

Gutenberg は近代経済学の手法を経営経済学に導入して,1951年の第1巻生産論にはじまる販売論,財務論,全3巻, *Grundlagen der Betriebswirtschaftslehre*, I.Bd. : *Die Produktion*, 1951 ; II.Bd. : *Die Absatz*, 1955 ; III. Bd. : *Finanzen*, 1968 (『経営経済学原理 全3巻』)を著し,経営経済学を理論経済学そして国民経済学の一部として論じるいわゆる Weyermann = Schönitz の流れをくむ理論科学的経営経済学を展開した.

Gutenberg は,経営を考えるに体制関連的事実と体制無関連的事実に分ける(図1-3).経営形態は体制関連的事実の三者によって決定される.すなわち,

図 1-3 Gutenberg(1955)の経営形態

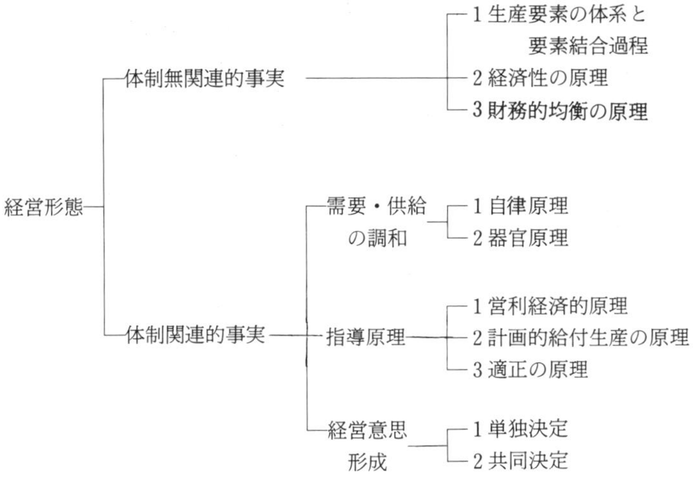

```
経営形態─┬─体制無関連的事実─┬─1 生産要素の体系と要素結合過程
         │                    ├─2 経済性の原理
         │                    └─3 財務的均衡の原理
         │
         └─体制関連的事実─┬─需要・供給の調和─┬─1 自律原理
                           │                    └─2 器官原理
                           │
                           ├─指導原理─┬─1 営利経済的原理
                           │           ├─2 計画的給付生産の原理
                           │           └─3 適正の原理
                           │
                           └─経営意思形成─┬─1 単独決定
                                           └─2 共同決定
```

企業は体制無関連的事実の生産要素結合の体系,経済性原理,財務均衡の原理と自律原理,営利経済性原理,単独決定原理という体制関連的事実によって決定される資本主義的経営形態であると把握されるのである(岡田 他,1980).

とくに第1巻『生産論』のインパクトは大きく,論敵 K.Mellerowicz との間で激論がたたかわされた.Gutenberg は社会的市場経済を支持する新自由主義の立場に立っており,彼の基本的問題意識は経営生産性の問題であった.経営の生産過程には基本的要素である労働給付,経営(作業)手段,材料,そして営業—経営指導,計画,経営組織という管理要素の体系によって最適な結合関係が求められる.彼は伝統的費用理論,つまり操業度に対して総費用曲線はS字型となるいわゆるS字型総費用曲線を否定し,その根拠となる収益法則を否定する.伝統的総費用経過(Gutenberg はこれを A 型生産関数とよんだ)は,生産速度の問題を無視しているのでその根拠となる収益法則が工場経営には妥当せず,むしろ直線的に経過する B 型生産関数が妥当することを示した.この Gutenberg の経営費用理論をめぐって,技術論的経営経済学の立場にある Mellerowicz は,それを理論と政策の混同であり,都合のよい前提から出発しているので現実的でないと批判した.

Gutenberg 経営経済学方法論の特質は,(a)価値自由な研究活動,(b)経験・現実主義的認識プログラム,(c)純粋理論が基礎にあること,(d)法則定立的科学,(e)仮説・演繹的方法(Jehle,1973:82)である.他方,Mellerowicz は道具主義的科学観をもち,帰納法を土台とする素朴経験主義つまり多くの観察から経験的仮説に帰納的に到達するという立場に立つ.経営経済学は実践的有用性を目的とすると Mellerowicz は考えるのである.この帰納的経験主義に対して,K.R.Popper は「科学は仮説(=理論)の提示とその反証可能性に基づく試行錯誤によって進歩する」とする批判的合理主義を主張する.ここにドイツ経営経済学方法論が展開されることになるのである.

第2次大戦後,Gutenberg を代表とする理論科学的経営経済学,Mellerowicz を代表とする応用科学的経営経済学が二大潮流として存在したが,L. Lofelholz, G. Fischer らの規範的経営経済学も見落としてはならない.

(3) ドイツ経営社会学の展開

　1951年の「共同決定法」の成立とともに近代派経営社会学が登場する．共同決定法施行による労働者の地位，意識の変化について，①T.Pirker を中心とする研究，②フランクフルト大学社会調査研究所グループの研究，③H.Popitz の研究グループ，④O.Neuloh の研究が実態調査を通して行われた．さらに，階級理論から批判を行った T.Geiger の理論を新しく展開した R.Dahrendorf の研究が注目される．彼は①資本と労働にともに分化がみられること，②企業者や労働者でもない新しい中間層が出現したこと，そしてこの中間層が労資双方の対立を緩和させる作用をもつこと，③階級間の社会に移動がみられること（岡田 他, 1980, pp. 183-184），という古典的階級理論を変えた新しい階級理論を提示し，そしてそれは共同決定の批判のなかで実証的に研究されるのである．

　また，経営組織論も H.Ulrich, E.Kosiol らによって研究が進展するのであった．

2　アメリカ経営学の展開

　人間関係論（Human Relations）に先立つ人間問題は，「産業心理学の父」とよばれる H.Münsterberg(1863-1916) によって体系的に心理学的研究がされている．さらに，科学的管理法と産業心理学の導入によって人事管理が発展してきたが，内容的には職務分析，職務記述書と職務明細書の作成，心理的検査，人事考課，教育・訓練，昇進の基本的方針などであり，福利ないし産業内改善と労働者の科学的選抜というものであった．この人間問題は，ホーソン実験（1924-1932）を契機に開花するのである．

(1) 人間関係論

　人間関係論は，1924年に国立科学アカデミーの全国調査協議会によってウエスタン・エレクトリック社ホーソン工場での調査にはじまる，いわゆるホーソン実験（Hawthorne Experiments）である．

① 照明実験（1924年11月—1927年4月）

当時，管理の研究者は「適切な物的作業環境と奨励給制度によって作業者を動機づければ作業能率は向上する」と考えていたので，1924年にはじまる最初の調査は照明と作業能率の関係を調査するために行われた．しかし，この調査結果は予想に反し照明度，賃金支払い方法，休憩時間と作業能率には何ら関係をみいだせなかった．このようなことから，E.Mayo, F.Roethlisberger らハーバード・グループが招かれ実験に加わった．

② 継電器組立実験（1927年4月—1929年6月）

照明実験の結果を踏まえ，6人（うち1人は直接組立には従事しない）の女子工員による継電器組立実験が行われた．しかし，結果は照明実験と同様に作業条件と生産性向上には何ら関係を認めることができなかった．そこで，Mayo らはこの結果から生産高の増加は賃金によるものではなく，モラールや監督，そして人間関係による改善であると結論づけたのである．

③ 面接計画（1928年9月—1930年5月）

継電器組立実験と並行して行われた面接は21,126人の従業員に対して行われた．彼らの不平，不満を分析した結果，監督，モラール，生産性については社会的状況下で考えられねばならないことが判明したのである．

④ バンク配線実験（1931年11月—1932年5月）

14人の男子従業員を対象にしたこの実験調査は，配線実験室におけるインフォーマルな集団行動に関する研究であった．この実験結果は，会社の定めた公式組織とは別に非公式に形成されるインフォーマル・グループの存在を示すことになったのである．

図 1-4　人間関係論による経営組織のとらえ方

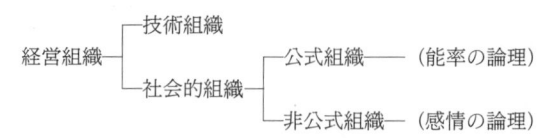

```
                ┌─技術組織
    経営組織─┤              ┌─公式組織──（能率の論理）
                └─社会的組織─┤
                              └─非公式組織──（感情の論理）
```

このように人間関係論は，企業を社会的組織とみなし，組織には能率の論理

に基づく公式組織と感情の論理に基づく非公式組織が存在し，管理者には両者を調和させることが求められたのである．また，科学的管理法で仮定された「経済人」仮説にかわり，「社会人」仮説という人間観を人間関係論は提示した．人間関係論については方法論などに問題があるとして批判されているが，その後の社会科学に大きな影響を与えたのである．

(2) 行動科学の展開

人間関係論の研究分野は行動科学として受け継がれ，リーダーシップ，動機づけの理論を中心として展開される．K.Lewin によるグループ・ダイナミックスの研究では，個人に対する集団圧力による緊張が考えられ，集団に対するリーダーシップの効果が研究された．また，ミシガン大学社会調査研究所の R.Likert はシステム 4 理論を展開し，集団参画的なシステム 4 が高い生産性をあげることを指摘し，リンキング・ピン組織を提唱した．さらに，民主的参画的リーダーシップによって組織の欲求と個人の欲求を統合させなければならないとした，C.Argyris の組織とパーソナリティの研究は重要である．

動機づけの理論では，A.Maslow の欲求段階論，F.Herzberg の動機づけ—衛生理論という内容理論と V.Vroom, L.W.Porter = E.E.Lawler, III らの期待理論が注目される．また，Maslow の理論をベースにしながら独自の人間観を類型化した D.McGregor の X 理論と Y 理論，R.R.Blake = J.S.Mouton によるマネジリアル・グリッド論も展開されている．

(3) 伝統的組織論の展開

人間関係論と同時期に，J.D.Mooney = A.C.Reiley, A.Brown らによって形式主義による合理的組織の構造とその設計を求める伝統的組織論，A.Church, O.Sheldon らによる職能・原則論についての研究がある．また，1940年代に管理過程論としてアメリカ経営学の中心的存在となる管理論についてはL.Urwick, R.Davis, G.Terry, H.Koontz = C.O'Donnell らを代表的研究者としてあげることができる．

(4) 近代組織論の展開

C.I.Barnard は 1938 年に *The Functions of the Executive*（『経営者の役割』）を著し，後の組織研究に大きな影響をもたらした．Barnard(1938) は組織を「二人以上の人々の意識的に調整された活動や諸力のシステム」(p.73, 訳76ページ)として定義し，個人は誘因(inducement) と貢献(contribution) によって組織への参加を決める意思決定者としてとらえられる．組織は個人に誘因を提供し続けられる限りにおいて存続しうるのである．また，Barnard は ①共通目的，②協働意欲，③コミュニケーション を公式組織三要素と考え，個人的，物的，社会的，生物的システムからなる複合システムとしての組織を考えた．組織は，有効性(effectiveness)―組織目的の達成度，と能率(efficiency)―個人の動機の満足度，によって測定され，誘因の提供とともに個人目的と組織目的が一致しているように「確信」を与えるという管理者の創造職能としてのリーダーシップが強調されるのである．

H.A.Simon(1957)は，管理過程は意思決定の過程にほかならないとし，Barnard の意思決定の概念を管理の中心概念として管理・組織論を展開した．Simon は意思決定過程を「諸前提から結論を引き出す」過程とし，決定前提を「価値前提」（経験的に検証が不可能なもの）と「事実前提」（経験的に検証が可能なもの）に分ける．そして前者を行動の「目的」，後者を行動の「手段」として，科学的分析を合理的手段の選択という「事実前提」に向けるのである．また，意思決定の主体たる人間は，客観的に合理的たらんとするがそこには限界があり，しょせん「制約された合理性」(bounded rationality) であるにすぎないとして，Simon は「合理的経済人」仮説にかえて「管理人」(administrative man) 仮説を現実的人間モデルとして人間行動を分析した．

さらに，意思決定機能の論理的・合理的な分布と配分に関する「組織の解剖学」(anatomy of organization) と，個人の意思決定を意識的な刺激―反応パターンに従うよう組織が刺激をコントロールしたり，刺激に対する反応を決める個人に心理的影響を及ぼす過程を分析する「組織の生理学」(physiology of organization)からなる組織影響論，および組織を誘因と貢献の均衡システムで

あるとする組織均衡論を展開した．

　J.G.March = H.A.Simon(1958)は，人間行動を(1)受動的道具としての器械的側面，(2)組織行動の体系に参加するよう動機づけられ，組織に態度，価値，目標をもたらす動機的側面，(3)認知や思考の過程が組織における行動の説明にとって中心であるとする，意思決定者ないし問題解決者としての合理的側面という3つの命題としてとらえ，3つの命題すべてを含むものとして組織行動を考察されなければならないという，いわば近代組織論の集大成というべき組織論を構築したのである．

　また，組織一般における人間行動，意思決定の研究成果を「企業の経済理論」に結合しようとする新しい試みが1950年代後半から1960年代前半に現われる．この「企業の行動理論」では，企業は経営者と従業員からなるということにかえて，個人の連合体(coalition of individuals)であると規定することからはじまる．R.M.CyertとJ.G.Marchは，(1)企業を理論の基礎単位とし，(2)価格，生産量，資源配分という意思決定に関する企業行動の予測を理論の目的とする，(3)組織的意思決定の現実の過程に力点をおくという，組織目標の理論，組織期待の理論，組織選択の理論からなる *A Behaivioral Theory of the Firm*, 1963(『企業の行動理論』)を展開した．この企業の行動理論には，ほかにC.P.Boniniのシミュレーション・モデルなどの研究がある．

　さらに，意思決定の問題を企業の存続に関する，つまり企業の外部環境に対する適応にかかわる戦略的意思決定を重視するとともにその戦略策定を考える，より実践的な理論展開を試みる「戦略論」が1960年代後半から1970年代にかけて台頭する．このH.I.Ansoff(1965)によって先鞭をつけられた戦略論は，コンティンジェンシー理論の展開にともなって1つの重要な研究分野を形成するのである．

　これまでふれていないが，T.Veblen, J.Commonsらの制度派経済学の流れをくむ制度派経営学もあり，株式会社論のA.Berle = G.Means, W.Wessler, 経営者革命論のJ.Burnham, 巨大株式会社のビジネス・リーダーシップ論のR.A.Gordon, 現在も活躍しているP.F.Druckerらの研究には十分留意する

必要がある．

また，社会学者である社会システム論の T.Parsons, Weber の官僚制の逆機能を指摘した R.K.Merton, A.W.Gouldner らの組織の構造―機能分析，組織の社会学的分析の研究者である A.Etzioni らの研究は現在の組織理論に多大な影響を及ぼしている．

3　日本における経営学の展開

昭和に入って第2次世界大戦までのわが国の経営学は，生成以来のドイツ経営学の影響を受けながら発展する．増地庸治郎（『経営経済学序論』, 1926）に続き平井泰太郎の『経営学の体系』(1928)，そしてこの研究を継承する研究者は応用科学を志向する．

わが国最初の経営学の専門家たる東京帝大の馬場敬治は1926年に『産業経営の職能と其の分化』，さらに『経営学方法論』(1931)を発表し，方法論争を通してアメリカ経営学とドイツ経営学の批判的摂取による理論科学としての経営学を形成した．馬場敬治の経営学は単なる経営経済学の別名ではなく，科学としての経営学であり，「経営組織の組織論」である経営学を彼は確立するのである．

また，Rieger の私経済学に影響を受け，マルクス経済学に依拠しながら個別資本の運動を研究対象とする理論的私経済学としての経営経済学を，東京帝大の中西寅雄は主張した．中西(1931)の『経営経済学』のインパクトは大きく，のちに批判経営学として一大潮流をなすことになる．馬場克三(1938)は中西(1931)を吟味し，中西によって把握された個別資本の概念を5段階説の提起によって克服し，経営技術をも包括しうる個別資本の理論を確立する．同時期，佐々木吉郎は『経営経済学総論』(1938)を著し，経営経済学は技術または労働行程であるとともに，価値行程でもあるとする経営経済の二重性を分析する独自の理論を展開した．第2次世界大戦後も批判経営学は進展し，北川宗蔵『経営学批判』(1946)，池内信行『経営経済学史』(1949)，古林喜楽『経営経済学』(1950)らの研究が注目される．

第2次世界大戦後のわが国の経営学は，アメリカ経営学の導入によって発展

する．戦後経済の復興とともにアメリカの経営管理技法——TWI(Training Within Industry)，利益計画，内部統制，QCサークル，ZD運動など——が積極的に導入され，昭和30年代には「経営学ブーム」がおこった．生産性向上運動を展開するために日本生産性本部も設立され，人間関係論，人事・労務管理理論，長期計画などが展開された．また，制度派経営学による「所有と経営の分離」にみられる株式会社論，トップ・マネジメント論，企業民主化論も検討されることになった．

IV 経営学の現状

1 ドイツ経営学の動向

　1960年代においてドイツ経営学はアメリカ経営学の強い影響を受け，新たな展開がはじまる．R.Schreiber は Gutenberg を乗りこえるべく，論理実証主義に基づく新しい科学観による経営経済学の研究を行っている．一方，S.Katterle, W.F.Fischer-Winkelmann, G.Schantz らは Popper の科学観に基づく批判的合理主義より方法論を展開している．
　また，論理実証主義に基づく意思決定志向的経営経済学を展開するE.Heinen の業績は注目されなければならないもののひとつである．Heinen は意思決定を中心概念として，「代替案の評価」によって経営経済学の問題領域を体系化し，Nicklisch の人間問題と Gutenberg 理論の統合を志向している．彼は経営を目的志向的システムと考え，企業は体系化された複数の目的を追求するものとして従来の利潤極大化モデルを批判する．Heinen の主張する意思決定志向的経営経済学には，経営の諸対象の経験科学的説明である説明課題と最適解を導くことを目的とする形成課題があり，この2つの課題を求めつつ価値自由たらんとすることが目指されるのである．このようなインターディシプリナリー・アプローチをとる意思決定志向的経営経済学は，1970年代以後ドイツ経営学に大きな地位を占めている．

規範主義の研究も E.Loitlsberger, W.H.Staehle らによって新規範主義的経営経済学として展開され，Gutenberg 批判も行われている．彼らは絶対的客観的な価値観は認識できず，価値観は主観的であり，理論は価値観を前提としなければ展開できないとする立場をとる．したがって，価値自由な経営経済学は成立せず，経営目的は与件ではなく経営も価値決定機構と把握されなければならないとする．この主張は本来の価値判断と対象領域における価値判断が混同されているという批判を浴びつつも，新規範主義的経営経済学の意義は失われるものではない．

また，これまでの経営経済学はとりわけ Gutenberg によって代表されるが，それは資本収益性を研究対象としたもので，応用科学的であるという批判をする労働者側からみた労働志向的個別経済学がドイツ労働総同盟の経済社会研究所を中心として主張されるに至っている．「労働志向」とは資本の価値増殖を志向する「資本志向」に対置するもので，労働志向的個別経済学は労働者の自己実現を確保することにあるという解放的合理性が中心原理である．

以上のように，ドイツ経営学はアメリカ経営学の強い影響を受けながらもインターディシプリナリー・アプローチをとりつつ独自の展開を示している．

2 アメリカ経営学の動向

Barnard(1938) いらいの「システムズ・アプローチ」(組織を2つ以上の相互依存的な部分，構成要素，あるいはサブシステムからなるシステムとして把握し，また外部環境と相互作用によって連結されているオープン・システムと考え，さらに，組織の行動を環境との適合的関係において重視する研究) に重要な進展が訪れる．それはアメリカではなく，イギリスにおける研究が契機であった．科学的管理法以前に，科学的管理といえる研究成果を残した数学者 C. Babbage と工場管理についての A.Ure の研究，また，伝統的管理論を展開した O.Sheldon, L.F.Urwick らの業績は評価に値するが，経営学上大きなインパクトを与えたのは 1950 年代から 1960 年代における組織と環境の研究である．E. Trist らのタヴィストック研究所の研究グループにおける「社会―技術シ

ステム論」は，オープン・システムとしての企業と環境との媒介である技術と，その社会的・心理的要因の結合による環境適合こそが企業の維持，生存に決定的に重要である点を強調する．そして，T.Burns＝G.M.Stalker(1961)は比較的安定した環境では「機械的システム」が，そして急激に変化する環境下には「有機的システム」が適合するという命題を提示するのである．

さらに，「異なる技術には異なる組織形態が対応する」という技術と組織構造に関する J.Woodward(1965,1970)のサウス・エセックスの研究，D.S.Pugh，D.J.Hickson らによる組織と規模に関するアストン・グループの研究はコンティンジェンシー理論の構想に大きな影響を及ぼした．

コンティンジェンシー理論を提唱したのは，ハーバード大学の P.R.Lawrence＝J.W.Lorsch(1967)である．彼らは，環境の異なる3つの産業（プラスチック，食品，容器）における組織と環境の実証分析に基づき，組織の分化と統合のパターンと環境の不確実性による組織構造を研究し，組織デザインにおける「唯一最善の方法」を否定する．従来の理論が普遍的理論を想定するのに対して，コンティンジェンシー理論は組織を環境，組織の規模，技術に規定されるものとしてとらえ，「条件適応的」な理論や技法の適用を主張する．つまり，コンティンジェンシー理論はシステムズ・アプローチを継承しながら1960年代までに展開された諸理論を統合しようとするものである．

以上の組織に関する研究は，「もし組織が所与の環境に適合すれば，その組織は高い組織成果をあげる」というもので，環境決定論の立場をとっている．この立場に対して，R.E.Miles＝C.C.Snow(1978)が「ネオコンティンジェンシー理論」と名づけた戦略的選択論が台頭する．この立場によれば，「組織は環境によってその組織構造が決定されるという受動的な立場にあるのではなく，環境に積極的に影響を及ぼすパワーを有しており，環境を自ら創造する」というものである．

さらに，コンティンジェンシー理論には，組織のミクロ・レベルでの F.Fiedler(1967)のリーダーシップに関するコンティンジェンシー・モデルがある．また，組織と環境・技術との適合関係，不確実性の問題について包括的に議論

している J.D.Thompson, 組織を環境としてとらえ組織間の関係を研究する W.M.Evan らの組織間関係論を忘れることはできない．

このように，1970年代に議論が白熱したコンティンジェンシー理論を経て，1970年代後半から新たに「組織のルース・カップリングの理論」(March = Olsen, 1976 ; Weick, 1976 ; Meyer = Rowan, 1977)，「組織のポピュレーション・エコロジー」(M.T.Hanann = J.Freeman, 1977 ; B.McKelvey, 1982)，「組織シンボリズム」(Pondy et al., 1983)，そして多くの研究がみられる「組織文化論」など，さらに新しい理論展開の段階に入ってきている．

最後にフランス経営学についてみると，Fayol 以後 Taylor の科学的管理法の導入とファヨーリズムの伝統が続いたが，第2次世界大戦後フランスの経済学者 E.L.Walras の一般均衡理論を批判的に取り入れ，Fayol の管理論と企業の経済学を統合しようとする G.-L.Campion の *Traité des Entreprises Privées*, 2 tomes, 1947(『私企業論』)にはじまる J.Aubert-Krier, M.Capet らによる企業の理論，そして F.Perroux の経営参加論が展開する．また，社会学者である M.Crozier によるフランスの組織風土を問題とする組織メンバー間の権力関係における行動の官僚制組織論，P.Tabatoni と P.Jarniou の戦略的管理の理論など，アメリカ経営学の影響を受けながらフランス経営学は展開している．

3 日本における経営学の動向

昭和30年代後半には，「経営学ブーム」にみられる無批判的アメリカ経営学の導入に対する反省がおこり，またドイツ経営学の復活がみられ Gutenberg の理論の検討も行われることになる．さらに，J.C.Abegglen(1958)によって先鞭をつけられた日本的経営論がおこり，日本的経営の特質——終身雇用，年功序列，企業別組合，稟議制度という主に制度的要因——についての研究が進められた．この日本的経営論は，第1次，第2次石油ショックを契機として注目される．企業の多国籍化という問題ともあいまって日本的経営論は経営文化論の研究として経営学の一分野として位置づけられるようになる．この日本的経

営論については，間　宏，津田真澂，岩田龍子らの研究，米国商務省による『株式会社・日本』(1972)，W.G.Ouchi の『セオリーZ』(1981)，E.F.Vogel の『ジャパンアズナンバーワン』(1979)，R.T.Pascale = A.G.Athos の『ジャパニーズ・マネジメント』(1981)など多くの研究が発表されている．また，戦後の日本経営学界の中心人物である古川栄一，山本安次郎，高宮　晋，山城　章，藻利重隆らの研究業績も見落とすわけにはいかない．

　以上のごとく，わが国の経営学は戦前にはドイツ経営学，戦後はアメリカ経営学の強い影響を受けながら，現在，ドイツ経営学を中心とする研究，アメリカ経営学，とくに行動科学，組織論などインターディシプリナリー・アプローチをとる研究，日本的経営に関する研究，わが国独自な批判経営学を中心とする研究など多岐にわたって経営学の研究が展開されている．

　経営学の内容はその歴史的発展にともなって，いまや，公害問題を契機とした社会的責任論，企業論，事業部制などを含めた組織論，人事・労務管理，財務管理，生産管理を包括する管理論，会計学，マーケティング論，株式会社論，経営者論，戦略論，文化論，中小企業論など多くの内容を有するものになっている．近年は，バブル経済の崩壊による経営者のあり方，企業倫理，そして会社のガバナンス論が議論され，また環境破壊の観点からエコロジー論が台頭している．

【参考文献】

ドイツ経営学についての参考文献

　　池内信行『経営経済学史』理想社，1948年
　　永田　誠『経営経済学の方法』森山書店，1979年
　　岡田昌也『経営経済学の生成』森山書店，1978年
　　岡田昌也・永田　誠・吉田　修『ドイツ経営学入門』有斐閣新書，1980年
　　田島壮幸『ドイツ経営学の成立―代表的学説の研究―』森山書店，1973年
　　高橋俊夫『経営経済学の新動向』中央経済社，1979年
　　吉田　修『ドイツ経営組織論』森山書店，1976年

アメリカ経営学についての参考文献
岩尾裕純編著『講座経営理論Ⅰ　制度学派の経営学』中央経済社，1972 年
権　泰吉『アメリカ経営学の展開』白桃書房，1984 年
車戸　實編『新版　経営管理の思想家たち』早稲田大学出版部，1987 年
三戸　公『アメリカ経営思想批判―現代大企業研究―』未来社，1966 年
高宮　晋『現代経営学の系譜』日本経営出版会，1969 年
鳥羽欽一郎『企業発展の史的研究―アメリカにおける企業者活動と経営管理―』ダイヤモンド社，1970 年
D. A. レン著，車戸　實監訳『現代経営管理思想―その進化の系譜―（上・下）』マグロウヒル好学社，1981 年
D. A. レン著，佐々木恒男監訳『マネジメント思想の進化』文眞堂，2003 年

イギリス経営学についての参考文献
J. チャイルド著，岡田和秀・高澤十四久・斎藤毅憲訳『経営管理思想』文眞堂，1982 年

フランス経営学についての参考文献
佐々木恒男『文眞堂現代経営学選集 4　現代フランス経営学研究』文眞堂，1981 年

日本経営学についての参考文献
古林喜楽編『日本経営学史―人と学説―（全 2 巻）』千倉書房，1971 年
山本安次郎『日本経営学五十年―回顧と展望―』東洋経済新報社，1977 年

経営学の系譜全般についての参考文献
経営学研究グループ『経営学史』亜紀書房，1972 年
北野利信編『経営学説入門』有斐閣新書　有斐閣，1977 年
山本安次郎編著『現代経営学全集 2　経営学説』ダイヤモンド社，1970 年
土屋守章・二村敏子責任編集『現代経営学説の系譜』有斐閣，1989 年
S. クレイナー著，嶋口充輝監訳『マネジメントの世紀』東洋経済新報社，2000 年

第II部 現象編

第 2 章
企　業　論

　企業とは，基本的には交換を前提として財・サービスを生産し，供給するといった経済的機能を，複数の人々の協働によって実現するシステムである．その現代社会の代表的組織体である企業（広義の企業）は，事業の内容，目的，そして発展などにより，さまざまな形態を呈している．企業の発展段階をみてみると，人的企業である個人企業が初期の形態である．1 人の企業家が所有と経営の機能を保持し，会社を経営するもので，企業家は無限責任を負う．これはいわゆる街の個人商店が代表的な例であり，「生業」あるいは「家業」といえる．しかし，個人では資金，信用，人的資源に著しい限界がある．そこで，その限界を克服すべく複数の人間による人的企業が成立するのである．
　さらに金融・証券市場が充実するに従って，市場からの出資者の募集が容易になり，不特定多数の出資者から多額の資金を調達できるようになる．このような背景で登場したのが株式会社であり，これは資本的企業とよばれる．現在，わが国の多くの私企業（狭義の企業）は株式会社形態をとっている．
　また，事業目的，事業内容から公企業，相互会社，協同組合，各種法人といった協同的企業，さらに公共団体と私人の協同事業である公私合同企業があげられる．
　このような企業形態は，法律によって決められている．日本において企業形態は長いこと商法の一部と有限会社法により規定されていたが，2006 年に施

行された「会社法」により一本化された．会社法の施行により会社に関する規定，特に有限会社と株式会社の規定が大きく変わることとなった．また，「合同会社」という新しい形態が創設されることとなった．ただ規定の内容は，国によって違いがあるため同じ形態でも国により若干の違いがあることに注意する必要がある．

I 企業の形態と分類

企業の形態を分類する基準はいくつかあるが，企業資本の出資関係からみた「企業の法律形態」と経営活動の見地から実質的な出資にともなう責任負担の関係からみた「企業の経済形態」による分類が一般的である．企業の経済形態と法律形態の分類を示したのが図 2-1 である．

図 2-1 企業の形態

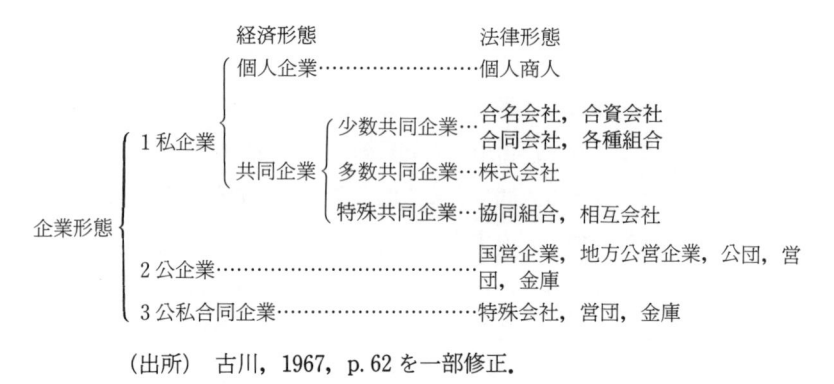

```
                経済形態              法律形態
                ┌個人企業………………個人商人
                │        ┌少数共同企業…合名会社，合資会社
         ┌1 私企業┤共同企業┤              合同会社，各種組合
         │      │        ├多数共同企業…株式会社
企業形態 ┤      └        └特殊共同企業…協同組合，相互会社
         ├2 公企業………………………国営企業，地方公営企業，公団，営
         │                                団，金庫
         └3 公私合同企業………………特殊会社，営団，金庫
```

（出所）　古川，1967，p. 62 を一部修正．

企業の経済形態からみると，企業資本の出資責任が私人であるか，あるいは政府・地方公共団体によるかによって，①私企業，②公企業に区別される．また，出資主体が一個人であるか，集団的共同であるかによって，①個人企業と②共同企業に分類できる．共同企業は出資者の規模により少数共同企業と多数共同企業に分けられるが，さらに共同企業には特殊形態として協同組合，相互

会社がある．そして，私人と公共団体の双方出資による公私合同企業もある．

1 個人企業

　個人企業は企業の原初的形態であるが，現在でも小規模の小売商，町工場として多く存在している．この個人企業は企業資本を一個人が出資し，経営を営む企業であって，出資者＝経営者である．つまり，ある個人とその家族，そして目的を同じくする少数の人が自己資本をもとに事業を展開する企業であり，自らの資本力，技術力，生産力には限界がある．しかしながら，出資者と経営者が同じであり，人数も少数であることから企業の設立，運営は容易に行われ，市場動向など環境に機敏に対応できる．また個人企業の場合，経営者の能力に著しく依存する反面，その能力をもった人にはその人の創意が十分反映される．そして，そこには企業家精神や営利追求が直接かかわってくるため，「生業・家業」的な個人企業とは別にベンチャー型の企業がこの企業形態をとることもある．

2 共同企業

　個人企業のもつ限界を克服するための企業で，基本的に2人以上の出資者による企業を共同企業という．その出資者の人数によって，少数共同企業と多数共同企業に分けられる．少数共同企業には法律形態から，(1)合名会社，(2)合資会社，(3)有限会社，(4)合同会社そして多数共同企業には(5)株式会社が分類される．さらに，(6)協同組合と相互会社，(7)公企業，(8)公私合同企業がある．

(1) 合名会社

　合名会社(ordinary partnership)は，2人以上の社員が出資者となっている会社で，会社経営上の責任に対して無限責任を負う無限責任社員によって構成される．出資に際しては，物的財産，人的信用，労務などいずれでも可能である．そのため，社員全員が会社の経営に直接参加するのである．社員全員が無

限責任を負うため，会社の資産はあまり重要ではない．そのため小額の元手で，手続きも簡単に会社を設立することができる．しかし，各自の持ち分の譲渡にはほかの社員の承諾を必要とする．合名会社は一人の社員で設立することもできるし，法人が社員となることも可能である．基本的に出資者が複数である点からすると，個人企業の限界を若干克服してはいるが，無限責任を負うため親子，親戚などきわめて密接な間柄の人的結合の形態をとっている．その意味で，個人企業の特徴を強く残している共同企業なのである．したがって，合名会社は大資本を必要とする会社には不適当であり，わが国での合名会社は少数資本の小企業が大部分である．

(2) 合資会社

合名会社が無限責任社員によって構成されているのに対し，合資会社(limited partnership)は無限責任社員と有限責任社員からなっている．合資会社は出資分に対して責任を負う有限責任社員を加えることによって，合名会社に比べ資本の調達を容易にすることができる．しかし，有限責任社員は出資分において責任を負うという反面，出資分の利益にあずかるのみで，監査権はもつが経営には直接参加しないという特徴を合資会社はもっている．また，有限責任社員の出資は財産に限られている．さらに持ち分資本の譲渡に関しては，無限責任社員全員の同意が必要であり，資本の交換性はほとんどないといえる．

このように，合資会社は合名会社に比べより資本的企業へという形態になっている．そして，もちろん合資会社も合名会社同様法人格が与えられている．

合資会社は，無限責任社員と有限責任社員とにより成立する形態であるので，どちらかの社員が何らかの事情で存在しなくなった場合，合資会社という形態自体が成立しなくなる．したがって，一度合資会社として設立した会社から有限社員がいなくなり無限責任社員だけとなった場合は，合名会社に変更したものとして扱われる．逆に無限責任社員がいなくなり有限責任社員だけとなった場合は，このあとで説明される合同会社に変更したものとして扱われる．

(3) 有限会社

　有限会社(Gesellschaft mit beschränkter Haftung; GmbH)は有限会社法に基づいて設立され，有限社員のみによって構成される．その社員の数は５０人以下に制限され，社員の公募，社債の発行は禁止されている．出資者は社員総会を開催し，会社経営の執行者である取締役(必ずしも社員でなくてもよい)を選出し，選ばれた取締役が経営の任にあたるのである．有限会社の出資金は一口の金額が均一であり，一口の金額は5万円未満に設定することはできない．また資本金の総額は300万円以上でなければならない．このように，有限責任社員からなる有限会社は少数共同企業であるが，形式的には株式会社に近い形態であるといえる．

　有限会社は，2006年の会社法施行により廃止され株式会社（このあとで説明）に統合された．会社法施行前に設立された有限会社の社員は，「株主」にその持分は「株式」に変更された．ただし，法律的には株式会社に変更された後も有限会社を名乗り，会社の運営方法も旧来の有限会社と同じくする「実質的な有限会社」の存在が認められていて，そのような会社を「特例有限会社」と呼ぶ．なお，特例有限会社は，簡単な手続きで株式会社へ移行することが可能である．

(4) 合同会社

　合同会社（Limited Liability Company）は，2006年の会社法施行により新しく創設された．合名会社や合資会社と同様に出資者の地位を他人に自由に譲渡することはできない．社員が自分の持ち分を譲渡する場合は，原則として他の社員全員の承諾が必要となる．また社員が途中で出資と経営参加をやめることは可能であり，この場合は持ち分の払い戻しを受けることができる[1]．しかし合同会社では合名会社や合資会社と異なり社員全員が有限責任となる．また社員は原則として直接経営に参加する．社員は会社の利益に対して配当を受けることができるが，全員が有限責任であることから，財源規制が設けられている．

（5） 株式会社

　大規模な事業を営む企業は巨額の資本を必要とする．その資本調達を可能にする企業形態が株式会社(joint stock company; company limited by shares)であり，近代企業の代表的企業形態である．株式会社の起源は1602年設立のオランダの東インド会社とされているように，かなりの歴史をもっている．

　合名会社，合資会社，そして有限会社はいずれも人的結合である人的共同企業であるのに対して，株式会社は資本の結合による資本的共同企業である．株式会社への出資の証は均一の株式（stock; share）とされ，その表示として株券が発行される．出資者は株主（stockholder; shareholder）とよばれ，株主は株式を通して出資義務と株主権を得るという有限責任制度をとっている．株式を表示している株券は有価証券であり，原則として売買・譲渡は自由で，株主は合名会社，合資会社，合同会社とは異なり，社員の承認を必要とせずいつでも株式の売買・譲渡によって出資をやめることができる．しかし会社側からみれば，株式の売買・譲渡があったとしても資本金の総額が変わるわけではないので，会社の所有者たる株主の変化によって企業の資本は影響を受けない．ここに株式会社の「所有」と「経営」の分離の土壌があり，いわゆる「経営者支配」が発生するのである．

　株主は単に株式会社への出資者として配当利益にあずかるだけではなく，株主総会(general meeting of stockholders)に出席して議決権を行使し，自らの意思を表明することによって会社の経営に参加することができる．しかし，この参加は経営執行への直接参加ではない．つまり，株主総会は最高意思決定機関であるが，業務執行機関ではないのである．また，議決権については1株が1票とされる．

　株式会社形態は，株主総会において選出された取締役（director）により構成される取締役会が，業務遂行についての最高意思決定を行い，取締役会が選任した代表取締役を中心に会社の経営を行うというのが基本であった．しかし，2006年の会社法施行後も企業経営の不透明さが残り，経営者のチェックを意図するコーポレートガバナンスの強化や，親子会社に関する規律等の整備

等を図るために，2014年に会社法が改定（施行は翌年）され，指名委員会等設置会社（従来の委員会設置会社を名称変更）に加えて監査等委員会設置会社が設定された．この新しい制度である監査等委員会は，欧米では当然とされてきた社外取締役の有効活用を意図したもので，3人以上の取締役から成り，かつその過半数を社外取締役とする委員会で監査を担うとともに，業務執行者を含む取締役の人事に関して株主総会における意見陳述権を有するというものである．

　つまり改定された会社法では，従来通りの監査役設置会社における監査役，あるいは指名委員会等設置会社における指名委員会，報酬委員会，監査委員会を通じて経営者のチェックを行う事はもちろん，監査等委員会設置会社として監査等委員会が経営者のチェックを行うことも法的に認められるようになり，経営体制のあり方がより法的に多様化した．これは，どのような形で経営者のチェックを行う事が，株主ばかりでなく社会にとっても有効であるかが問われる事を意味し，会社のあり方の選択は法人としての会社に任されるのである．

　また，経営者のチェックは上記の仕組みばかりでなく，わが国の場合，資本金5億円以上，負債合計金額200億円以上ある会社については第三者の立場から，会社の会計業務について公平な監査を行う公認会計士または監査法人による法定監査が義務づけられており，企業は社会的責任として会計情報の開示も求められている．

　このような株式会社はわが国の典型的な企業形態となっているが，その株式会社制度を支える特徴として，(a)資本の証券化，(b)出資者の有限責任，(c)所有と経営の分離があげられる．

（6）　協同組合と相互会社

　協同組合（cooperative society）は多数の個人の出資による共同企業であるが，他の共同企業とは異なり出資者自らの利用を目的としている．つまり，協同組合は営利を目的とする企業ではなくて，組合員の生産あるいは消費を助成するという組合員利益の向上を目的とする特殊な組織形態であり，経済的に弱

小な消費者，労働者，あるいは小生産者の相互扶助，経済生活の防衛を目的としている．

協同組合では，組合員による組合員総会によって執行機関である理事，監査機関である監事が選出されるが，総会における議決権については1人1票である．

協同組合は大きく分けて，(a)生産協同組合と(b)消費者協同組合がある．

(a) **生産協同組合**——構成している生産者の業種によって，**農業協同組合**，漁業協同組合，商工協同組合などがある．また，協同組合の行う事業内容によって販売組合（組合員の生産物を協同で販売する組合），購買組合（小生産者である組合員のために事業に必要な物資を共同購入する組合），利用組合（組合員が共同出資して機械などを購入し，生産設備をつくって共同利用する組合），信用組合（組合員の資金を融資する組合で，貸出業務と預金業務を行う），生産的組合（組合員のために共同生産を行う組合で，酪農組合がある）がある．さらに，農業者自身による，農業者のための農業経営の合理化と経済的向上をめざす農業協同組合，そして商工鉱業者による中小企業等協同組合がある．

(b) **消費者協同組合**——生活協同組合ともいわれ，組合員の生活に必要なものを共同購入して良質な消費財やサービスを安価に提供しようとするということを目的としている．その事業内容も多彩であり，日常の食品・日用雑貨から住宅，医療，保険，教育，文化など広い範囲に及んで

表2-1 組織別・資本金階級別法人数　　　　　　　　　　（平成25年分）

区　分	1,000万円以下	1,000万円超 1億円以下	1億円超 10億円以下	10億円超	合　　計	構成比
（組織別）	社	社	社	社	社	%
株式会社	2,110,271	336,571	16,948	5,588	2,469,378	95.1
合名会社	3,901	180	8	3	4,092	0.2
合資会社	19,824	728	0	1	20,553	0.8
合同会社	28,066	256	39	9	28,370	1.1
その他	51,700	20,062	1,229	519	73,510	2.8
合　計（構成比）	2,213,762 (85.3)	357,797 (13.8)	18,224 (0.7)	6,120 (0.2)	2,595,903 (100.0)	100.0 —

（出所）　国税庁企画課編『税務統計から見た法人企業の実態』2015年3月．

いる．

　他方，相互会社(mutural company)は私営保険事業にみられる特殊な企業形態であり，生命・財産を集団的に保護しようとする企業である．相互会社は出資者にあたる保険加入者のための保険事業を行っており，保険事業による損益は保険加入者である社員に帰属する．本来，相互会社の社員は無限責任を負うべきであるが，保険料を限度とする有限責任が認められている．業務の運営は，保険加入者である社員によって行われ，その社員による社員総会が執行機関である取締役と監査機関である監査役を選任する．

(7) 公　企　業

　政府あるいは地方公共団体が出資者として経営を行う企業を公企業(public enterprise)という．私企業が自らの利益を追求するのに対して，公企業は公益を優先させる事業活動を行うのである．政策追求や社会の安全確保において，利潤機会がなく，あるいは事業が広範囲にわたり多くの資本が必要であって，しかも公共利益が確保されなければならないような分野，また公共団体が財政収入を目的としたり，社会資本の整備のための事業分野，さらに一般福祉や民間活力を生むための事業分野で公企業が活動している．

　公企業体の種類として，(a)純粋行政企業(一般の行政機関とまったく同じ制約を受け，人事・財政などすべて公共団体に従属している企業)，(b)独立公企業（純粋公企業のもつ経営の非効率を克服するためにできるだけ行政上の制約をなくした企業），(c)独立経済体の公企業（公共性と民間の経営効率の両面を合わせもつべく特別法によって自治権および独立の法人格が与えられた企業――公共事業体ともいう），(d)私法形態の公企業（特別法によらず，公共団体による出資によるふつうの株式会社形態をとる企業）がある．

　具体的な事業分野としては，水道・電気・郵便の各事業，国土開発，金融事業などがあげられたが，わが国では電信事業・たばこ販売・郵政事業がそれぞれ NTT，日本たばこ産業株式会社，日本郵政株式会社に，また日本国有鉄道が JR になるなど，公企業体の民営化が急ピッチで進んだ．そして，公団や事

業団の整理統合が図られ，新たな名称として独立法人水資源機構など，公企業の問題点とされる①天下り，②親方日の丸的な効率性無視，といった問題の克服が模索されつつある．

(8) 公私合同企業

公共団体と私人，あるいは私的団体の共同出資により営まれる企業を公私合同企業という．公私合同企業は一般に官民合同企業ともいわれ，公企業と私企業の中間形態である．ただ，事業内容の公共性が強いために行われるもので，日本銀行・日本航空などがその代表である．この企業は国営事業の私企業化が主眼となり，株式会社形態を多くとっていて企業性を発揮させている．しかし，出資の過半数を政府がもっており，事業の方針や最高人事権は政府に留保するという企業形態である．また，株式会社形態によらずそれぞれ特別の法規により金庫・公庫あるいは公団・営団など特殊な形態もあり，この場合政府または公共団体が指揮・監督を行う．国民金融公庫などがこの公私合同企業の例である．

表2-2 過去および現在のわが国公企業および公私合同企業

区　　分	名　　　　　称
現　　業	郵政事業，国有林野事業，印刷事業，造幣事業
機　　構	都市再生機構，鉄道建設・運輸施設整備支援機構，水資源機構，日本原子力研究開発機構，宇宙航空開発研究機構，福祉医療機構，中小企業基盤機構，雇用・能力促進機構
公　　庫	日本政策金融公庫，国民生活金融公庫
特殊銀行・金　　庫	日本政策投資銀行，国際協力銀行
特殊会社	日本郵政株式会社，日本アルコール産業株式会社，成田国際空港株式会社
そ の 他	海外経済協力基金，国際交流基金，日本私学振興財団，日本放送協会，日本労働協会，日本貿易振興会，日本学術振興会，日本中央競馬会，日本船舶振興会，放送大学学園

II　企業の結合形態

自由主義経済では，各企業は自由に生産・販売活動を行えることが前提とな

っているが，一方で市場経済のメカニズムが企業に作用することになる．市場規模あるいは製品・サービス需要の拡大によって成長を続けてきた企業も，需要と供給のバランス・ポイントをこえると生産過剰に陥ることになるし，また組織の「規模の経済」にもある程度の限界があり，企業の適正規模も存在している．さらに自由主義経済は自由競争が建て前であるので，企業は激しい競争下にさらされることになる．このような企業をとりまく環境に対応するべく，企業は自己生存のため企業間相互の無駄な競争の回避，市場価格のコントロール，供給制限などを行い，企業の結合または企業集団を形成するようになるのである．企業が結合して複合形態をつくる目的はつぎのように考えられる（古川，1967，pp.97-100）．

① 企業相互間における競争の制限または排除を目的とするもので横断的結合あるいは水平的結合といわれるカルテル（cartel），トラスト（trust）がこの目的のために行われる．
② 生産工程の合理化を目的とするもので，縦断的あるいは垂直的結合といわれる結合形態がある．それは原料企業と加工・製造企業，さらに販売企業の企業結合をはかる企業集中であり，産業型コンツェルン（konzern），コンビナート（Комбинат）が該当する．
③ 出資関係から企業集中を行う目的とするもので，資本的結合である．財閥の形成はこの形態をとり，同種部門の多数企業のみではなく，異種部門企業相互の結合がみられる．金融機関を中心として結合した場合は金融型コンツェルンといわれる．

また，大企業間の結合形態とは別に下請け企業を大企業が傘下におさめるという企業系列化が行われているし，さらにジョイント・ベンチャーによる結合形態もある．

1 カルテル

カルテル（cartel; Kartell）は，同一業種あるいは類似部門における企業結合形態であり，競争の制限・緩和，市場支配を目的として形成される．カルテル

に参加している企業はそれぞれ独立性を保持しており，企業間の協定によって対市場活動においてある種の制限を受けているだけである．したがって，企業結合のなかでは一番弱い結合形態なのである．

　カルテルには大きく分けて，(1)販売カルテル，(2)生産カルテルがある．

(1) 販売カルテル

　販売上の競争を制限するために，同業種または類似業種の企業によってつくられるもので，協定の内容によって価格カルテル，条件カルテル（直接価格協定が困難なとき，販売条件に関する協定を結ぶこと），数量カルテル，地域カルテル，共販カルテルがある．このうち共販カルテルはシンジケート(syndicate)ともいわれ，協定参加企業とは別に協同販売機関を設けて，加盟企業の販売をすべてこの機関を通じて行うというもので，もっとも強い拘束力をもっている高度カルテルである．

　また，販売カルテルに対して購買活動の競争制限を目的とするカルテルで原料あるいは製品が著しく不足した場合，購買カルテルも結ばれる．

(2) 生産カルテル

　同業種・類似業種の企業が，生産について協定することを生産カルテルという．この生産カルテルには，生産制限カルテル（一般に操業短縮カルテルともよばれる），特殊カルテル（加盟企業相互間で得意な分野の製品を決め専門化するもので，専門カルテルあるいは合理化カルテルともよばれる），特許利用カルテル（特許技術などを有する企業が相互に利用しあって，利益を得る協定）がある．

　いずれのカルテルにしても，カルテルに加盟しない企業はアウトサイダー(outsider)といわれ，このアウトサイダーが多ければ多いほどカルテルの市場支配力は弱くなる．しかし，現在カルテルは独占禁止法によって一般に禁じられているが，特定のカルテルが認められる場合がある．これは合理化カルテル，不況カルテル，調整カルテル，構造カルテルといわれるものである．このように，ここではすべてあげていないがカルテルにはその協定の目的によってさま

ざまな種類がある．

2 トラスト

カルテルよりさらに進んだ企業結合形態であり，企業相互が資本の結合によって市場の独占的支配を目的とした企業結合形態がトラスト(trust)である．このためトラストは企業合同ともいわれる．

トラストでは参加企業は完全に法律上の独立性を失い，新しい合同企業が成立する．トラストには，①数社の企業が合併して新会社をつくるコンソリデーション(consolidation)，②ある社が他社を吸収合併するマージャー(merger)，③企業が完全合体するフュージョン(fusion)がある (車戸，1983，p. 73)．

また，トラストに類似するものにコングロマリット(conglomerate：複合企業あるいは集塊企業と訳される)がある．これは1960年代にアメリカで生まれたもので，トラストが同業種部門であるのに対して，自己の企業とは関連のない業種部門の企業を買収・合併して成長をとげた企業のことである．買収・合併には証券市場での株式の買収もあれば，証券市場外で不特定多数の株主から株式を買い付けるTOB (take-over bid) がある．ITTなどが代表的企業であり，コングロマリット本社は持株会社形態をとることが多い．コングロマリットの本質は，多角経営のコンツェルンとみることができ，いわゆる企業集団である．

3 コンツェルン

企業の独立性を保ちながら，いくつかの企業が資本の所有あるいは金融関係を通して結合した企業の最高結合形態がコンツェルンである．コンツェルンには，生産の合理化を目的として数種の関係企業が縦断的に結合する産業型コンツェルン（技術的観点から多数の企業が結びついているものをコンビナートといい，この形態をとることが多い）と販売合理化を目的とする販売コンツェルン(販売網の確保，その他取引を通しての支配)，そして長期的貸付や株式保有による支配形態をとる金融型コンツェルンがある．

コンツェルンの支配方法としては，
(1) 資本交換によって各企業相互の連絡を密にして統一的行動をとるものであって，中心的企業は存在しない．
(2) 資本的に強力な企業が他の企業に対して多額の出資を行い，株式保有などによって支配する方法．
(3) 持株会社(holding company)による支配によるもので，資本支配を目的として他のなんら事業を行わない持株会社を純粋持株会社(pure holding company)，そして他社の経営支配だけではなく自らも事業を営んでいる会社を事業持株会社という．

4　企業結合の規制——独占禁止法

自由経済体制のもとでの企業は，その事業の拡大によって寡占化もしくは独占化への道を歩む傾向にある．この過程で企業は自己利益のため，企業間でカルテル，トラスト，コンツェルンなどの企業結合を形成することはすでに述べてきたことである．一産業分野あるいは多くの産業分野にわたり大規模企業もしくは企業集団が市場を独占するようになると，独占企業は価格を統制したり，新しい製品の開発を遅らせたり，イノベーションを行わなくなる．その結果自由主義経済の基本的前提である自由競争や公正な経済活動が妨げられ，経済の停滞そして衰退をもたらすことになる．

企業結合による弊害は早くからアメリカにおいてみられ，1890年に反トラスト法，通称シャーマン法(Sherman Act)が制定され，さらに1914年にクレイトン法(Clyton Act)，連邦取引委員会法(Federal Trade Commission Act)が続いて制定された．わが国においては，昭和22年4月に「私的独占の禁止及び公正取引の確保に関する法律」，通称独占禁止法，略して独禁法が制定されたのである．

独占禁止法は，自由競争と公共の利益擁護のため不当と思われる企業結合を将来にわたり制限・禁止しようとする法律である．この独禁法に基づいて，企業結合・集中を監視する機関が公正取引委員会である．公正取引委員会は，各

企業が市場の独占あるいは不当取引行為を行っていないか，また不当な事業能力の格差が生じていないか，さらに不公平な競争手段が用いられていないかどうかを調査し，以上のような事実が認められた場合，これを禁止・排除するために必要な措置を対象企業に命ずることができる．

　企業の結合・集中による生産，販売，価格などの弊害を取り除き，企業間に自由かつ公正な競争を維持するための具体的な独禁法の内容は以下のようなものがあげられる．

① 私的独占又は不当な取引制限の禁止（第3条）
　a カルテル行為の禁止
　b 不当な事業能力の格差を生ずると思われるトラスト・コンツェルンの禁止
　　たとえば，一定の産業分野において原材料の独占，新規参入そして競争が困難なほどの生産支配
　c 不公正な競争方法の禁止
　　たとえば，不当なほどの低価格，ダンピングなど
② 持株会社の禁止（第9条）
③ 大規模事業会社の株式保有の総額の制限（第9条の2）
④ 会社の株式保有の制限（第10条）
⑤ 金融会社の株式保有の制限（第11条）
⑥ 役員兼任の制限（第13条）
⑦ 合併等の制限（第15条・第16条）

III 企業の国際化

　企業の規模が拡大すると，事業活動は一国内にとどまらず国境を越えて国際化するが，その場合，次のような各段階を経て進展することになる．
　外国製品に比べ価格が低く，かつ品質が優れた製品を供給できれば，その企

業の国際競争力は増大し，外国からの需要に応えて製品輸出をしても十分採算がとれることになる．そこでまず，海外へ部品・製品を輸出することから国際化が始まるわけだが，これが国際化の第一段階であるモノの国際化である．

そして，もし企業の業績が向上しさらに外国からの需要が見込めるとなると，直接投資によって，現地に営業所，支店，工場などを整備・拡張して，事業の国際化を推進することが可能になる．これが国際化の第二段階である．

しかし，国際化がこれですべて完了というわけではなく，経営資源（ヒト，モノ，カネ，情報）の観点から言えば，ヒトの国際化が第三の段階として考えられる．事業を国際化したといっても，現地の人材活用がロワー・レベルにとどまっている限り，完全に国際化した企業とはいえないのである．日本IBMのように，IBM（米国）にとっては外国にある完全子会社なのに，トップ・レベルからロワー・レベルまでその事業経営のほとんどを日本人に任せるようになって，はじめて経営資源としてのヒトも国際化している企業といえる．

したがって，以上のように考えると，国際化した企業といえども発展段階があり，現在どの程度国際化しているかという見方が可能なのである．

企業が国際化する動機としては，通常，①輸出よりも生産手段を相手国市場に移し，海外生産する方が効率がよい，②海外の安価な生産費を利用できる，③独占禁止法など本国の規制を免れる，④好・不況の景気変動を避けるリスク分散をはかる，⑤関税・非関税を含む貿易制限への対処，⑥海外市場の開拓，⑦海外の資本・技術提携企業の育成，⑧完成品輸出による相手国市場の席巻に対するナショナリズムの緩和，などが考えられる（車戸，1983）．

また，国際化企業にとって問題となるのは，組織と管理の問題，そして戦略の問題である．それは，国際化企業にとって，どのような組織構造・管理システムが期待された成果をあげるのに適合しているのか，そしてどのような戦略が国際環境の中で競争優位を確保するのか，という問題である．

実際，多くの国際化企業は，製品別事業部制や地域別事業部制を採用し，多角化戦略に対応しようとしているが，激変する国際環境のもとで，こうした方策が今後も通用するかは不明である．こうした点に関して，A. Bartlett＝S.

表 2-3 マルティナショナル企業，グローバル企業，インターナショナル企業，トランスナショナル企業の組織の特徴

組織の特徴	マルティナショナル企業	グローバル企業	インターナショナル企業	トランスナショナル企業
能力と組織力の構成	分散型 海外子会社は自立している	中央集中型 グローバル規模	能力の中核部は中央に集中させ他は分散させる	分散，相互依存，専門化
海外事業が果たす役割	現地の好機を感じ取って利用する	親会社の戦略を実行する	親会社の能力を適応させ活用する	海外の組織単位ごとに役割を分けて世界的経営を統合する
知識の開発と普及	各組織単位内で知識を開発して保有する	中央で知識を開発して保有する	中央で知識を開発し海外の組織単位に移転する	共同で知識を開発し，世界中で分かち合う

(出所) Bartlett＝Ghoshal，1989，p.65，訳 88 ページ

Ghoshal（1989）は，21世紀に通用する国際化企業像としてトランスナショナル型の企業モデルを提示している．

彼らによると，国際化企業の経営戦略は基本的に次の三つのタイプから成る．グローバル型の戦略をとる企業は，本国親会社での集中的な開発と生産をベースにして，世界規模で効率性を追求する．マルチナショナル型の戦略の場合は，自立性の強い海外子会社によって各国の多様な環境に適応しようとし，適応性を追求する．そしてインターナショナル型の戦略の場合は，親会社から海外子会社への技術移転やノウハウの移転が重視され，移転性を追求する．

しかし，今や国際化した企業は，世界規模の効率性，各国環境への適応性，技術・ノウハウの移転性をすべて追求することが必要である．そこで，これら三つを同時に追求できるモデルとしてトランスナショナル型の戦略が主張されるのである．

IV 企業の経営目的と社会的責任

1 経営目的[2]

　企業はいろいろな理由から，それぞれ独自の形態をとって現実に経営行動しているわけであるが，いずれにせよ，その行動は目的があってはじめて可能といえる．では，企業はいかなる経営目的に基づいて行動しているといえるのであろうか．

　企業の経営目的に関して，伝統的な企業論では極大利潤の追求が自明の前提とされている．しかし，現実の企業行動を観察してみると，それでは説明のつかない現象が多くみられるのである．とくに大企業についてはそうである．企業といっても，いまや中小零細企業から大企業までそのヴァリエーションと規模の差はますます広がっており，昔の単純な企業をモデルとして展開されてきた企業論では現実の企業行動の説明がつかなくなるのは当然なのかもしれない．

　また，企業の経営目的を存続・成長である，というようにそれを協働システムのレベルで抽象的にとらえることも可能であるが，これでも現実の企業行動を説明する指針として役立つとはいえない．企業の行動は具体的な目的達成志向の点から解明すべきであるからである．

　企業はその生成・発展のプロセスからわかるように，小規模から大規模へ，単純なものから複雑なものへと変化してきて，ますますその制度的性格を強めてきた．したがって，その行動も環境をはじめとしていろいろな要素を考慮しなければ理解できなくなっている．企業は伝統的なモデルでは予想できない行動をとるようになり，企業の目的達成行動が単一の基準でなく，多元的な基準に基づいてなされるようになった，ととらえざるをえなくなったのである．このことは別の観点からいうと，企業の経営目的に関する考え方が，営利目的を唯一の基準とする単一的目的観から複数の目的を基準とする多元的目的観へと

変わってきたことを意味しているといえるのである．

(1) 単一目的論

伝統的な企業論では，すでに述べたように，企業の経営目的を利潤の極大化であるととらえ，それによって企業の行動原理を追求しようとしてきた．しかもこの場合，企業が企業家(entrepreneur)のものであるという認識を当該理論のベースにしていたので，企業の経営目的は企業家の目的にほかならないとされたのである．確かに，企業が小規模で，企業家の意志が企業行動に直接反映される場合には，この経営目的観は妥当するであろう．しかし，現代のように複雑化した大企業においては状況が異なる．というのは，巨大株式会社になると，独占や寡占的な状況が現れてくるとともに，所有と経営の分離によって専門経営者支配が確立し，企業家が直接企業行動にタッチすることが難しくその影響も限られてくるからである．

専門経営者の出現は，経営行動の変質を意味し，企業家の目的としての短期的な利潤極大化ではない新たな経営目的のとらえ方を必要とするのである．そこででてきたのが，長期利潤極大化とか，売上高極大化，成長率極大化などの仮説である．

長期利潤極大化仮説は，ゴーイング・コンサーン(going concern：継続事業体)としての大企業に着目した考えである．現実の企業行動は短期的にみれば利潤極大化を目指したものといえないが，長期的にみればやはり利潤の極大化を目指しているというのが，この仮説の主張である．企業は大規模化するとともに，固定資本を膨大に抱え込むことになり，資本の有機的構成を高度化せざるをえなくなる．そこで企業は，継続的な事業体として長期的な観点から利潤獲得行動をするのである．確かに，企業の研究開発や人材育成に対する投資は，長期的な展望にたった将来の利潤獲得を目指した企業行動といえよう．なお，この場合の具体的な指標としては，自己資本利潤率や総資本利潤率，総資本付加価値率（藻利，1973）などが考えられている．

一方，売上高極大化仮説（Baumol, 1959）は，必要最小限の利潤を確保する

という制約条件のもとで，企業は売上高の極大化を目指して行動している，という説である．売上高の増大は，資金の調達，顧客の信用，経営者の報酬，従業員への刺激などに大きくかかわっており，企業行動の意思決定者である経営者は，それを個人的な意図が最も反映されるものとみなし経営目的として追求するとされるのである．

また，成長率極大化仮説 (Marris, 1964) は，経営者の効用関数を極大化するのに重要なのは企業の規模それ自体ではなく，成長であるということを主張する説である．

以上のような企業の経営目的に関する諸説は，主に経済学者によるもので企業の経済的側面を極大化原理（最適化原理）で説明しようとするものである．しかし，規模が拡大し多様な行動を展開する現代企業の目的を説明するものとしては不十分のようである．

（2） 多元的目的論

現代の大企業の行動においては，単に利潤極大化やその修正としての経済的目的を追求するばかりでなく，その他の非経済的諸目的をも追求して行動しているとみなさなければ，理解できないケースが多くみられる．現実に企業は内外に多様な利害関係者集団（従業員，経営者，株主，消費者，地域住民，行政体など）を抱えており，その目的達成行動は，規模が拡大するにつれてますます内外環境の圧力を反映したものにならざるをえないからである．したがって，企業の経営目的は利害関係集団の要求が反映された多元的なものであるという見解がでてくるのである．

多元的目的論は，単一目的論が経済人モデルを前提とした極大化原理を主張するのに対し，満足化原理を主張する．これは，人間が情報の不完全さ，予測の困難さなどにより，部分的無知 (partial ignorance) による制約された合理性のもとで行動せざるをえないことを前提とした見方でもある．それゆえ，この制約を克服するために構築される組織の階層性に応じて，目的も抽象的なものから具体的なものへ，しかも目的—手段の連鎖によって目的は階層化し，そ

うした状況で企業が行動すると把握されるのである．

　P.F.Drucker (1954, 1973) は，企業は制度的存在であるという観点から，利潤の極大化という企業の単一目的論を非現実的であるとして否定し，企業の存続・成長という企業に課された制度的な目的を中心とする多元的目的論を展開している．

　企業が社会の制度的存在であり続けるには，なんらかの基盤がなければならない．そこで Drucker は，これを「顧客の創造」に求め，「顧客の創造」こそ企業の経営目的に妥当する1つの定義であるとしている．顧客の重要性を指摘するのは，経済的資源を富に転換し，事物を財に転換するのは顧客のみだからである．企業の将来がどうなるか，そしてその事業が成功するかどうかにとって，企業が自己の生産物をいかに考えるかはそれほど重要でなく，それを顧客が買おうと思うか，あるいは価値あるとみなすかが重要なのである．

　Drucker がこうした「顧客の創造」を経営目的とするのは，企業の存続・成長という制度的目的に関連してとらえられる他の目的を正当化・均衡化（高田，1970）するためといえる．その目的とは，つぎのような8領域に関するものである．すなわち，(1)市場における地位，(2)革新性，(3)生産性，(4)物的ないし財務的資源，(5)収益性，(6)経営管理者の業績と育成，(7)従業員の業績と育成，(8)公共的責任，である．

　ところで，Drucker (1973) は利潤を企業の目的として認めていないが，利潤そのものを否定しているわけではない．「利潤は原因でなく結果である」(p.71)という認識のもとに，利潤は，企業の業績を判定しうる唯一の基準であり，しかも，企業の存続・成長にとって必要不可欠な未来費用をカバーしうる財源とみなすのである．したがって，その考えからは，必要最小限度の利潤を獲得することが企業の行動として当然視されている，といえるのである．

　一方，H.I.Ansoff (1965) は企業の内部的観点からみた多元的目的論を展開している．Ansoff によれば，企業の経営目的には資源の転換プロセスを効率化するための経済的目的と，企業内外の利害関係者の個人的目的の相互作用を反映した非経済的目的（社会的目的）があるが，企業行動に主たる影響を及ぼすの

は前者であり，後者は重要であることには違いないが，あくまで2次的・制約的な影響を及ぼすにすぎないという．またその他に，企業行動に影響を及ぼすものとして社会的な責任と制約（企業の自由な活動から，ある種の選択権を除外する決定ルールで，たとえば最低賃金水準など）という2つの相関連する事項もあることが指摘されている．

経済的目的の内容は，資源に対する長期的成果の極大化であり，具体的には投資利益率（rate of return on investment，略してROI）として示される．そして，ROIが±20％の正確性で予測できる近接期間（通例 3―10年）ではこれが唯一の目的内容となり，その希求水準（aspiration level）は，高度の望ましい目的から受容限界目的という幅をもって設定される．

しかし，さらに長期のROIを正確に予測し目的とすることは困難であるから，そのために，長期のROIに貢献するような企業内外の特性が測定され，それぞれについても幅のある目的が水準として設定される．それはたとえば，外部的な競争力に関する売上高成長率や市場占有率の増大，内部的な能率に関する売上高利益率や運転資本回転率，工場・機械などの年数においてである．

またこうした長期的な目的に加えて，将来の予測不能な事態（危機と機会がある）に対応しうる弾力性目的（flexibility objective）も設定されなければならない．これにも外部的なものと内部的なものがあり，前者は，危機を最小のものとするための防御的目的と機会を最大にするための攻撃的目的からなり，後者は，危機に対応するクッションを意図した流動比率や負債比率など財務体質の流動性保持が目的とされる．

以上のようなAnsoffの経営目的論は，経済的目的である長期的ROIの極大化を企業の基本目的としながらも，満足化原理を是認することから，基本目的に対する具体的な下位目的のシステム化を提示し，しかもその他の目的の存在も認め多元的目的論をなしているのである．

多元的目的論は，DruckerやAnsoffだけが主張しているわけでなく，これは経営学の最近の傾向なのである．ただそれを，制度的観点からみるか，経済的観点からみるかの違いで議論の余地は大いにあるといえる．これはまた，企業

をどうとらえるかという問題にもつながることなのである．

2　企業の社会的責任

　企業は社会の中で活動し，多くのステークホルダーに大きな影響を及ぼしている．また近年の大企業は，他に対抗できるものが無いほど規模も拡大し，まさに現代の支配的制度となっている．社会に対して大きな影響力をもつ企業に社会的責任や倫理的行動を望む社会からの声が強まっている．その背景には，企業の反倫理的活動の実態が次々と明らかにされている現実を無視することはできない．

（1）　企業の社会的責任と企業倫理

　一般的には，同じように使われる「企業の社会的責任（Corporate Social Responsibility）」と「企業倫理（Business Ethics）」であるが，概念的には違いがある．企業がある活動をする前に行う意思決定の倫理水準を問題にするのが「企業倫理」であり，企業が実際に行った活動の結果に対して企業が社会に対して負う責任を問題にするのが「企業の社会的責任」である．企業が行うある活動を中心に考えれば，活動の前が企業倫理が扱う領域で，活動の後の結果を扱うのが社会的責任の領域ということになる．しかしながら，現実の企業活動は連続しているので，概念的には分けられても，実際上この2つを厳密に区別することは困難である．したがって，この2つの概念は同じように扱われることが多い．

　同じように道徳と倫理も同じように扱われることが多い．特に日本人は道徳と倫理を同じように使うことが多い．しかしながら，この2つにも意味の違いが存在する．道徳はすべての個人が善と思う事柄のことであり，倫理は個人的なものであり個人が道徳と照らし合わせてどの水準までを許容するかをいう．善悪に関する判断は，個人により異なる．したがって，道徳は各個人が善と考えることの共通部分ということになる．また倫理は，誰もが善と考えていることに照らし合わせて，どの水準までの行動を自分に許すかということになる．このようなことから，企業倫理，企業の社会的責任といった場合，その内容は

企業の倫理水準を高めることが中心になる．

（2） 歴史的にみた企業倫理と社会的責任

歴史的にみると，企業倫理や企業の社会的責任が注目を集めた時期が過去に2回あり，現在が3回目の時期にあたる．企業倫理や企業の社会的責任は，企業活動の善悪に関連した価値観に依存した分野であるため，時代や地域においてその判断は異なる．同じ内容の企業活動であったとしても時代によって反倫理的とみなされる場合もあれば，倫理的とみなされる場合もある．また同様に地域が異なれば，判断は異なる．ただ近年のグローバル化，情報化の急速な進展により，時代ギャップ，地域ギャップは縮まってきている．

この分野で最初に問題にされたのは，巨大企業出現による独占の問題である．米国を例に取れば，産業の総帥たちが出現し活動した20世紀初頭の時期にあたる．この時期は，各種産業で独占企業が出現し市場を支配していた．またその巨大な影響力は，市場のみならず社会へも及んでいた．このような状況の中で社会の不満が高まり，独占禁止法などの法律が制定された．

2回目に企業活動が問題になったのは，1950年代から60年代の時期である．この時期問題とされたのは，主に公害と欠陥製品である．企業が利益を優先させるあまり，必要なコストを出し渋り公害を発生させてしまったこと，同様に部品や製品の安全性を軽視したことが批判された．各種安全基準や規制が制定されることとなった．

そして3回目の時期が1980年代から現在に至る時期である．現在問題とされていることの多くは，企業スキャンダルと呼ばれることが多い．金融等による不正な勧誘，保険金の不払い，不正の隠蔽，データの改ざん等どちらかといえば詐欺的な活動が問題にされている．

歴史的に見るとおおむね前述したような順番で問題にされてきた．しかし問題の発生時期は，その国の社会・経済の発展段階に依存している．したがって，これまではヨーロッパや米国で問題にされ，その後数年して日本で問題にされてきた．しかし，通信技術の発達や経済のグローバル化の影響などによ

り，現在，国ごとの時間ギャップは急速に縮まってきている．また急激な社会変革・経済成長を遂げている国々では，3つの問題がほぼ同時に発生してきている．

　企業倫理および企業の社会的責任の具体的内容に関しては以上のように3段階に分類することができる．同様にこれら分野の研究もまた分類可能である．初期の研究では，企業に社会的責任はあるのか，ということが中心に議論された．経済学者を中心に企業の社会的責任否定論が展開された．またなぜ企業は倫理的でなければならないのかという問いに対して，慈善原理（Charity Principle）と受託原理（Stewardship Principle）が提示された．慈善原理とは，たまたま運よく金持ちになった人は，まだなってない人に対して慈善的でなければならない，というものである．慈善原理に基づいた具体的行動として，メセナやフィランソロフィーを挙げることができる．受託原理とは，企業が使用する資源はもともと人類全員のものであり，経営者はそれら資源を有効に使うことを人類全員から託されているという考え方である．

　企業活動が大規模化し，社会に対するその影響力も大きくなるにつれ，社会的責任否定論は姿を消していった．また，R. Naderをはじめとする社会活動家が登場する時期になると，企業の倫理的活動と企業業績の関係が研究されるようになる．これらの研究は現在でも行われているが，そこでの研究成果から次のようなことがわかる．企業の倫理的活動と企業業績の関係は，古い時代はマイナスであったが，時代が近くなるにしたがってプラス・マイナス・ゼロへ，さらにプラスへと変化してきている．すなわち，倫理的活動はコストの側面が強かったが，社会の価値観の変化とともに企業が倫理的活動を行うことのコストを行わないことによるコスト（違法行為を行ったことに対する罰金や不買運動，さらには採用活動への悪影響）が上回ってきていることを示している．

　1990年代以降は，反倫理的活動や企業不祥事を予防する企業内倫理制度の研究，倫理的組織構築に関する研究，反倫理的企業行動の発生メカニズムに関する研究が行われている．企業倫理の制度化は，米国ではThe U. S. Corporate Sentencing Guideline（従業員が業務上違法行為を行った場合，それらの違法行為を未然に防止するもしくは早期発見でき，適切な対処がとれるような制度を整備している企業には，違法行為に対する罰金を大幅減額する法律）が制定されて以降急激に進んでいる．倫理制度として，倫理担当役員，倫理委員会，ホットライン，オンブズマン制度，各種ハラスメント室，倫理訓練等をあげることができる．

倫理的組織の構築に関しては，理念による経営が提唱されることが多い．また組織への理念の浸透もしくは組織内での企業理念の共有化に向けた研究が行われている．

反倫理的企業行動の発生メカニズムでは，認知的不協和の理論（Festinger, 1957）など心理学的な側面からのアプローチを中心に研究が行われている．

【注】
1) 合同会社は，米国のLLC（Limited Liability Company）を真似して創られたが，LLC最大の特徴である法人格を持ちながら法人税が課税されない（いわゆるパススルー課税）という制度が適用されなかった．もし米国のように合同会社も法人税が課せられなければ，出資者は法人税と配当に対する所得税という二重の課税を配当に対する所得税だけにすることができる．この出資者に対する最大のメリットが日本の合同会社には無いので，合同会社と株式会社の違いはほとんど無く，合同会社の方が会社の経営を出資者間の合意で比較的容易に決められるという点だけになっている．
2) 経営目的は経営理念と経営目標の合成体である（髙田，1978），というのが最近の通説になっている．そして，経営理念とは経営者がもつ信条，信念，理想であり，経営目標とは経営理念を実現するための具体的な目的である．本章ではこのことを踏まえて経営目的という言葉を用いている．

【参考文献】
古川栄一『経営学通論』同文舘，1967年
池本清・上野明・安室憲一『日本企業の多国籍的展開―海外直接投資の進展―』有斐閣，1981年
小松　章『企業形態論 第2版』新世社，2000年
桜井克彦『現代企業の社会的責任』千倉書房，1976年

鈴木辰治『企業倫理・文化と経営政策―社会的責任遂行の方法』文眞堂, 1996年
髙田　馨『経営の目的と責任』日本生産性本部, 1970年
髙田　馨『経営目的論』千倉書房, 1978年
対木隆英『社会的責任と企業構造』千倉書房, 1979年
占部都美『改訂企業形態論』白桃書房, 1980年
P. ドラッカー, 現代経営研究会訳『現代の経営』ダイヤモンド社, 1970年
E. M. エプスタイン, 中村・風間・角野・出見世・梅津訳『企業倫理と経営社会政策過程』文眞堂, 1996年
L. L. ナッシュ, 小林・山口訳『アメリカの企業倫理―企業行動基準の再構築』日本生産性本部, 1992年

第3章
経営者論

I 専門経営者の出現

1 所有と経営の分離

　株式会社の生成・発展は，資本主義経済の体制を支え成長させてきたばかりでなく，企業の「所有」と「経営」が必然的に分離する傾向があることを歴史的に明らかにしている．通常「所有と経営の分離」といわれる現象は，株式会社という企業形態の特質の1つであり，その発展において明確に現われてくるものといえるのである．

　所有と経営の分離は，「支配」とのからみでみなければその本質をとらえることができない．しかも株式会社の発展プロセスにおいて把握することが必要である．小規模企業の場合，企業への出資者（所有者）はその経営も自分で行えるが，大規模になるとそうもいかなくなるからである．

　所有と経営の分離はその生成プロセスの内容から，形式的な分離と実質的な分離に分けることができる．形式的な分離とは，所有と支配と経営の各機能が所有者に帰属している状況から経営のみが分離する現象をいう．つまり，企業に対する出資者が所有機能と経営者の選任・解任をできる支配機能も果たすが，

経営機能をその専門家にまかせてしまう状況である．これに対して実質的分離とは，出資者はもはや所有機能しか果たさずそこから支配機能も分離して，経営者が経営機能と支配機能を実質的に果たす状況である．

このような「所有と経営の分離」に似た用語として，出資と経営の分離，資本と経営の分離，所有と支配の分離というのがあるが，その実質的内容はいずれも同じである．これらの意味するところは，資本所有者と企業の支配者が異なること，すなわち，株式会社において株式の所有によらないで会社の支配が行われるようになる傾向をいうのである．

さて，この所有と経営の分離という現象を具体的にみてみるとどうなるであろうか．株式会社が発展しその規模が拡大してくると，一方において，会社を維持・発展させるためにさらに多くの資本が必要となり，広く社会から資本を調達しなければならなくなる．その結果，株式が少数の株主から多数の株主へと広範囲に分散され，大株主の持株比率は低下することになる．また他方において，株式会社が大規模・複雑化した場合，その組織を運営するために企業経営に関する専門知識や技能が必要になる．所有と経営の分離は，こうした株式会社の大規模化にともなって生ずる株式の分散と企業経営に関する専門知識や技能の必要性に相互関連して生成してくるといえるのである．

こうした現象をさらに別の観点から説明すれば，会社組織が小規模のうちは，所有経営者（owner manager）としてその所有者は会社を支配し経営することができるが，大規模化し株式の分散がおこってくると，もはや所有者＝支配者＝経営者であることはしだいに不可能になってくるといえる．大株主による支配の可能性はあるものの，大株主自体の持株比率は低下してしまうからである．株式の分散という状況下にある多数の株主は，もはや会社の支配を意図しようとするより，証券市場における株価や利益配当にだけ関心を示す無機能資本家になるのである．

本来，所有という概念に当然結びついているべき支配機能がこうした一連のプロセスによって実質的に分離するのであり，株式分散が所有と支配の分離，すなわち所有と経営の分離を促進する大きな要因となっていることがわかる．

また会社組織が大規模化してくると，管理をはじめとしていろいろと組織の問題が発生し，単なる資本所有者というだけでは会社の経営は不可能となる．大規模化した組織を運営するには，質的に高度化した経営技能を身につけている者でなければならず，このために，専門的な知識・技能・経験を有する専門家が必要となるのである．これがいわゆる専門経営者(professional manager)といわれるもので，資本の所有者が経営をまかせるために雇うという意味で，雇用経営者（employed manager）とよばれることもある．

すなわち，資本所有者は，経営の専門家が必要となった状況に応じて専門経営者に企業経営をまかせるのであり，この場合，所有＝支配の関係は不動のままで所有と経営の分離がおこることになる．しかしこの段階の分離は，資本所有者が機能資本家として企業の支配を意図しているのであり，所有と経営の分離といってもまだそれは形式的な分離にすぎない．実質的な所有と経営の分離は，株式の分散がさらに広がるとともに，より専門的な経営知識・技能が開発され，それが必要とされることによっておこるのである．これは，別の観点からいえば，機能資本家が無機能資本家へ転換するということであり，所有者がもはや実質的に支配機能を果たすことなく，専門経営者が支配機能を果たす状況なのである．

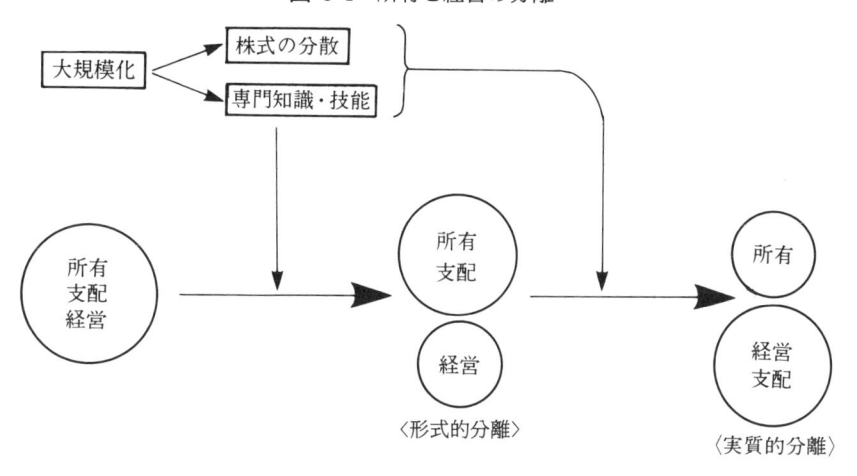

図 3-1 所有と経営の分離

〈形式的分離〉　　〈実質的分離〉

所有と経営の分離は，以上のように，所有・支配・経営の3つの観点とその生成プロセスから理解することが必要であり，これを図で示せば前頁のようになるであろう（図3-1）．

2 専門経営者支配の成立とその基盤

株式会社における所有と経営の分離という傾向は，結局のところ専門経営者支配の確立を意味しているといえる．

この現象について A.Berle = G.Means (1932) は，1929年当時におけるアメリカの巨大株式会社200社（金融業は除く）を調査・研究し，所有と経営の分離に基づいた専門経営者支配の成立を明らかにしている．

彼らは，「支配」の概念を取締役を選任したり，解任できる権力ととらえたうえで，株式会社の代表的な支配形態をつぎのようなものとしている．

(1) 完全所有支配（control through almost complete ownership）
　　個人または小集団が全部ないし大部分（80％以上）の株式を所有して会社を支配する場合であり，個人企業や同族会社にみられるものである．

(2) 過半数支配（majority control）
　　個人または小集団が，過半数（50％～80％）の株式を所有することによって，会社を支配する場合である．

(3) 法的手段による支配（control through legal device）
　　過半数の株式をもたないで，議決権株，無議決権株，議決権信託，ピラミッド型持株会社などの方法によって会社支配をする場合である．

(4) 少数支配（minority control）
　　20％～50％の株式所有にもかかわらず，群小株主の議決権の放棄，委任状の収集により，会社支配をする場合である．

(5) 経営者支配（management control）
　　株式の高度分散により，大株主の持株比率が少なくなった（20％未満）ために，支配が経営者の掌中におかれるようになった場合である．

このような支配類型に従って，当時の大企業200社を分析してみると全体の

第3章 経営者論　75

うち完全所有支配は6%，過半数支配は5%，少数支配は23%であるのに対し，法的手段による支配は21%，経営者支配は44%もあることがはっきりしたのである．しかも以上からわかるように，株式所有に基づかないで会社を支配しているのは65%と解釈され，専門経営者支配の存在を強調することになっている．

また1963年には，R.J.Larner（1966）が Berle = Means の支配類型（ただし，経営者支配においては10%未満）に基づいて同じような調査・研究を行っている．その調査対象は，Berle = Means の調査から約30年経過してからのものであり，時間の経過にともなって株式会社の支配構造がどのように変化したかを知るのに意義深いものになっている．Larner の調査によると，完全所有支配はもはや存在しておらず，過半数支配は2.5%，少数支配は9%であり，これに対して法的手段による支配は4%，経営者支配は84.5%にも達している．

これらの結果によって，アメリカにおける巨大企業の専門経営者支配はもはや動かしがたい事実であることが判明したのである．この点に関して Larner は「1929年のバーリの調査時点では経営者革命の進行中であったが，1963年の現在では経営者革命はほとんど完了した」といっている．

ところで，このような所有と経営の分離に基づく専門経営者支配の傾向はわが国でもみられることが，いくつかの調査・研究によって明らかにされている．

表 3-1

	Berle=Means (1929)		Larner (1963)		三戸教授グループ					
					(1936)		1956)		(1966)	
	社	%	社	%	社	%	社	%	社	%
完全所有支配	12	6	0	0	12	6	0	0	0	0
過半数支配	10	5	5	2.5	13	6.5	4	2	4	2
小数支配	46.5	23	18	9	93	46.5	64	32	76	38
法的支配	41	21	8	4						
経営者支配	88.5	44	169	84.5	82	41.0	132	66	120	60
管財人の手中にあるもの	2	1								
合計	200	100	200	100	200	100	200	100	200	100

とりわけ三戸グループ (1973) の調査は Berle = Means の支配類型にほぼ基づいて行っているので，日米比較の点で大いに参考になる．その調査結果の一部を Berle = Means, Larner の調査結果と対比して示すと表 3-1 のようになる．

わが国においても，1936 年と 1956 年の調査結果を比較してみるとわかるように，所有に基づかない支配の傾向が読みとれるのであり，しかもそれはアメリカ以上の進展を示している．所有と経営の分離による専門経営者支配が成立してきたといえるのである．

このように日米双方で読みとれる専門経営者支配の成立は，はたしていかなる基盤に基づいてなされていたといえるのだろうか．そもそも専門経営者支配は，所有と経営の分離の実質的な意味をなすものであるから，その成立基盤は所有と経営の分離の形成プロセスに求めることが必要である．

株式会社が大規模化すると，当然より多くの資本が必要となるので，広く社会から資本を調達することになる．その結果，株式の分散がおこり，従来の大株主もその持株比率を低下せざるをえなくなる．しかも，株式の分散がさらに高度になると，もはや株式所有に基づく支配は不可能になる．ここに所有によらない支配の可能性がでてくる．すなわち，株式分散は経営者支配の基盤をなしていると考えられるのである．

一方また，株式会社が大規模化すると，その企業経営を誰でもできるというわけにはいかなくなってくる．企業の経営を行うのに必要な専門知識や技能を有する者のみが，実際の経営にあたれるようになるのである．しかもこの専門知識・技能といったものは，企業規模の拡大とともに質的に高度化したものが要求されてくるのである．たとえば，従業員の要求の多様化，飛躍的な技術革新，地域社会との関係，国際化など専門家にしか対応できない状況がでてくる．こうなってくると，経営の専門知識・技能を身につけている者のみが専門経営者として企業経営を担当でき，それを通じて企業を実質的に支配するようになりうることになる．すなわち，経営の専門知識・技能の質的高度化も専門経営者支配の基盤をなしていると考えられるのである．

株式分散は所有と経営の分離を促進して専門経営者支配の道を開くが，それ

はあくまでも消極的なものにすぎない．これに対して，経営の専門知識・技能の質的高度化は，経営能力の必要性を明らかにするものであり，専門経営者支配を根拠づける積極的な要因になっている．したがってさらに詳しくいえば，株式分散は専門経営者支配の形式的基盤をなすにすぎないが，経営の専門知識・技能の質的高度化はそれの実質的基盤をなしているといえるのである．

ところで，所有と経営の分離に関して，近年また新たな動きがみられる．すなわち，個人所有から法人所有ないし機関所有への変化（三戸，1982）である．わが国の全上場会社の株式についてみると，最近では約7割が機関所有で，個人所有は3割にしかすぎなくなっている（図3-2）．しかしこうした状況になっても，所有している機関自体において所有と経営の分離がなされているので，専門経営者支配の傾向は揺らぐことはないのである．

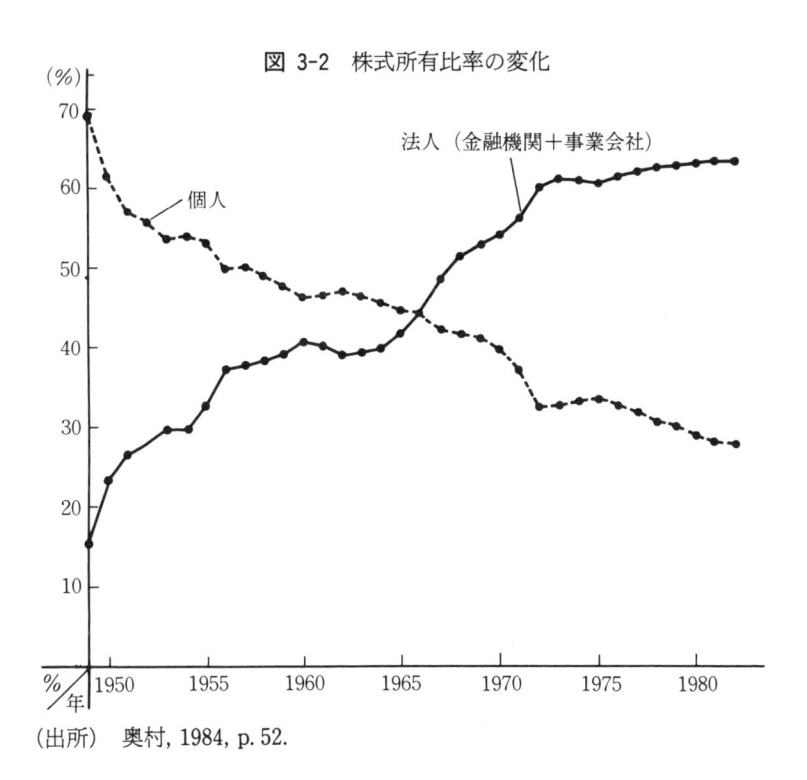

図 3-2 株式所有比率の変化

(出所) 奥村, 1984, p. 52.

専門経営者支配の成立[1]は，現代社会の特質であり，それはさらに進展しつつあるといえる．なお，社会主義社会も資本主義社会もともに経営者社会へ移行することを主張したJ.Burnham(1941)の経営者革命論や，大企業における重要な意思決定に参画している知識集団を対象としたJ.K.Galbraith (1967) のテクノストラクチュア論などは，専門経営者支配の現象を別の視点から論じているものである．また，わが国でもこれに関して，脱資本主義論(西山，1983)，法人資本主義論（奥村，1984)，コーポレイト・キャピタリズム（宮崎，1985)など，いろいろと議論が展開されている．

3　利害関係者集団とコーポレート・ガバナンス

企業は社会の制度として存在しており，いかなる企業においても，その活動と利害関係を有する集団が存在する（図3-3)．企業にとってこうした利害関係者集団は環境要因として働き，したがって企業が環境適応して存続・発展す

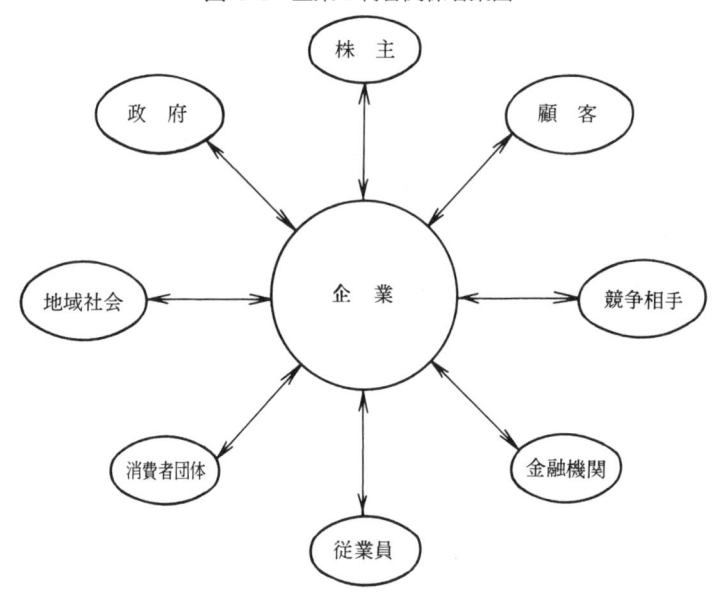

図 3-3　企業の利害関係者集団

（株主，顧客，競争相手，金融機関，従業員，消費者団体，地域社会，政府　— 企業を中心に双方向の矢印で結ばれている）

るためには，利害関係者集団との関係をうまく処理することが必要である．

　企業の利害関係者集団としては，たとえば，株主，従業員，顧客，政府，地域社会，競争相手，金融機関，消費者団体などがある．これらは，それぞれが環境主体として企業に影響を及ぼしている存在であると同時に，企業からも影響を受けている存在である．また，利害関係者集団はそれぞれ独自の目的をもった集団であり，お互いに利害の対立している傾向がある．たとえば，株主は企業利益増大を望むが，従業員は企業利益とは相反する賃金の上昇を望むのである．企業が一つの集団を大事にすれば，他の集団の反発を買う可能性があり，利害関係者集団の間で利害の不均衡が起こらないように調整することが，企業に要請されるのである．

　こうした状況の中で，企業の支配力を増してきた経営者が，それぞれの調整機能を果たすのは当然である．しかし，近年，経営者の専断的な行為（M&Aなど）によって不当な損害を被ったとして，株主の方から形骸化してきたコーポレート・ガバナンス（経営者の任免と行動監視に関わる制度）を問う声が高まってきた．

　株主は，周知のように，株式所有の分散によって企業経営に対する発言力を失ってきた．ところが，アメリカの場合1960年代の後半から，経営者自身の利害がストックオプション制の導入などによって株価と密接に関わるようになり，株主が株価形成の影響力行使を手段として発言力を高めてしまったのである．この「株主反革命」とよばれる現象は，次のようなメカニズムで起こってきたと理解されている．すなわち，企業経営に不満をもつ株主が株式を大量に売却すれば株価の低下が起こるが，その結果，これをチャンスとみる投資家によって企業買収が試みられる可能性が高まる．そしてもし買収が成立すれば，投資家（買収者）は，株主利益（高い株価）を確保しようとする経営陣を選任することによって利益（利ざや）の獲得を求めるからである．こうして，株主の意向に沿った経営者はますます短期的な業績向上（株価の上昇）に関心を抱くようになるのである．

　ただし問題は，株主といっても機関投資家，事業会社，個人それぞれのおか

80　第II部　現　象　編

図 3-4　日・米・独のコーポレート・ガバナンス

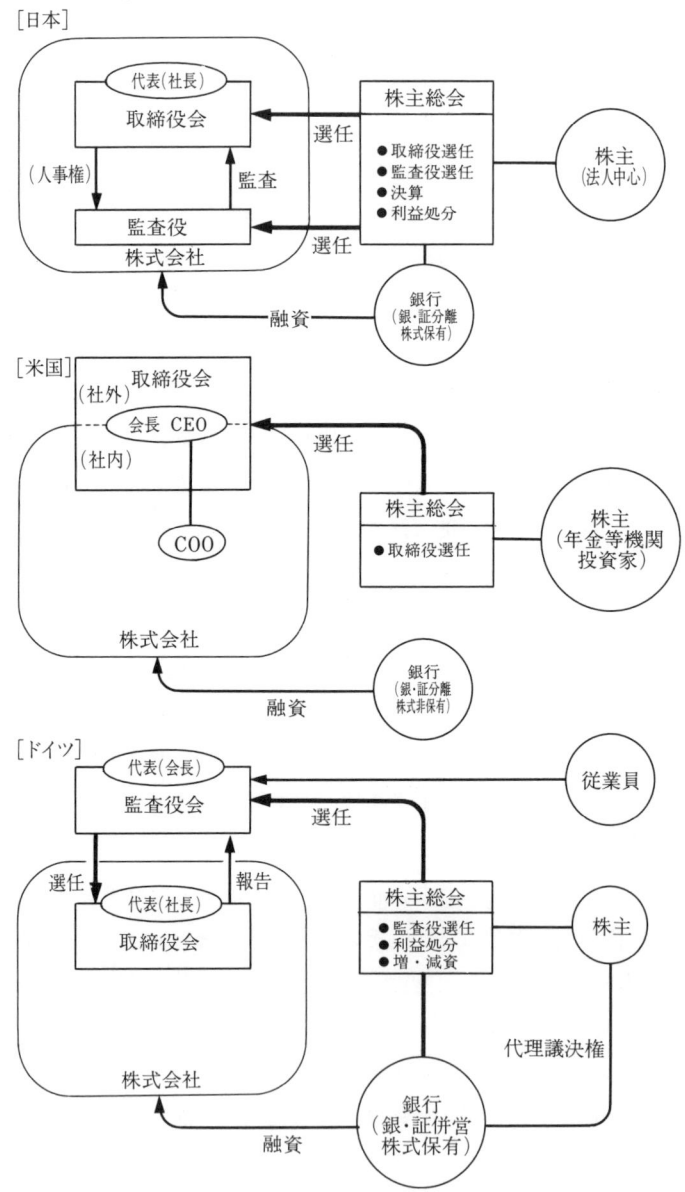

[日本]

- 株式会社
  - 取締役会（代表(社長)）
  - 監査役
  - (人事権)／監査
- 株主総会
  - ● 取締役選任
  - ● 監査役選任
  - ● 決算
  - ● 利益処分
  - 選任 → 取締役会
  - 選任 → 監査役
- 株主（法人中心）
- 銀行（銀・証分離　株式保有）
  - 融資

[米国]

- 株式会社
  - 取締役会
    - (社外)
    - 会長 CEO
    - (社内)
    - COO
- 株主総会
  - ● 取締役選任
  - 選任 → 会長CEO
- 株主（年金等機関投資家）
- 銀行（銀・証分離　株式非保有）
  - 融資

[ドイツ]

- 株式会社
  - 監査役会（代表(会長)）
  - 取締役会（代表(社長)）
  - 選任／報告
- 株主総会
  - ● 監査役選任
  - ● 利益処分
  - ● 増・減資
  - 選任 → 監査役会
- 従業員
- 株主
- 銀行（銀・証併営　株式保有）
  - 融資
  - 代理議決権

（出所）　日経ビジネス　1992年6月15日号（一部修正）

れている状態によって，すべてこのような行動をとるとは限らないということである．たとえば，日本で見られるような「株式の持ち合い」といった安定株主現象は，株価の低下の歯止めとなり企業買収を困難にしているので，経営者はそれほど株主の意向を勘案せずにすんでいる．コーポレート・ガバナンスの実態やあるべき姿は企業の取り巻く環境（政治，経済，社会，文化）に依存するのである．

II トップ・マネジメントの職能

　大規模・複雑化した階層組織では，専門経営者といえども単独でその任にあたることは不可能である．そのため経営の職能がトップ・ミドル・ロワーというように分化され，それぞれのレベルでマネジメントの組織が形成されることになる（図3-5）．

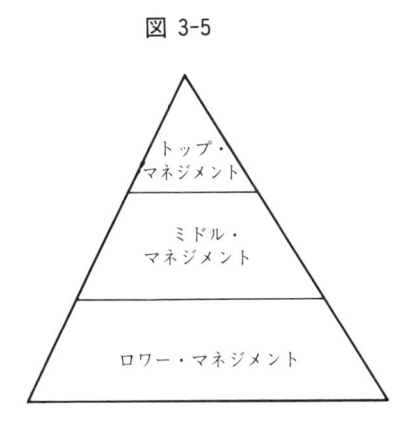

図 3-5

　このうちトップ・マネジメントとは，組織の最上位の階層に位置し，全体的な観点から組織を掌握し，その経営の計画，戦略，組織の編成，各部門の調整，統制などを担当するものである．しかもこれは，組織化された存在として把握することが可能である．

組織としてみたトップ・マネジメントはつぎの2つないし3つの階層から成り立っているといえる．

(1) 受託経営層： これは株主の利益を代表・保護するために，企業の基本的・全般的方針や目標を決定し，そしてその執行をコントロールする層である．取締役会がこの層に属する機関として位置づけられる．

(2) 全般経営層： これは取締役会で決定された基本的方針および取締役会から委譲された権限の範囲内で経営活動の具体的な計画の立案，指揮，調整，統制を行う層である．わが国の場合，この層に属する法的な機関は代表取締役であるが，社長以下副社長や専務・常務といった面々も実質的にこの層に属しているといえる．

(3) 部門経営層： これは各部門の管理活動を行う層だが，取締役を兼任する各部門の長がその任にあたる大規模組織の場合には，トップ・マネジメントを構成する層といえる．

では，このような階層を構成するトップ・マネジメントはいかなる職能を果たすべきなのだろうか．

1 取締役会の職能

株主総会によってそのメンバーが選ばれる取締役会は，トップ・マネジメントを構成する機関であり，企業における意思決定機関として位置づけられる．取締役が株主によって選ばれるのは，株主が企業の所有者として法的に保護されるべき権益を有しており，そしてこの権益を守るために，企業の経営を少数の取締役に委託することになるからである．したがって取締役会は，株主の意思を反映させ，その権益を確保することがまず第一に要請されるのであり，株主に対する受託機能をもつことになる．

しかし現実には，所有と経営の分離という現象から，機能資本家はすでに無機能資本家に変質し，株主総会はその本来の機能を果たすことなく形骸化してしまっている．これは日米双方についても該当することであり，取締役の選出は実質的には株主総会における株主の意思ではなく，企業における有力な専門

経営者の意見によって行われているのである．このことはまた，取締役会に株主の意志が反映されない傾向のあることを意味するものであり，取締役会も株主のための決定機能を果たすことなく形骸化（無機能化）してしまっているといえるのである．

ところで，トップ・マネジメントたる取締役会の実際の職能とはいったい何であろうか．H.Koontz(1967)は，この点についてつぎのような事項をあげている．

（1） 受託責任
（2） 企業目標の決定
（3） 経営執行者の選任
（4） 企業の長期的な安定と成長の確保
（5） 企業目標の達成を志向する基本計画の設定
（6） 主要な意思決定事項の承認
（7） 計画と実績の照合
（8） 企業の利益および資産の処分
（9） 合併と取得

取締役会は企業の意思決定機関として，その長である会長を中心に，このような経営全般に関する職能を果たすことが要請されるわけだが，しかしこれらが実質的に意図どおりに行われているとはいいがたい．取締役会にも形骸化の傾向があるからである．

では，株主総会および取締役会が形骸化している現状で，形式的な意思決定機関である取締役会にかわって，その本来の職能が十分に果たされるために，どのような方策が考えられているのであろうか．その点に関して，わが国では常務会制度が，アメリカでは取締役会の下の各種委員会が実質的な意思決定機関として設けられている．

また，取締役会の構成メンバーを，生え抜きの社内取締役だけでなく社外取締役も入れて成り立たせることも，取締役会を活性化させるために意味あることとされている．社内取締役は，会社のエリートとしてその業務執行について

かなりの経験と知識を有している人から選ばれるが，社外取締役は，その経験・知識から取締役会の決定に幅広い視野から貢献できるような人物で，会社の利害関係者集団のなかから選ばれる．これは取締役会が，会社の基本的・全般的事項に関する意思決定機関であり，その職能を有効に果たすために，会社内の思考様式から自由な外部取締役の意見を必要としているからである．一般的に，社外取締役にはつぎのような役割が期待されている（高宮, 1970）.

（1） 広い視野と経験によって，基本方針の設定に貢献すること．
（2） 経営者支配の独善を是正すること．
（3） 社長以下の執行機関に対する助言者・批判者となること．
（4） 全社の対外的な連絡・調整を円滑化すること．

しかし，社外取締役には次のような問題点もある（高宮, 1970）.

（1） 内部事情を知らないため，思いつきの意見になりがちであること．
（2） 経営に直接関わらないので，無責任になる恐れがあること．
（3） 社外取締役が中心になると，内部メンバーが取締役になる可能性が少なくなり，メンバーの勤労意欲を阻害すること．
（4） 利害関係者から構成されると，利害の対立によって統一が失われたり，率直な意見の交換が不可能になること．

このような社外取締役の制度は，アメリカでは大企業を中心にすでに常態化されているが，わが国では大企業でも，依然として，社内取締役が取締役会の構成メンバーのほとんどを占めている．たとえば，アメリカ大企業では取締役会構成メンバーの70％前後が社外取締役であるのに対し，日本ではそれは10％足らずである．しかし，日米にその差はあるものの，いずれにおいても意思決定機関としての取締役会の形骸化（無機能化）はみられるのである．

2　全般経営者（ゼネラルマネジャー）の職能

全般経営層は，取締役会で決定された基本方針に基づいて執行する機関であり，わが国では法律上，代表取締役がこれに該当する．しかし，通常は，代表取締役でなくても専務や常務クラスなら全般経営者（ゼネラル・マネジャー）

であると理解される．しかも企業の大規模化，多角化，複合化が進展するにつれ，ゼネラル・マネジャーの種類も多様化（Kotter, 1982）してきたといえる．事業部レベルのマネジャーでも，その経営に全般経営的発想が求められるので，全般的経営層に入れるべきかどうかは，実質的に何を行っているかによって識別することが可能なのである．

　全般経営層の職能は，主として，取締役会によって決定された基本方針と取締役会から委譲された権限の範囲内で，全社的観点からの計画，組織，指揮，統制などを行うことである．これを取締役会の職能と関連させていうと，取締役会が非連続的な職能，すなわち，主要な提案の評価と実績の承認を行うものであるのに対し，全般経営層は執行的かつ継続的職能を遂行するものであり，その場合いろいろな提案や実績をさらに発展させることが要請されるのである．

　全般経営層の職能の具体的な内容は，P. E. Holden（1941）によってすでに50年以上前に整理されたが，基本的にそれは，企業の指導者として全社的な企業管理を行うものというものである．とはいえ，当時の企業環境と今では様相をまったく異にしており，特に環境適応の観点は含まれていなかったので，それは現代的観点からいえば，いささか陳腐化したものといえる．

　そこで今日，多くの企業では全般経営層の責任を負うべき領域として，次のようなものが想定されている．
　（1）　株主をはじめとする利害関係者
　（2）　長期計画，企業目標，経営方針，それらの意思決定
　（3）　企業の資本調達，資源配分，その他主要な財務計画に関わる意思決定
　（4）　成長戦略，競争戦略，研究開発戦略，M&A戦略
　（5）　組織構造，情報システム
　（6）　報酬システム
　（7）　管理者の人事考課と能力開発
　しかし，企業環境が複雑で不安定である今日，全般経営層はこのような職務の他に，環境適応の観点から，企業の倫理やフィランソロピーの問題にも対処

することが求められるのである．

3 専門経営者に要求される資質・能力

　専門経営者[2]がその職能を有効に果たすには，何か特別の資質・能力が必要であると一般に考えられている．だれでもがトップ・マネジメントとして組織をリードできるというのではなく，組織の上に立つものは下のものとは異なる資質・能力をもっていなければならないとされるのである．ではいったい，どのような資質・能力が必要とされるのだろうか．

　トップ・マネジメントの職能については，すでに階層ごとにみてきたが，これらを含めて専門経営者の職能としてあげられるのはつぎの3つである．すなわち，(a)全般的経営職能，(b)利害調整職能，(c)革新職能である．それゆえ，専門経営者には，これらの職能を十分にこなしうるだけの資質・能力が備わっている必要があるといえよう．

　この点から専門経営者の資質を一般的に分類すると，以下のようになる（対木，1978）．

　（1）　健康と活力
　（2）　一般的・管理的知識
　（3）　独創的判断・決定
　（4）　道徳的特性

これらはそれほど具体的とはいえないものだが，さきにあげた専門経営者の職能を果たすのに必要な資質であることがわかる．

　一方，専門経営者に要求される能力は，その職能を遂行できる能力でなければならない．有能な専門経営者として評価されるには，つぎのような特徴の能力をもつことが必要である．

　（1）　ゼネラリストとして必要な幅広い知識，情報収集，経営計画といった「全般的経営能力」
　（2）　忠誠心とか協調性，人望といったきわめて属人的な「対人関係能力」
　（3）　企業に革新を持ち込み，リスクを志向する「企業家的能力」

以上のようにとらえられる資質・能力は，いずれも専門経営者の職能に対応しているとはいえ，きわめて一般的・抽象的なものになっている．これはあらゆる状況においても，このような資質・能力が基本的に必要とされることを意味しているからである．

しかし，企業をとりまく環境状況は安定しているときもあれば不安定のときもある．専門経営者は状況に応じたリーダーシップをとることが要請されるのである．したがって，専門経営者に要求される資質・能力は，具体的には，状況に応じてとらえていくことが必要となるのである．

4　ゼネラル・スタッフ（general staff）の重要性

ゼネラル・スタッフは，もともと軍隊用語であったが，いまでは大組織のトップ・マネジメントの活動を理解するうえで欠かせない概念になっている．

企業が大規模化し，経営が複雑になると，トップ・マネジメントの職能はそれに対応してますます広範なものになってくる．これは，全般経営層の仕事が増えることを意味しており，もはや少数の全般経営者（専門経営者）だけで，その職能を果たすことは事実上不可能になる．そこで，これを援助するスタッフが必要になり，ゼネラル・スタッフが設けられるようになるのである．

企業経営におけるゼネラル・スタッフとは，その位置づけから，トップ・マネジメントの全般的経営職能（長期計画，戦略，予算，人材育成，統制など），利害調整職能，革新職能の援助を目的とするスタッフであり，要するにトップ・マネジメントの全般経営層に対して，助言・サービスするスタッフにほかならない．

したがって，ゼネラル・スタッフは全般経営層にかわり，経営計画や経営戦略に役立つ各種の情報や資料を収集・分析して，いろいろな立案を行う．またゼネラル・スタッフは，意見の食い違う各部門の対立を全社的な観点から調整したり，予算統制を効果的に行うべき全般経営層に対して，それが結果としてうまくいくようにいろいろと配慮するのである．

このように，ゼネラル・スタッフはトップ・マネジメントが大きな成果をあ

げるかどうかの鍵を握る存在になっている．したがってそれには，トップが信頼しうる有能な人材が配属される傾向がみられる．

わが国の企業では，このゼネラル・スタッフの職能が企画室や社長室といった部門において果たされていることが多い．これらの部門は，当然，人事部や経理部などのように特定の専門領域に限って助言・サービスをする専門スタッフ部門とは当然その性格を異にしている．

企業をとりまく環境が激変している今日，トップ・マネジメントはすばやい状況判断や決定を行うことによって，環境に適応することが要請される．そのためには，すぐれたゼネラル・スタッフを擁することが是非とも必要である．ゼネラル・スタッフは経営技術の高度化，情報量の増大といった今日の状況において，ますます重要な存在になっているといえよう．しかしながら，ゼネラル・スタッフのかなりの強化によって，いわゆるスタッフ帝国（staff empire）が形成されてしまうと，それは問題である．ゼネラル・スタッフといえども，あくまでもラインをサポートするスタッフにすぎないのである．

III　わが国のトップ・マネジメントの特色

わが国における経営の近代化は，戦後の財閥解体にはじまり，輸入経営学の隆盛によってもたらされてきたといえる．

トップ・マネジメントも近代化ということで，受託経営層と全般経営層に組織上明確に分けられるようになった（図3-6）．受託経営層に属するのは取締役会であり，全般経営層に属するのは社長以下の経営執行者であることはすでにみたとおりである．

ところで，このようなトップ・マネジメントの組織は，基本的にはアメリカのスタイルをまねているのだが，実質的な側面をみると，そこには日本独自の特徴，制度があることがわかる．それは，わが国の取締役会と常務会の制度において明らかである．

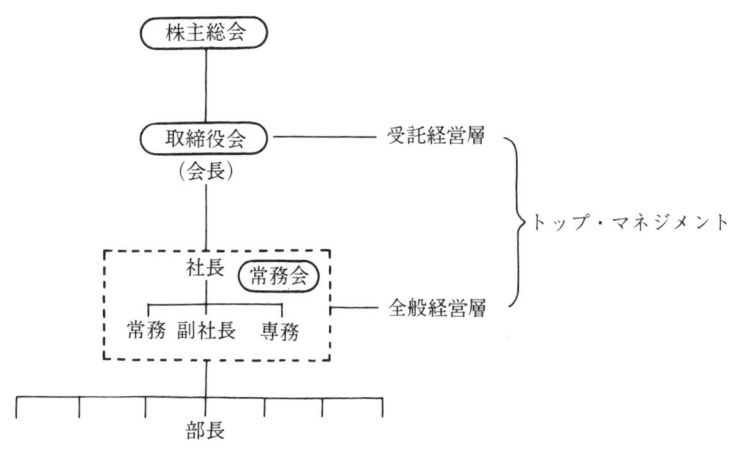

図 3-6　わが国のトップ・マネジメント

```
          ┌─────────┐
          │ 株主総会 │
          └────┬────┘
               │
          ┌────┴────┐
          │ 取締役会 │──── 受託経営層 ┐
          │ （会長） │                │
          └────┬────┘                │
               │                     ├ トップ・マネジメント
     ┌─ ─ ─ ─ ┼ ─ ─ ─ ─ ─ ─┐       │
     │      社長   ┌─────┐  │       │
     │       ├────│常務会│──┼── 全般経営層 ┘
     │  常務 副社長 専務 │  │
     └─ ─ ─ ─ ─ ─ ─ ─ ─ ─ ┘
               │
     ┌───┬───┼───┬───┐
              部長
```

（出所）小野, 1979, p. 38 より作成.

　取締役会は，その本来の職能を有効に果たすために，社外取締役をも構成メンバーに加えて運営されるべきであるが，わが国の取締役会についてみると，つぎのような特質が指摘できる（奥村, 1982）．

（1）社外取締役がきわめて少ない
（2）取締役会規模がきわめて大きい
（3）労組代表が取締役には選出されていない
（4）任期は比較的短い
（5）平均年齢は他国と比べて変わらない
（6）取締役会内小委員会を有していない

　従来からよくいわれてきたことは，わが国大企業の取締役会では，アメリカの大企業に比べて社外取締役が少ないことであったが，それ以外にもこのようにいくつかの特質がみられるのである．

　一方，常務会は，取締役会の形骸化という傾向に対して，わが国の多くの企業が設けてきたもので，トップ・マネジメント組織における実質的な政策決定に関与している機関となっている．小野（1979）はこの点に関して，「受託経営層と全般経営層との職能が区別された結果，全般経営層自体の確立が必然的に

要請されることとなり，昭和27年以後全般経営層の中枢機関としてわが国独特の『常務会』が設けられるようになった」と述べている．この常務会というものは，全般経営層の職能を果たすために，社長以下副社長，専務，常務らの全般経営者（専門経営者）が衆知を集めて協議する協議機関として位置づけられている．

昭和30年代の末ごろには，すでにわが国大企業の90％ちかくがこの常務会を設けるようにまでなったといわれている．

なお，こうした常務会を設けることは，トップ・マネジメント組織における職能分化に，つぎのような意義を有しているといわれる（小野，1979）．

（1） これまで分化が明確でなかったトップ・マネジメント組織の2つの職能，すなわち，受託経営職能と全般経営職能の役割が明確になったこと．

（2） これにともなって，部門の長を中心とするミドル・マネジメントの職能および第一線の監督者である係長・主任を中心とするロワー・マネジメントの職能が，しだいに明確化されることになり，管理階層の職能分化を促すことになったこと．

（3） これまで社内重役の打合せ会と称し，実質的に重要事項を決定していたものに変わり，常務会が実質上トップの中枢機関となったこと．

（4） したがって，常務会が専門経営者の集団として，所有と経営が完全に分離した以後のわが国の企業経営の組織化とその発展・充実に役立つことになったのである．

日本のトップ・マネジメント組織において，取締役会は法律上の最高意思決定機関であると位置づけられているが，その本来の職能を果たしうる存在にはなっていなかった．実質的には，任意機関である常務会が組織の最高意思決定職能を遂行してきたのである．また近年では，これまでの常務会が，（a）担当部門の利害を優先させる結果，利害調整の場となり，全体的視野に立った運営が行われない，（b）日常的業務の処理に追われて重要な長期的基本方針が十分審議されない（一寸木　編，1983）という欠点も内包していることから，新た

に,「専務会」(三菱銀行),「経営会議」(東レ),「経営方針会議」(新日鉄) などのトップ会議体が設定され,常務会を補強するようになっている.

たとえば,新日鉄の最高意思決定機関の概要 (表 3-2) をみてみると,原則として月 1 回の取締役会に対して,常務会は,原則として毎週 1 回開かれ,プロジェクトの応札や生産量をどうするかなどを決定する実質的な最高意思決定機関になっている.さらにまた,月 2 回開かれる「経営方針会議」が,長期的な経営課題,総合的な経営計画などをフリー・ディスカッションし,常務会をサポートする会議になっている.

表 3-2 新日本製鐵の意思決定機関

	取締役会	経営方針会議	常務会
審議内容	1. 法律で定める事項 2. その他業務執行上の重要な事項	総合経営計画その他経営に関する基本方針 1. 長期経営課題 2. 総合経営計画 3. 製鉄事業に関する基本方針 4. 新規事業に関する基本方針 5. その他経営に関する基本方針	1. 重要な業務の執行方針 2. その他経営に関する重要事項
構成メンバー	全取締役	会長 社長 副社長 社長が特に指名する者	会長 社長 在京副社長 在京専務取締役 在京常務取締役
事務局	秘書部	総務部	総務部
開催回数	原則として 1 回/月	原則として 2 回/月	原則として 1 回/週

(出所) アスペクト, 1986 年 1 月号, p. 40.

一方,アメリカのトップ・マネジメント組織では,取締役会の下に経営委員会 (executive committee),監査委員会 (audit committee),財務委員会 (finance committee),報酬委員会 (compensation committee) などの取締役

委員会を設けて，取締役会の本来の職能（受託経営職能）を実質的に果たしている．

わが国の常務会制度は，取締役会の形骸化に対応するものだが，ここで重要なことは，アメリカの場合，経営委員会などは受託経営層に属するものとして位置づけられているのに対し，わが国企業の常務会は，全般経営層に属していて，業務執行の機関の性格をもっていることである．

【注】
1) 専門経営者支配の成立を否定する見解もこれまでにいくつか出されている．たとえば，D. M. Kotz（1978）を参照．
2) アメリカでは1970年代の末ごろから，専門経営者の一部が，CEO（Chief Executive Officer：最高経営者責任者）という肩書をもつようになっている．CEOは，全社的な意思決定とその結果に対する中心人物を特定化する名称であるが，それが誰であるかは会長（chairman）であったり社長（president）であったりして，社内事情により一様ではない．

【参考文献】
三戸　公『財産の終焉―組織社会の支配構造―』文眞堂，1982年
奥村昭博『日本のトップ・マネジメント』ダイヤモンド社，1982年
小野豊明『日本企業の組織戦略』ダイヤモンド社，1979年
総合研究開発機構編『21世紀の日本の株式会社像』東洋経済新報社，1985年
高橋俊夫編『コーポレート・ガバナンス』中央経済社，1995年
高宮　晋『現代の経営』ダイヤモンド社，1970年
寺本義也編著『日本企業のコーポレートガバナンス』生産性出版，1997年
J. バーナム，竹山泰雄訳『経営者革命』東洋経済新報社，1965年
J. K. ガルブレイス，都留重人監訳『新しい産業国家』河出書房，1968年
J. P. コッター，金井・加護野・谷・宇田川訳『ザ・ゼネラル・マネジャー』ダイヤモンド社，1984年

第III部 理 論 編

第4章
経 営 組 織

I　組織の概念

　組織の発展は経営学の発展を促進している．なぜなら組織が大規模・複雑化することによっていろいろな問題が生じ，そこに経営学の必要性がでてきたといえるからである．しかし，いまや組織の時代といわれるように，組織は経営学に固有な概念ではなく，ますます多様化する社会現象の解明に欠かせないものの1つになっている．組織の研究は経営学をはじめとし，社会学や心理学などによっても盛んに行われ，学際的研究の領域化しているのである．

　組織についての見方が多様な展開をみせているのはこのような状況からであり，研究者のバックグランドやその研究志向などによっていろいろな組織観が形成されている．たとえば，組織を目的達成の手段としてみる見方，また組織をシステムとしてみる見方などである．われわれは，経営学の立場から組織をとらえることにしたい．

　Barnard (1938) は組織についてつぎのような有名な概念定義を行っている．すなわち，組織とは「二人以上の人々の意識的に調整された活動や諸力のシステム」(p.73，訳76ページ)であり，それは具体的でそれぞれ特徴をもってい

る協働システムである個々の企業，学校，教会，軍隊，などに共通してみられる側面を抽出して得られるものである．しかも Barnard は，組織が成立するためにはいくつかの要件が必要であり，いかなる組織といえども，(1)共通目的，(2)組織メンバーの協働意欲，(3)コミュニケーションという3つの要件を備えてなければ組織として成立できないことを主張している．

　共通目的がなければ，組織メンバーがいくら努力してもそれが相互に調整され，全体として統合されることにはならない．組織が成立するために共通目的が必要なことは明らかである．しかし，共通目的であるはずの組織目的がいつまでもメンバーの目的と一致しているとは限らない．組織が発展するに従い，組織目的の変更も当然考えられるからである．いろいろな論者によって，個人目的との関連で組織目的論が展開されているのは，組織の成立以降の問題としてである．

　また，組織メンバーの協働意欲がなければ組織として成立しえないことも明らかである．組織としての活動は，メンバーがエネルギーを組織に投入した結果でてくるものであり，しかも協働意欲がそのエネルギー量の決め手になっていることから，組織の成立に協働意欲が必要といえるのである．では，いかにしたら組織目的達成のためにメンバーの協働意欲を継続的に確保し，高めることができるのであろうか．各個人が，組織に参加して組織目的を受け入れ，しかも協働意欲を持続するのは，組織から与えられる誘因（incentives, inducements）の方が組織に対して提供する貢献（contributions）より大きいと主観的に判断できるからである．そのため組織は，協働意欲の確保をはかるために彼らに対して積極的に誘因を提供することになる．組織の提供する誘因にはいろいろあるが，大きく分けると，個人に特定的に提供される特殊的誘因（報酬といった物質的誘因，好ましい仕事条件，昇進，など）と個人的なものでなく，しかも特定的に提供されることのない一般的誘因（良好な人間関係，参加など）の2種類がある．ともかく，組織はメンバーにとって魅力的な誘因を提供することによってその存続，発展が可能となるのである．

　さて，組織は2人以上の人々が集まって成立するシステムであるから，これ

を成立維持させるにはメンバー間で相互に意思や情報の伝達（コミュニケーション）をすることも必要である。もし，組織メンバー間にコミュニケーションがなければ，共通目的達成のための協働意欲を各メンバーがいくらもっていようとも，それらが空回りして組織全体としての活動にはならないかもしれないからである。組織はそのコミュニケーション・ネットワークを通じてはじめて，組織としての活動が可能となりうるのである。

　以上のような，Barnard によって把握される組織というのは公式組織，それも基本的には単位組織（unit organization）が対象とされている。しかし，現実の組織現象はこのような単位組織が複雑に絡み合って形成される複合組織（complex organizations）において生起するのであり，組織の問題とその解明といえば複合組織においてのことである。そのため，複合組織それ自体をどうとらえるかが重要な事柄となり，そのとらえ方いかんによっては組織の問題に対するアプローチの仕方が異なってこざるをえないことにもなる。複合組織としての組織（今後，本書では断りがない限り組織といえば複合組織をさすことにする）をどのように把握すべきなのだろうか。

　組織論の発展を振り返ってみると，これまでに，組織に対する見方がいろいろとだされてきたのがわかる。なかでも組織をオープン・システム[1]とみなす見方は最も有力なものの1つであり，これは，システムズ・アプローチによって組織の現象の探求が可能であることを意味するものでもある。経営学者として最も早くシステムズ・アプローチを利用した1人は Barnard であり，それ以降，組織を意思決定プロセスの複合システムとみなした H.Simon をはじめとして，多くの研究者がシステムズ・アプローチを採用し，その有用性を主張している。

　組織のシステムズ・アプローチとは，組織を2つ以上の相互依存的な部分とか構成要素，あるいはサブシステムからなるシステムとして，しかもその外部環境とのかかわりも考慮したオープン・システムとしてみなすことによってできるアプローチである。オープン・システムとしての組織はつねにその環境からのプレッシャーを受ける状態にあり，それが存続するためには，うまく機能

するようなシステムのメカニズムが必要とされる．単純なオープン・システムとしての組織モデルは図4-1のように表わすことができる．

図 4-1　オープン・システムとしての組織モデル

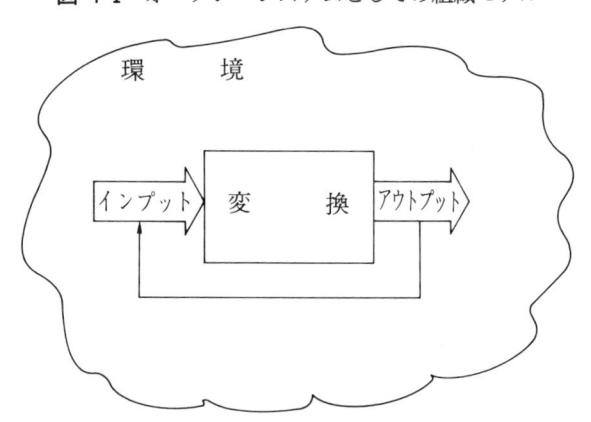

たとえば企業組織の場合，人材，資材，資金，情報などを環境からインプットし，そしてこれらを変換して，製品やサービスというアウトプットを生みだしている．しかも，アウトプットしたものが環境においてどう評価され受け入れられるかということがフィードバックされ，それによってつぎの段階のインプットが影響される仕組みになっている．

ところで，システムが存続しうるためには，こうした一連の流れが連続しておこるようなメカニズムが必要といえる．なぜなら，システム全体のプロセスばかりでなく，インプット，変換，アウトプットのそれぞれのプロセスにおいてもシステムとしての連続的な流れが可能となるようなメカニズムが欠けていると，システムの存続が不可能になるからである．組織を全体としてただのシステムとみなすだけでは，このメカニズムを理解することはできない．どうすればよいのだろうか．

それには，組織をいくつかのサブシステムから構成されているオープン・システムとみなす見方が有用である．Kast = Rosenzweig (1978) は組織をオープンな社会・技術システムとみなし，しかもいくつかのサブシステムからなっているとしている．社会・技術システムとはこの場合，インプット，変換，アウ

トプットのそれぞれのプロセスに影響を及ぼす技術システムと，一方，技術の活用の効率を決定する社会システムとが相互に補完しあっているシステムを意味している．

また組織内部の主要なサブシステムを構成するのは，目標・価値システム，技術システム，構造システム，心理システム，管理システムであり，それぞれが相互に関連しあって組織全体のシステムを形成しているというのである（図4-2）．

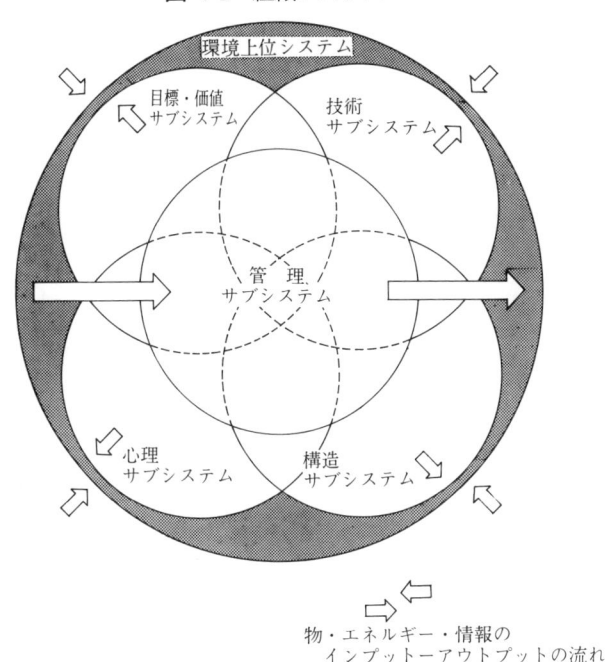

図 4-2 組織システム

（出所） Kast = Rosenzweig, 1979, p. 109.

こうした見方は，組織論（管理論）の発展を理解するのにも有用である．というのは，伝統的理論は構造システム，管理システムに注目し，その原理・原則の開発に関心をもってきたといえ，一方，人間関係論やその系譜に属する研究は主に心理システムに焦点を合わせ，モティベーション，グループ・ダイナ

ミックスなどの解明に関心を払うようになったといえるからである．さらに，意思決定やコントロール・プロセスの定量化をはかるための研究では，技術システムが主たるその対象になってきたといえるからである．

組織と管理に関するこれまでの各アプローチは，組織の特定のサブシステムを強調し，他のサブシステムはほとんど考慮に入れなかったといえる．しかし，組織をオープンな社会・技術システムとみなす現代のアプローチは，これら各サブシステムとその相互作用をすべて考慮し，いままでの各理論の統合をはかろうとしているのである．

II 組織形態の発展

1 伝統的組織原則

歴史的にみると，組織の研究は M. Weber の官僚制理論(権限の階層性，専門化，非人格化，規則・手続の体系化などが特徴)をはじめとし，その構造を中心としたものがこれまで多かった．経営学の伝統的理論でも，職能の分化ということに注目し，そして組織を一定の目的達成のための手段とする立場から，それを効率的に組み立てるには構造的にどうすればよいかが探求されている．

職能の分化は，組織の経営規模拡大によって促進される現象であり，それにはつぎのようなパターンが考えられる．すなわち，経営活動の循環過程（調達→製造→販売）に即した過程的分化，経営活動に必要な要素（ヒト，モノ，カネ）に即した要素的分化，そして，経営活動の局面（計画，統制など）に即した部面的分化である．しかし，こうした分化も全体として統合されたものでないと，組織として効率的に機能することにはならない．そこで，職能の分化と統合という観点で，組織構造形成と維持の問題についての解決が志向され，実践的観点からの組織の諸原則が生みだされているのである．

H. Fayol をはじめとして，伝統的理論に基づく各論者によってあげられる諸原則は経験上の産物であり，それぞれ若干の相違がある．ここでは，そのな

かでも基本的な原則とされているものをいくつかあげることにする．
  (1) 命令統一の原則……組織のいかなるメンバーもその職務に関して複数の上司から命令を受けるべきでないというもの．
  (2) 例外の原則……上位の管理者は，時間的にも能力的にも限られた範囲で活動しなければならないので，もっぱら非定型的問題（戦略的問題）の処理のみにあたるべきで，反復的に行われる定型的意思決定や業務は下位の者に当たらせるべきであるというもの．
  (3) 統制範囲の原則……1人の上司が管理・監督できる部下の数には限界があるというもので，最適な員数は，当該組織の有する多数の要員，たとえば上司や部下の能力，管理方法式などに依存して決められる．
  (4) 階層の原則……組織が1つの階層システムであることを意味し，トップの管理者からロワーの者まで責任・権限のラインが明確に設定されなければならないというもの．
  (5) 専門化の原則……組織の能率向上のためには仕事を分業（専門化）することが必要だというもので，その方法には，目的別，職能別，地域別などがある．

 以上のような諸原則はH. Simon (1957) の指摘のように相互に一貫したものではないが，組織作りをするための一定の指針たりえるものである．

2 組織の基本形態

 現実の組織は，いろいろな構造形態によってその活動を行っているが，それは基本的な組織形態（ライン組織，ファンクショナル組織，ライン・アンド・スタッフ組織）の組み合わせでできたものである．

 ライン組織とは，トップからロワーの者にいたるまで，単一の命令系統によって結ばれている形態である（図4-3）．組織のメンバーは，直接上下関係にある直属上司の命令のみを受けるのであり，この場合，上司の部下に対してもつ命令権限をライン権限という．長所として，この組織では命令系統が単純なので，責任・権限の関係が明確である．しかし短所として，専門化の効果を発揮

しにくく，また，上下関係のみを重視するので水平的コミュニケーションが停滞しがちで，上司の負担が過重になる傾向がある．なお，ライン組織は，職能分化の行われてない場合の純粋ライン組織と購入，製造，販売という職能の水平分化が行われている場合の部門別ライン組織に識別できるが，ライン組織といわれるのは通常この部門別ライン組織のことである．

図 4-3 ライン組織

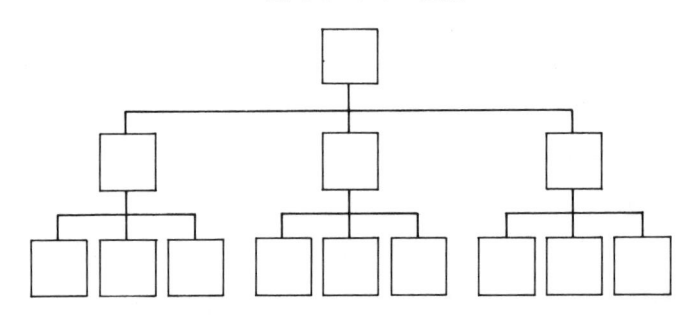

ファンクショナル組織は，F.W.Taylor の提唱した職能的職長制度（functional foremanship）に基づく形態である．当時一般的には，工場レベルの監督者は多様な職務に精通している万能型職長とみなされていたが，これに対してTaylor は，彼らのすべてが多様な職務を十分にこなす能力・知識をもつことは不可能であると指摘し，さらに，専門化による職能分化（計画職能と執行職能の分化）を中心原理とした職能的職長制度をあみだして，従来とは異なる組織形態であるファンクショナル組織を提唱したのである．

ファンクショナル組織は，下位者がライン組織のように直属上司からのみ命令を受けるのではなく，各々の専門職能を担当する何人かの上司から，その職能に関する事項についてそれぞれ命令を受けるような形態である（図4-4）．長所として，専門化の原則によっているので管理者の負担が軽減され，その評価も公正にしうること，部下の指導を専門的に行え仕事の標準化も促進可能となることなどがある．一方，短所として，命令系統が多元化し命令の重複や矛盾を生じやすいこと，各専門職能を相互に重複しないように分化するのは現実的に難しいことが指摘できる．

図 4-4　ファンクショナル組織

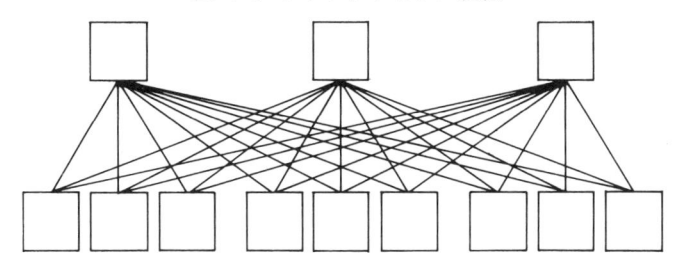

　ライン・アンド・スタッフ組織とは，軍隊組織における参謀部制の成功をきっかけとしてでてきたものだが，ライン組織とファンクショナル組織の欠陥を克服し，しかも両者の利点をうまく取り入れようとするものである．つまり，ライン組織の命令系統統一の利点とファンクショナル組織の専門化の利点を同時に生かそうとしてできたものであり，執行職能と管理職能を含んだライン組織に，その管理職能がスムーズに行えるように専門的知識をもって助言や助力をするスタッフ組織をつけ加えた組織の形態である（図4-5）．この場合，スタッフは決定や命令をする権限をもたず，その助言や助力の採否はライン組織が握ることになる．この組織は今日広く採用されている組織の基本形態であるが，いくつかの問題点がある．すなわち，スタッフとラインとの間のコンフリクト

図 4-5　ライン・アンド・スタッフ組織

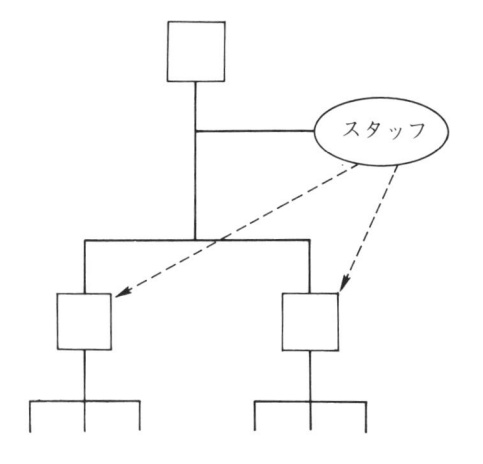

や，スタッフの増大が間接費の増加を招くということである．

大小複雑な組織といえども，以上のような基本形態を中心に組織が形成されているわけである．しかし，それぞれの形態には欠点があり，現実にはそれらを補強するものとしてさらに，委員会とかプロジェクト・チーム（タスク・フォースともよばれる）という制度が考えだされている．

委員会は，特定の事項について審議や解決を委託された合議体であり，たとえば，予算委員会，人事委員会，製品委員会などの名称のもとで運営される公式的な制度である．これに対してプロジェクト・チームは，特定の課題について，各セクションから有能な人材を選んでチームを作り，その課題達成に取り組ませるものである．委員会のメンバーは各部門本来の仕事を抱えながら委員としての役割を果たすのに対し，プロジェクト・チームの場合は専従が基本となっている．

以上のような基本形態の組み合せによって，現実の組織は構成されているわけであるが，組織を全体としてみた場合，職能部門制組織，事業部制組織，マトリックス組織などが組織の発展形態として現われてきている．

3　職能部門制組織

職能部門制組織とは，生産，販売，財務などのように，同種の専門的な知識を必要とする仕事単位に職能分化されたものをそれぞれ部門化して編成される組織形態で，いわば，専門化の利点を生かしたライン・アンド・スタッフ組織である（図4-6）．この組織の長所は，部門内の特定の職能がさらに専門化されるので，担当者の専門的な知識や技術を高度化し，それらを活用することができること，また，生産や販売が各々の部門で一括して行われるので，資源を効率的に利用でき規模の経済性が得られることである．一方，短所は，過度の専門化が進むと部門間のセクショナリズムが生じ，組織のアウトプットに対する責任が不明確になること，それぞれの調整が困難になるので調整コストが増大すること，また調整をできるのは組織全般をみわたせる唯一の存在であるトップだけなので，トップの負担が過重になることである．

図 4-6 職能部門制組織

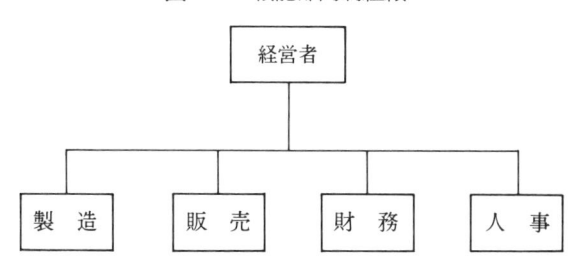

```
        経営者
   ┌─────┼─────┬─────┐
  製造   販売   財務   人事
```

　この組織形態は事業内容がシンプルな組織でみられるもので，通常，組織の発展過程で一度は採用される形態でもある．

4 事業部制組織

　製品別，地域別，顧客別などの基準で部門化した各グループを事業部とし，これらを本社機構（トップ・マネジメントと本社スタッフ）が全般的に管理する形態である（図4-7）．この形態は，組織が大規模化し，その事業が多角化した場合，職能別を編成基準とした部門化ではもはや組織の有効性を確保できないということから採用されだしたものであり，通常，各事業部が利益責任を負

図 4-7 事業部制組織

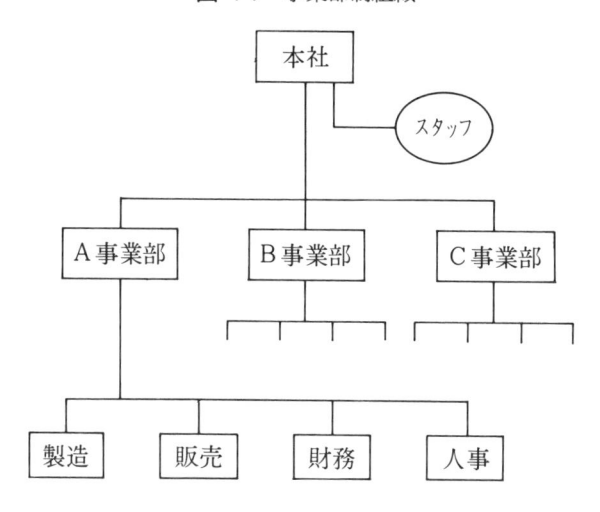

```
           本社 ──── スタッフ
            │
   ┌────────┼────────┐
 A事業部   B事業部   C事業部
   │
 ┌─┬─┬─┐
製造 販売 財務 人事
```

えるだけの権限が与えられていることから，職能部門制組織の集権的組織に対して分権的組織を形成しているといわれる．

アメリカでこの組織形態が採用されだしたのは，1920年代，デュポンやＧＭなどによってであり，それ以後，製造業ばかりでなくシアーズのような小売業にも広がり，1960年代には大企業の大半がこの組織形態をとるようになっている．わが国でも，松下電器産業が1933年に製品別事業部制を採用しているが，本格的に普及しだしたのは戦後の1960年代から70年代にかけてであった．

事業部制組織の特徴は，まず第１に，各事業部が独自の製品と市場をもち，しかも，それぞれに関連する製造—販売などの職能と権限を与えられた自立的部門である．第２に，各事業部は独自の利益責任をもつプロフィット・センターである．第３に，社内振替価格制や忌避宣言権を認めることによって，市場経済の調整メカニズムを組織に反映する．第４に，本社機構は戦略的な観点から各種の計画を設定し，これによって各事業部の調整と統制を行うことである．

以上のような特徴をもつ事業部制組織は，具体的には，製品別事業部制，地域別事業部制，顧客別事業部制，といったさまざまな形態をとることが多い．しかも，主力製品に関してのみ事業部制が採用され，それを職能部門制組織とミックスした形態であったり，多数の事業部がある場合それをいくつかの関連したものに分け，それぞれを事業本部が統括する事業本部制の形態となることもある．

ところで，事業部制が採用されるのはつぎのような利点・効果が組織にもたらされるからである．

（１）　本社機構は業務的な意思決定から解放され戦略的問題の解決に専念できる．

（２）　各事業部が自立性をもつため市場などの環境変化に機敏に適応できる．

（３）　各事業部の業績測定が可能で利益責任が明確になる．

（４）　事業部長としての経験が経営幹部の後継者養成に役立つ．

（５）　事業部間の競争を促進し組織を活性化する．

しかしこのような事業部制組織も，同時に，つぎのような限界ないしは問題点を含んでいる．
- （1） 事業部制の採用でそのメリットを生かせるのは，相互に異なる独自の市場で活動を行っていることが前提である．
- （2） 事業部制のメリットは事業部長レベル以上の階層においてである．
- （3） 事業部間で人事などのサービス機能や設備の重複があったりして管理費用が増加する．
- （4） 事業部間の競争が過度になるとセクショナリズムに陥る．
- （5） 各事業部は毎期の利益で業績評価されるので短期的志向になりやすい．

このように，事業部制といっても職能部門制組織と同じく一長一短があり万能型組織ではない．そこで新たに考えだされたのが「組織デザインとしては，1920年代初期に事業部制が考案されて以来初めての新しい方式である」といわれるマトリックス組織である．

5　マトリックス組織

マトリックス組織は，1960年代にアメリカの航空宇宙産業が大プロジェクトを効率よく実行するために誕生させたもので，基本的には職能部門制組織（職能別部門化）と事業部制組織（製品別，地域別，プロジェクト別といった目的別部門化）の両方のデメリットを補完しつつ，それぞれのメリットを生かそうとした組織形態である．しかもこれは，Davis = Lawrence（1977）によると，従来の伝統的組織原則では説明できない組織の新しい「種（species）」であって，既存の諸形態の変種ではないとされるものである．

マトリックス組織と名づけられたのは，一方の軸に職能別部門化，他方の軸に目的別部門化を編成基準とした各部門を配置して組織図（図4-8）を書くとそれがマトリックスを形成するからである．この組織では，たとえば職能とプロジェクトの組合せの場合を考えてみればわかるように，命令統一の原則が無視される．組織のメンバーは特定の職能部門に属すとともに，なんらかのプロジ

ェクトにも属すことになり、ワンマン・ツーボス（多元的な命令系統）のシステムが成立するのである．そこで，多元的な命令系統を組み入れた組織ならどんなものでもマトリックス組織である(Davis = Lawrence, 1977)，というとらえ方もできる．

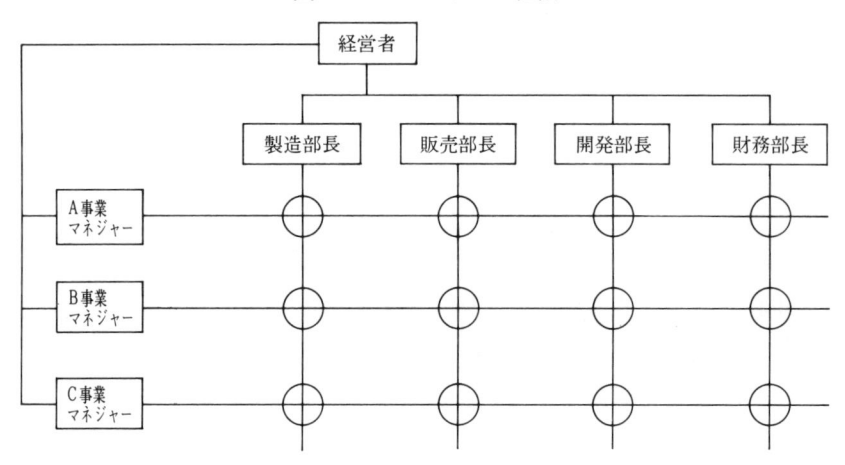

図 4-8　マトリックス組織

実際のマトリックス組織にはいろいろな種類がある．たとえば，製品―職能マトリックス，製品―地域マトリックス，プロジェクト―マトリックス，多次元マトリックスである．これは，マトリックスがどんな組織の編成原理によって構成されているかでその内容が異なってくるからである．

いずれにせよ，マトリックス組織にはその成果に多大の影響を及ぼす3つの職位が存在している．(1) ゼネラル・マネジャー，(2) マトリックス・マネジャー，(3) ツーボス・マネジャーがそれである．

ゼネラル・マネジャーは，自ら実際の意思決定をするというより意思決定プロセスを管理するのであり，部下であるマトリックス・マネジャー間のコンフリクトを調停し，それぞれの協働を促進する役割を果たすことを職務とする．

マトリックス・マネジャーは，製品やプロジェクトといった事業の管理を職務とする業績マネジャー(business-results manager)と事業をするのに必要な人材,資材,資金といった資源の管理を職務とする経営資源マネジャー(resouce manager）から構成され，それぞれ他のマトリックス・マネジャーと部下を共有する．図では，A事業マネジャーや財務部長などがこれに該当する．

　ツーボス・マネジャーは，業績マネジャーと経営資源マネジャーの双方の部下としてその接点に位置するもので，両上司の間を調整して相互に協力しあえるような体制作りの支援を行う．

　さて，以上のようなマトリックス組織も，その採用が有効となるにはいくつかの条件を満たすことが必要である(Davis = Lawrence, 1977)．第1は，職能別や目的別など2つ以上の編成基準が組織に必要とされるような外部からの圧力が存在すること．第2に，外部環境の不確実性やタスクの複雑性・相互依存性から，高度の情報処理能力が必要とされること．第3に，高い業績達成のために人的資源をはじめとした資源の共有が必要とされること．

　このような条件を満たして採用されたマトリックス組織は，その性格からして，つぎのような利点をもっているといえる．
（1）　組織の効率性と柔軟性の同時達成
（2）　経営資源の最適配分と有効活用
（3）　組織メンバーのバランスのとれた能力開発
（4）　組織内のオープン・コミュニケーションの促進
（5）　組織の協働関係の促進

しかしこれらの利点もマトリックス組織の独特の性格からして，その運用がうまくいかないと，かえって問題をひきおこす原因にもなりかねない．マトリックス組織に生起しうる問題点はつぎのようである．
（1）　マトリックス・マネジャー間の主導権争い
（2）　全社的レベルでマトリックスを維持するのが困難
（3）　コンフリクトが発生しやすいので決定に時間を要する
（4）　コストの増加
（5）　個人のストレス増加

　以上のように組織にはいろいろな形態があるが，これは，組織が全体として効率を高めるにはいかなる構造でなければならないかという観点から，試行錯

誤によって生みだされた結果なのである．しかも歴史的に組織形態をみてみると，職能部門制組織→事業部制組織→マトリックス組織の流れで新しい形態がでてきたといえるのである．では，このような組織の発展形態は，どのような論理で説明がつくのであろうか．これを明らかにするには組織体としての行動をまず環境との関連で考察することが必要である．

6　ネットワーク組織

　ネットワーク組織とは，組織のハイアラーキーを考えない新しい組織編成原理に基づいて形成される組織で，いわば自律的な単位を横断的で相互補完的に結び付けて組織ネットワークを形成する組織形態である．この組織ネットワークは，部門間などの組織内の単位組織もしくはメンバー間といった組織内で形成されるし，企業間の提携や企業グループなどの新しい企業結合といった組織間においても形成される．ここにおいては，組織の支配・従属関係は存在せず，各組織もしくはメンバーは自律性と主体性を保ちながら，機能的に結合している．ネットワークに参加しているメンバーは，情報を共有し，特定の共通した目的の範囲内において活動し，ネットワークを維持し，環境に柔軟な対応をしたり学習を通しての革新を行う組織としてネットワーク組織を形成するのである．

7　組織形態の発展

　これまで組織の基本形態をはじめとしていくつかの組織形態を説明してきた．それらの組織形態は，理論的にみて(1)環境の変化，(2)規模の拡大，(3)組織の成熟度，(4)技術革新，(5)人間観の変化，などによってさまざまに変化してきていると考えることができる．そして，そのような組織形態の変化は基本的に，単一組織→職能部門制組織→事業部制組織→マトリックス組織→ネットワーク組織として発展的にとらえることが可能である．

　Greiner（1972）は組織形態の発展を，年齢と規模の観点から，進化論的に5段階の組織形態発展モデルとして示した（図4-9）．この発展モデルによれ

図 4-9 Greiner (1972) による組織発展の5段階モデル

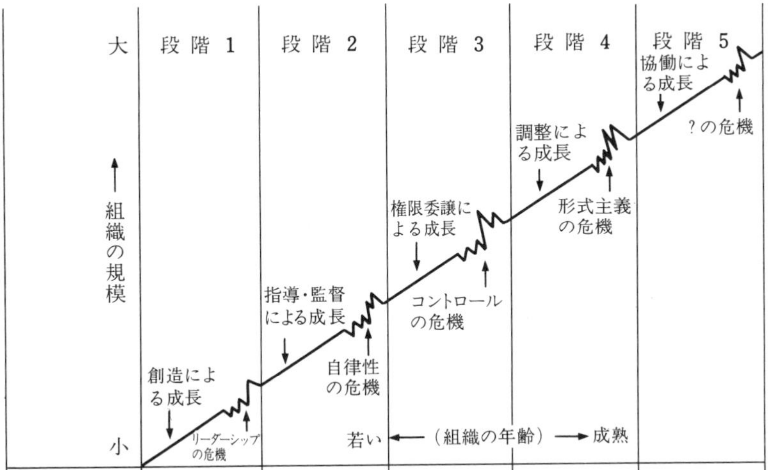

	段階 1	段階 2	段階 3	段階 4	段階 5
経営の焦点	作って売る	オペレーションの能率性	市場の拡大	組織の結合	問題解決と革新
組織構造	非公式	集権的かつ職能部制	分権的かつ地域別構造	ライン・スタッフと製品グループ	チーム, マトリックス
トップ・マネジメントのスタイル	個人主義型かつ企業家型	指揮型	委譲型	目付役型	参加型
コントロール・システム	市場成果	標準とコスト・コントロール	報告とプロフィット・センター	計画と投資センター	互恵的目標設定
経営報酬の力点	所有	給与と成果配分主義	個人ボーナス	利益配分と持株制度	チーム・ボーナス

段階1:創造による成長 → リーダーシップの危機
段階2:指導・監督による成長 → 自律性の危機
段階3:権限委譲による成長 → コントロールの危機
段階4:調整による成長 → 形式主義の危機
段階5:協働による成長 → ?の危機

(組織の年齢) 若い ← → 成熟
組織の規模 小 ← → 大

(出所) 野中 他, 1978, p.422.

ば,組織の成熟度に応じて各段階の危機で革新に成功しなかった組織は淘汰され,成長と革新の局面を乗り切った組織は次の段階に進むことになる。この組織の成長は組織を取り巻く環境に依存するので,発展段階を早く通過する組織

もあれば，ゆっくりと発展する組織もある．この組織発展の5段階モデルの最終段階である5段階目は，チーム，マトリックスの組織構造となっている．

このように組織形態を発展的にとらえることは，組織がこれからどのようにその形態を変えるのか，を知るためには有効な方法であるとともに，実際の組織を理解するためにも重要な視座を提供してくれるといえよう．

III マクロ組織論

オープン・システムとしての組織を研究する場合，組織を全体として扱いその行動メカニズムを探求するマクロ的なアプローチ（マクロ組織論）と，組織全体よりも内部のメカニズムを探求するミクロ的なアプローチ（ミクロ組織論）に区分することができる．ここでは，組織のマクロ的アプローチに基づくテーマをいくつか検討することにする．

1 組織と環境

オープン・システムとしての組織の行動を理解するためには，まずそれにかかわる環境を検討してみることが必要である．組織はつねに環境とのかかわりにおいて存続しうるからである．

組織と環境というテーマは 1960 年代以降いろいろなアプローチによって研究がなされ，いまや，組織論の重要なテーマの1つになっている．なかでも Emery = Trist (1965) の研究は組織環境の位置づけを明確にしたものとして定評がある．彼らは組織と環境について，Lは両者の論理的可能性を示す関係であり，そして添字の1は組織を，2は環境を意味するとして，図4-10のように4つのプロセスがあることを記号で示している．すなわち，L_{11} は組織⟶組織の関係（組織内の相互依存関係），L_{12} は組織⟶環境の関係，L_{21} は環境⟶組織の関係，L_{22} は環境⟶環境の関係（環境内の諸部分の相互依存関係）である．

図 4-10　Emery = Trist の環境図式

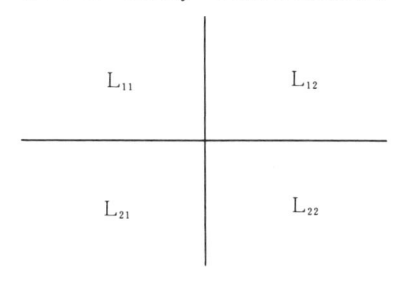

L_{11}　　L_{12}

L_{21}　　L_{22}

　このような考え方とは別に，分析対象として1つの組織をとりあげ，その組織の内部環境と外部環境を識別し，さらに外部環境を一般環境とタスク環境(特定環境)に分けた研究もある (図 4-11)．一般環境とは，間接的に組織に影響を与えるもので，たとえば，社会的環境，技術的環境，経済的環境，政治的環境などである．これに対してタスク環境とは，組織の目標設定やその達成活動に，また日々の活動に直接影響を与えるもので，たとえば，競争相手，顧客，供給業者などを意味している．

図 4-11　組織環境の種類

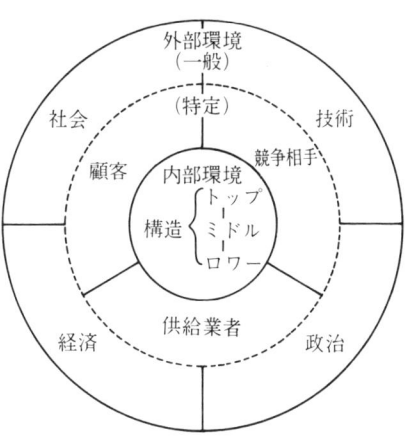

（出所）　Luthans, 1976, p. 50 より作成．

　この見方を Emery = Trist のとらえる環境対象と比べてみると，L_{11} は組織の内部環境に関するものであり，L_{12}，L_{21} はタスク環境に関するものであると

いえる．しかし，L_{22}で考えられるのは組織間関係論（組織セット，組織ネットワーク）の対象とするものであり，Emery = Trist においては一般環境の扱いがはっきりしていないことがわかる．

以上のように，組織環境はいろいろな側面からとらえることができるのであり，これを論議する場合どこに焦点を合わせて行うかをはっきりさせることが必要である．

ところで，組織に与える環境の影響は一定時点だけの問題ではない．時間の経過とともに環境状況およびその組織に及ぼす影響も変わりうるのである．そこで，Emery = Trist は組織と環境間の相互依存および性質に従って，環境は4つのタイプに分類できることも指摘している．第1は，静態―散在型（placid-randomized）の環境で，組織が必要とする資源が散在しているがその確保は安定しているという，いわゆる完全競争の状況である．第2は，静態―遍在型（placid-clustered）の環境で，平穏のなかにも資源の集中がはじまる不完全競争の状況である．第3は，混乱―反応型（disturbed-reactive）の環境で，資源の分配に競争があるが相互依存的でもある寡占的競争の状況である．最後は，乱気流（turbulent）の環境で，組織はもはや単独ではどうしようもない状況である．これらは，時の経過とともに環境が変化進展することを明らかにしているといえる．

環境は，以上のようにその領域や状況によって分類が可能である．では，組織の行動に影響を及ぼす環境はどのようにとらえたらよいのだろうか．組織の行動とは組織メンバーの環境状況を勘案した意思決定の結果であり，それゆえ，組織メンバーが意思決定する際にかかわってくる環境が大いに組織の行動に影響していることがわかる．しかし，意思決定状況における環境というのは，意思決定者が認知したものにすぎず，実際には認知できなかった環境も存在している．組織の環境は，実態として存在する客観的環境と組織成員の認知に基づく認知環境に区分できるのであり，どちらかといえば，組織の行動には認知環境が，その行動結果には客観的環境が反映されるといえるのである．

さて，いずれにせよ環境特性を明確に把握してそれを実証研究に生かそうと

する場合，環境次元の特定化をすることが必要である．たとえば，Thompson (1967)は環境を同質—異質,安定—不安定の次元で特定化区分し，また Duncan (1972)は，それを単純—複雑，安定—ダイナミックといった次元で分類して考察しているが，環境次元の分類はこれだけに限らず，ほかの観点からも可能であり，多くの研究者によってその細分化・整理がさらに進められてきている．そしてなかでも不確実性が，いまや，研究者の間で共通して環境の主要な次元・特性とされる概念になってきている．しかし不確実性といっても，組織を情報処理的な視点からみるか，資源依存的な視点からみるかによってその概念把握に若干の相違があるのが実状である．

　組織と環境の研究は，オープン・システムとしての組織の研究に欠かせないものであり，こうした環境特性の把握に基づいて，さらに環境—組織の有効なパターンの蓄積へと実証的に展開されてきているのである．

2　組織の環境適応論

　組織の合理性追求は組織論の発展においてつねに課題とされてきた．それは，組織をクローズド・システムとみなした場合も，オープン・システムとみなした場合も同じである．しかし，現代のオープン・システムとしての組織は合理性追求だけでは存続・発展することが不可能である．環境からの要請は合理性のみではなく多様化しているからである．

　こうした状況下で組織が存続・発展するには，環境の多様な要請に適応することが必要といえる．では，組織の環境適応とはどのようなことをいうのだろうか．「適応」という用語は，生物学をはじめとして従来からいろいろな分野で用いられてきているが，この場合，環境の状況に対して組織がその構造・プロセスをどう対応・変化させて有効性を確保するかということである．したがって，静態的には環境と組織の適合パターン，動態的には環境の変化に対して組織がどのように対応するかのプロセスが問題となる．

　組織の環境適応に関する研究は，組織をオープン・システムとしてとらえる立場からこれまでにいろいろと行われてきている．それらを組織が環境に対し

ていかなる関係にあるかを中心に整理してみると, (1)環境決定論, (2)戦略的選択論に大きく区分することができる.

環境決定論はコンティンジェンシー理論が主張するところであり, 基本的には, 環境→組織→有効性という図式によって, 組織が有効に機能するには, ある特定の環境状況 (不確実性, 技術, 規模など) に対して反応的に組織の構造形態が自然に決定されてくるという考えである.

コンティンジェンシー理論の代表的な研究の1つであり, その後に多大な影響を与えたのはBurns=Stalker(1961)の研究である. 彼らは, イングランドとスコットランドの20の企業を調査研究することによって, 組織は有機的(organic)システムと機械的(mechanistic)システムという2種類にパターン化できることを発見した. しかも, いずれのパターンに属する組織も, 環境状況に適応した有効な組織となりうることを発見している. すなわち, 安定的な環境においては機械的組織であれば有効であるのに対し, 不安定な環境においては有機的組織であれば有効であると結論している.

この主張はその後の組織研究においていろいろと精緻化されている. たとえば, Kast=Rosenzweig(1973)は, 組織のタイプをクローズド／安定的／機械的, オープン／適応的／有機的の2つに分類し, 環境—組織—組織のサブシステムの各次元の特性を整理している.

Burns=Stalker以外にもコンティンジェンシー理論に属する研究はいろいろとなされているが, タヴィストック研究所の社会・技術システム論の影響を受けたWoodward(1965)は, 英国の製造業100社を研究した結果, 単品・小バッチ生産, 大バッチ・大量生産, 装置生産という製造技術の差によって業績の高い有効な組織の構造は異なることを明らかにした. すなわち, 単品・小バッチ生産から装置生産というように生産技術が複雑になると組織構造も複雑になるが, 単品・小バッチ生産と装置生産では共通して有機的な管理スタイルが有効で, 大量生産では機械的な管理スタイルが有効である傾向をみいだしたのである.

一方, 英国のアストン大学を中心としたアストン・グループの研究は, 組織

の比較研究によって，組織の構造に与える状況要因としては技術より規模の方が重要であることを主張した．すなわち実証研究の結果，生産技術と組織構造の間には有意な関係はみられず，規模が大きくなると活動の構造化が高くなること，当該組織がインプットやアウトプットの面で他の組織への依存度を高めると権限がトップに集中することなどが指摘されたのである．

またアメリカでは Lawrence = Lorsch (1967) が，別の観点から環境と組織の実証研究を行った．それは，タスク環境の不確実性の程度によって，有効な組織構造も異なるという命題の検証である．彼らは，3つの異業種（プラスチック産業，食品産業，容器産業）に属する組織を対象にし，それにかかわる環境に対する意思決定者の認知をもとに研究を展開した．その研究調査においては，組織（生産，販売，研究開発の各部門）の分化と統合に関心がよせられ，組織が有効的であるためには，組織の意思決定者が環境をダイナミックで不確実だと認知する場合，組織がメンバー志向で分権化することが必要であり，一方，安定して確実な環境だと認知する場合，組織が集権化することが必要である，ということが実証されている．彼らの研究成果の意図するところは，有効な組織は環境の要求をほとんど満たしていたということであり，ここではじめて，組織のコンティンジェンシー理論という用語が示唆されたのである．

一般にコンティンジェンシー理論としてあげられる研究の間には，(1)唯一最善の組織化の方法はない，(2)どの組織化の方法も全て等しく有効であるとは限らない (Galbraith, 1973, p.2) という認識が共通にある，とみなされている．そして，このようなコンティンジェンシー理論に対しては，いろいろな評価がなされている．たとえば，Kast = Rozenzweig (1973)によれば，これは一般システム論の抽象性の度合を現実適用のために少し低くし，具体化したものとして評価される．すなわち，組織はいくつかの下位システムから構成され，環境という上位システムから境界によって識別されるが，さまざまな環境状況に応じて組織がいかに機能するかを明らかにするのがコンティンジェンシー理論である．また Luthans (1973) によればこの理論は，システム論に立脚し，従来の経営に対するいろいろなアプローチの統合をはかって「マネジメント論のジ

ャングル」をぬけでようとするものである．

このようなコンティンジェンシー理論は，組織がオープン・システムであることを前提に，環境が変化して組織の変革が必要となる場合に，どのような組織がターゲットとなるかを示しうること，すなわち組織デザイン論の新たな理論的枠組みを提示したといえるのである．

しかしながら，Child (1972) は，コンティンジェンシー理論が環境決定的だと批判して戦略的選択論を主張している．環境状況によって組織が一元的に決まってしまうという環境決定論に立てば，同一環境状況にある組織はその適応パターンがすべて同じになるはずなのに，実証研究によれば組織の環境に対する多様な反応がみられ，いずれもすぐれた組織成果をあげている場合がある．こうした環境決定論では説明できない実状に対して，Child は，「組織は戦略に従う」という Chandler の命題に注目し，意思決定者の判断（戦略的選択）の組織に及ぼす重要性を主張したのである．

組織は環境によって一方的に決まるのではなく，環境⇄戦略的選択→組織→有効性という図式で表されるように，環境と組織の間に戦略的選択という意思決定者の判断が介入して組織が決定される．プライマシーは環境より戦略的選択にあり，したがって，組織は環境に制約された意思決定者が決めることになる．

この図において，戦略的選択から環境に→があるのは，Weick (1969) の主張した意思決定者の認知に基づく「環境の創造 (enactment of environment)」の考えが支持されているからである．また組織からの働きかけ（環境認知）によって当該組織の環境が創造されるというのは，環境を所与と考える環境決定論と異なって，環境コントロールを主張するものでもある．

このように戦略的選択論は，環境を所与とする環境決定論に対立する考えである．そこで Miles = Snow (1978) はこれをネオコンティンジェンシー理論とよび，従来のコンティンジェンシー理論＝環境決定論の考えに対応させている．そして彼らは，組織と環境の既存の関係，すなわち環境適応パターンがいかに生じたかというプロセスの解明に焦点をあてた研究を進め，まず，組織の環境

適応を外的適応(戦略タイプ：防衛型，先取型，分析型，反応型)と内的適応に区分し，そして両者の調整に経営者の選択 (managerial choice) を配置して組織の環境適応論を展開している．

組織の環境適応に対するこうした新しい分析枠組みは，Miles = Snow によるとまたつぎのように特徴づけができる．すなわち，(1)経営的ないし戦略的選択を，組織とその環境の間を基本的につなぐものとみなすこと，(2)組織の環境を創造し，それについて学習し管理していこうとする経営者の能力に焦点をあてること，(3)組織が環境の諸状況に反応していく際のその多様な方法をもその射程におくこと，である．

ところで，以上のような環境決定論と戦略的選択論に対し，別の観点からいえば，前者は長期的，後者は短期的に有効であるとも考えられる．また組織の環境適応は1回性のものではない．環境の変化(時間の変化)が生じればそこに何回でも組織の適応現象が有りうるのである．したがって，組織の環境適応に関してはそうした現象も説明できるモデルであることも必要である．この点については，環境適応をプロセスとしてみる見方，とくに，組織学習の概念を入れた見方が大いに示唆に富んでいるといえよう．

3 組織デザイン論

組織の環境適応論の発展は，組織デザインという実践的課題にも大きく寄与している．伝統的組織論によれば，組織のデザインは普遍的な原理・原則によって行えば，いかなる状況においても行動目的の達成に有効である組織を作れるというものであり，組織の選択の余地などなかった．ところが，コンティンジェンシー理論の発展とともに環境と組織の適合パターンの蓄積がなされ，組織を状況に適合するように選択すること，つまり組織デザインの論拠が明らかにされたのである．

そもそもデザインとは創造的な作業であり，デザイナーたる意思決定者によって遂行される現象である．したがって，組織デザインは，組織が当面の状況において有効に機能するように，環境，目標・戦略，組織の構成要素間に一貫

性，適合性を意図的に作りだすことである，といえる．

J.R.Galbraith(1977)は，近代組織論の成果を組織デザインの問題に適用するという立場から，組織の情報処理モデルに基づく組織デザイン論を展開している．彼の定義する組織デザインとは，「組織が志向する目標，分業および組織内単位間の調整の形態，そして仕事を行う人間という三要素の間に一貫性をもたらす決定プロセス」(p.5)であり，そして，タスク・構造・意思決定プロセス・報酬システム・人的要因などの組織デザイン変数と環境状況を適合的に組み合わせるために，さまざまな戦略的選択が可能であることが主張される．この場合の戦略的選択とは，環境適応を意図した目標の選択，組織形態の選択，個人と組織を統合させるためのプロセスの選択である．

Galbraith はさらに，「タスクの不確実性が大きくなればなるほど，一定水準の業績を達成するために，タスクの遂行過程において意思決定者の間で処理せねばならない情報量も一層増大する」(p.36)という組織の行動にかかわる基本的命題を提示し，不確実性と情報との関係から組織デザインのプロセスを明らかにしようとしている．不確実性は，組織デザインのきっかけを構成するものであり，しかも「タスクを遂行するために必要な情報の量と，組織がすでに持っている情報量との差」(pp.36-37)というように，情報量の観点で把握できる概念である．また，タスク遂行に必要な情報量は(1)目標の多様性，(2)分業，(3)目標業績水準，の3つの要因の関数として規定される特徴がある．目標多様性は異なった製品，市場，顧客の数というような組織の直面する環境と関連するものである．一方，分業は組織内部の多様性を反映するものであり，情報処理が必要な内部要因を決定する．そして，目標業績水準はそれを高くするか低くするかで情報処理量に影響を与えるものである．

ところで，組織は必須の情報を保有していないときにも，実際にタスクを遂行しながら情報を獲得し，意思決定を行っていかねばならない．しかも，組織が保有する情報処理能力には限界があるため，組織はタスク環境の不確実性に対処するのに，状況に応じて異なった組織化の様式をとること，すなわち組織デザインを行うことが要請されるのである．一般的に，組織のデザインは，(1)

組織の計画能力を増大させるか，(2)突発的な事柄に対する組織の弾力性，適応力を増大させるか，(3)存続のため最低限必要とされる業績水準を低下させるか，などによってなされるものである．

以上のような観点から，組織デザインの戦略というものが図4-12のように考えられる．要するに組織はまず，伝統的組織論の成果である機械的モデルを通じて不確実性に対処し，調整された相互依存行為を確保しようとするが，例外の数が増え，不確実性が増大するにつれてこのようなモデルでは対処できなくなると，かわって，(1)処理されるべき必要情報量を減少させるか，(2)情報処理能力を増大させるか，という視点からそれぞれのデザイン戦略がとられるようになるのである．

図 4-12 組織デザインの戦略

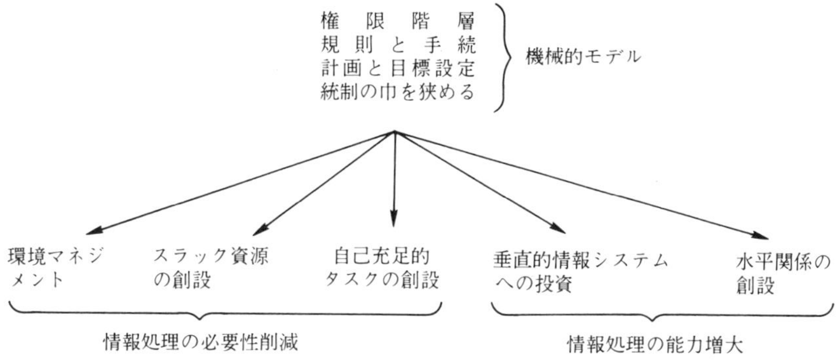

権限階層
規則と手続
計画と目標設定　　機械的モデル
統制の巾を狭める

環境マネジメント／スラック資源の創設／自己充足的タスクの創設　　　垂直的情報システムへの投資／水平関係の創設

情報処理の必要性削減　　　　情報処理の能力増大

(出所) Galbraith, 1977, p.49より作成．

こうした情報処理の視点に基づく組織デザインは，不確実性増大にともなって必要となる情報量増大への対処という観点から，組織化様式の相違や変化を説明するものといえよう．また Tushman = Nadler (1978) は，組織デザインの情報処理モデルをつぎのように図示（図4-13）し，その基本的命題を整理している．

（1） 組織の下位単位のタスクはその不確実性の程度によって相違する．
（2） タスクに関する不確実性が増大するにつれ，より多くの情報に対する

必要性が生じ，その結果として，より大きな情報処理能力が必要となる．
（3） 組織構造が異なれば，有効な情報処理の能力が異なる．
（4） 組織が直面する情報処理の必要性と組織構造の情報処理の能力との間に適合性が存在するとき，組織はより有効となる．
(4-A) 部門間の統合を達成するにはさまざまな方法があるから，調整とコントロールのメカニズムは決定論的には決まらない．
（5） 組織（あるいは下位単位）が時間の経過とともにさまざまな状況に直面すると，より有効な組織（単位）は，変化した情報処理の必要性にあわせてその構造を適合させる．

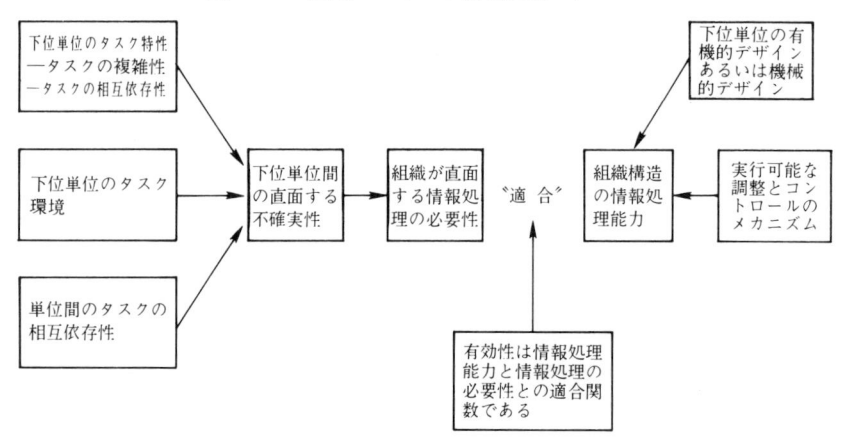

図 4-13　組織デザインの情報処理モデル

（出所）Tushman=Nadler, 1978, p. 622.

　組織デザインをプロセス的にとらえる情報処理モデルは，適合性を概念的に組み入れたものとしてすぐれたものといえる．しかし，組織デザインに対する見方はこれだけに限られるわけではない．そのほかにも，資源依存モデルに基づく組織デザイン(Pfeffer, 1978)，職務設計論を中心としたボトムアップ的な組織デザインなどいろいろ考えられるのである．

4　組織のパワー論

　組織の行動（環境適応）の動態的側面を解明しようとする場合，そこに生起するパワー現象を無視することはできない．いかなる組織といえども，組織の行動を左右するような意思決定の状況においてパワー現象がみられるからである．しかし，パワーという用語のもつ悪いイメージのためか，その本格的な研究がはじまったのは1970年代になってのことである．

　これまでになされてきた組織のパワー研究についてみると，その見方は2つに識別できる（Hickson et al., 1981）．第1は，組織目標達成のために組織のメンバーといろいろな活動を調整するための手段，というテクニックとしてのパワー（power as technique）と，第2は，組織のメンバーや集団のそれぞれの目標や利益を達成するための手段，という支配としてのパワー（power as domination）である．

　また，組織のパワーについてはこれまで静態的観点からの分析（パワーの類型論）が主としてなされ，とくにパワーのベース・源泉[2]についてさまざまな議論がくり返されている．それはパワーの源泉がわかれば，パワーを高めるにはどうすればよいかがわかるからである（Pfeffer, 1981 a）．その結果，パワーのベース・源泉については多様な見方が識別されるようになったが，しかし，その研究の多くは個人パワーに焦点があり，組織のパワー関係をとらえるには十分ではない．

　こうした状況にあるパワーの源泉論の研究に対して Astley, et al. (1984) は，これを，(1)組織の階層上の地位に付与されている公式的なオーソリティである階層的権限（hierarchical authority），(2)環境から資源を獲得しこの資源を交換のプロセスによって他に供給することをコントロールできる能力である資源コントロール（resource control），(3)組織の仕事ネットワークの中心であるかどうかというネットワークの中心性（network centrality）という3つの源泉論に類別し，しかもそれらを統合して，組織内のパワー現象をとらえるべきだと主張している．

以上のようなパワーの源泉論に対して，1960年代の末ごろから組織論の研究者のなかに，パワーを個人レベルでとらえるのではなく，パワーの構造的側面に注目し，組織単位でパワーを分析する者が現われはじめた．これは，組織のコンティンジェンシー理論が隆盛をきわめ，そしてやがて，批判がいろいろとだされるようになった時期においてといえる．

たとえば，コンティンジェンシー理論の影響を受けた Hickson et al. (1971)，Hinnings et al. (1974) らは，パワーに関して「戦略的コンティンジェンシー理論」を展開している．組織内部門間のパワーは，各部門の持つ不確実性対処能力，代替不可能性，中心性（作業浸透性，作業即時性）といった規定要因によって確定することが，理論的モデル構築とその検証によって主張されたのである．これは，従来からある組織のパワー研究の大部分が，その前提として，パワーによってある事象が説明できるといった視点，つまりパワーを独立変数として位置づけたのに対し，パワーを従属変数として扱い，パワーそのものの説明を意図したものである．一方，戦略的選択論を主張した Child (1972) も，Cyert = March (1963) の連合体モデルを支持し，組織内の政治プロセス（パワー現象）の組織構造に及ぼす影響を指摘したが，その具体的な展開はしなかった．

組織の連合体モデルにのっとって組織をめぐるパワー現象を体系的に扱ったのは Mintzberg (1983) である．彼は，パワー現象を「組織社会における社会的な問題 (social issues)」として位置づけ，しかも組織パースペクティブの観点から組織にかかわるパワー構造とそのフローを明らかにすることをねらって論を展開している．そこでは，組織を構成する内外の連合体 (coalition) の相対的な関係から組織のパワー形態（専制的，道具的，伝道的，閉鎖システム的，専門家的，政治的）が識別され，さらに，そうしたパワー形態の変動によって組織発展の新たなモデルが組織のライフ・サイクル論として主張されるのである．

ともかく，パワーは組織の動態的メカニズムを解明するのに欠くことのできない重要なファクターであることには違いない．しかも組織それ自体の問題ば

かりでなく，組織と組織の関係，すなわち組織間関係論においてもその重要性は変わらないといえよう．

IV　ミクロ組織論

　組織内部のメカニズムを探究するミクロ組織論は主に集団・個人レベルに焦点をあて，組織のなかの人間行動をその研究対象としており，アメリカでは多くの場合，組織行動論として展開されている．「組織行動論」という名称は1960年代にアメリカにおいて使用されるようになったが，その理論の内容はいわゆる「行動科学（Behavioral Science）」における研究内容を基礎においている．人間関係論をその出発点にする行動科学は，人間行動に関する諸学問の総称であり，それは文化人類学，社会学，心理学を中心として既成の社会科学，自然科学にわたる広範な研究成果・理論を統合し，人間行動の統一理論の構築を志向している．つまり行動科学が一般理論を目指し，いわば組織との関連でいうと独立変数としての人間行動研究であるのに対し，組織行動論は組織を独立変数，そして人間行動をその従属変数とする人間行動の研究分野であるといえよう．したがって，組織行動論には行動科学と組織論を総合した研究が必要であると考えられる．ここではその代表的理論であるモティベーション論，リーダーシップ論，組織コンフリクト論を検討することにする．

1　モティベーション

　モティベーション（motivation）——動機づけともいう——とは，「欲求，希望，動因など人間を動かす力に適用される一般的な用語であり，一連のプロセス」と考えられる（図4-14）．伝統的組織論においては，Taylor(1911)にみられるように人間は経済的動機によって行動すると仮定されたが（たとえば，報酬制度による金銭的刺激），人間の行動はそれほど単純なものではない．人間関係のアプローチは人間を「社会人」とみなし，職場での生産性向上はインフ

ォーマルな人間関係（集団内の社会的規範，感情，帰属感，安心感という社会的関係）に影響されると考えた．それゆえ，人間関係論では従業員への動機づけには賃金といった経済的誘因ではなく，むしろ職場での社会的人間関係の改善が必要であると主張された．確かに人間は社会的動物であり，職場での人間関係は職務遂行上大きな影響をもつであろうが，それはやはり伝統的理論が「経済人」を前提としたと同様人間の一側面をとらえているにすぎない．そこで人間は何によって動機づけられるのか，が行動科学を中心にして展開されることになる．

図 4-14 動機づけのプロセス

欲求 ──────▶ 動因・動機 ──────▶ 目標の達成

March＝Simon(1958)の単純な動機づけモデル（図 4-15）をみてみよう．人間は不満足（満足度が低い，つまりマイナスの時）を感じるとその不満足を解消しようと行動をおこす．その努力（探索）は報酬の期待値を高め，達成したときの満足度にプラス（＋）に作用する一方で，個人の希求水準(aspiration level)を押し上げる．したがってそれは満足度にマイナス（－）に作用する．こ

図 4-15 動機づけられた適応行動の一般モデル

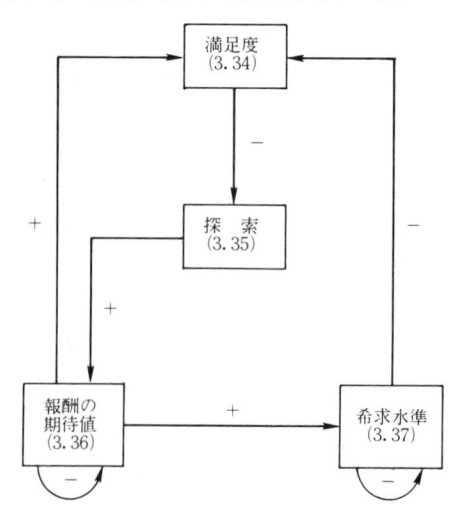

```
           ┌──────────┐
     ┌────▶│ 満足度    │◀────┐
     │     │ (3.34)    │     │
     │     └──────────┘     │
     │          │ －         │
     │          ▼            │
     │     ┌──────────┐     │
   ＋│     │ 探  索    │     │－
     │     │ (3.35)    │     │
     │     └──────────┘     │
     │       │     │         │
     │    ＋ │     │         │
     │       ▼     ▼         │
     │  ┌────────┐   ┌────────┐
     └──│ 報酬の  │ ＋ │ 希求水準│
        │ 期待値  │──▶│ (3.37) │
        │ (3.36) │   │        │
        └────────┘   └────────┘
           ↺ －         ↺ －
```

（出所）　March = Simon, 1958, p. 49, 訳76ページ

のように単純な動機づけられた人間行動のモデルをみただけでも，その内容は単純ではないことが容易に理解されよう．

モティベーションに関する理論[3]には，大きく分けて欲求(need)の内容理論とプロセス理論がある．前者は人間行動へのエネルギー付与の問題を扱う欲求の内容に関する研究であり，後者は欲求によって付与されたエネルギーの強さ，持続性，そして方向性に関する研究であるといえる．

(1) モティベーションの内容理論

モティベーションの欲求理論は，欲求（欠乏といいかえられる）が人間を動機づける点とその欲求が他の人と区別するある個人特有の行動を誘発するという「欲求」の機能に注目する（二村 編，1982）．つまり，欲求が行動をおこさせ，また欲求が異なれば行動も異なるということである．この欲求の内容理論 (content theory)——実体理論 (substantive theory)ともいう——は，H.A. Murray の研究をその出発点とする D.C.McClelland, J.W.Atkinson, G.H. Litwin＝R. A. Stringer らによる研究と A. H. Maslow の流れをくむ研究がある．ここでは前者の研究として① Murray の欲求理論，② McClelland に代表される達成欲求の理論を示し，後者の理論として③ Maslow の欲求段階論 (need hierarchy theory)，④ Herzberg の動機づけ衛生理論(motivation-hygiene theory)，⑤ McGregor のX理論—Y理論と Argyris の未成熟—成熟モデルを概説することにする．

① **Murray の欲求リスト**

Murray(1938) は人間のもつ多くの欲求を「欲求リスト」（表4-1）としてあげている．そして，彼は(1)人間は何らかの欲求をもつこと，(2)人間行動は自己の個人的な欲求を満足させようとするプロセスとして説明できること，という2つの仮定を立てている(坂下，1985，p.11)．Murray の欲求リストであげた欲求で人間の行動を十分説明することが可能であろうが，その意味は何であろうか．Murray の欲求リストは単に人間のもつと思われる欲求を並列的に並べただけであり，それらの欲求間の関係(後述する Maslow 理論におけるよう

な階層性)を示してはいない.

表 4-1　Murray (1938) の欲求リスト

(1)	謙虚 (abasement) 欲求	(16)	遊戯 (play) 欲求
(2)	達成 (achievement) 欲求	(17)	排斥 (rejection) 欲求
(3)	親和 (affiliation) 欲求	(18)	隠遁 (seclusion) 欲求
(4)	攻撃 (aggression) 欲求	(19)	感性 (sentience) 欲求
(5)	自律 (autonomy) 欲求	(20)	性 (sex) 欲求
(6)	反作用 (counteraction) 欲求	(21)	求護 (succorance) 欲求
(7)	恭順 (deference) 欲求	(22)	優越 (superiority) 欲求
(8)	防衛 (defendance) 欲求	(23)	理解 (understanding) 欲求
(9)	支配 (dominance) 欲求	(24)	獲得 (acquisition) 欲求
(10)	顕示 (exhibition) 欲求	(25)	非難回避 (blamavoidance) 欲求
(11)	傷害回避 (harmavoidance) 欲求	(26)	認識 (cognizance) 欲求
(12)	屈辱回避 (infavoidance) 欲求	(27)	構成 (construction) 欲求
(13)	不可侵 (inviolacy) 欲求	(28)	説明 (exposition) 欲求
(14)	養護 (nurturance) 欲求	(29)	承認 (recognition) 欲求
(15)	秩序 (order) 欲求	(30)	保持 (retention) 欲求

(出所)　坂下, 1985, p. 12.

　しかしながら, Murray の貢献はこの欲求リストだけではなく,「課題統覚検査」(Thematic Apperception Test—略して(TAT))という欲求の測定方法の開発がある.C.D.Morgan と共同開発したこの方法は投影法(projection technique)あるいは投影検査法(projection test)とよばれ, 用意された一組の絵画(あるいは写真)に対して被験者に空想して物語を創ってもらい, その物語を分析・解釈することによって個人の人格特性, 隠された欲求, コンプレックスなどを診断しようとするものである. しかし, この方法は欲求測定に多く用いられているが, ＴＡＴの分析・解釈を研究者が行うという点で分析者の能力に依存する方法であるという, 一定の制約があることに留意しなければならない.

② **McClelland らによる達成欲求の理論**

　Murray の人間行動一般についての欲求から, 組織行動に限定した欲求理論を McClelland, Atkinson, Litwin = Stringer らが展開した. McClelland は Murray の欲求リストから達成欲求(need for achievement, n 達成とよばれる)——より高次のものに挑戦し, それを達成しようとする欲求——を重視し,

達成欲求と組織行動についての実証分析を行った．そして，彼は多くの研究調査より，達成欲求と仕事のより高いレベルの遂行ないし成功には強い正順関係があることを示した．この McClelland の主張は，McClelland *et al.* (1953), Atkinson(1957), Litwin = Stringer(1968) などの研究によって裏打ちされている．したがって，達成欲求が強い人間は仕事の遂行から直接得られる内的報酬によって動機づけられるので，(1)能力が発揮でき，達成しがいのある挑戦的な仕事を割り当てる，(2)その成果についての情報をフィードバックすることにより，その人間は仕事についての適切な，より高いレベルの目標を自主的に設定し，目指すので，結果としてより高い組織成果が期待され，彼自身も仕事の遂行から達成感を得ることができるのである(二村 編，1982，p.52-53)．

さらに，Cummin(1967) はパワー欲求(need for power, n パワー)——他人の直接的なコントロールないし他人への影響手段のコントロールを希求する欲求——が仕事に強い影響をもっていることを発見した．そして，Litwin =

図 4-16 McClelland, Litwin = Stringer らの欲求系モティベーション理論が発見した因果関係の図式的要約

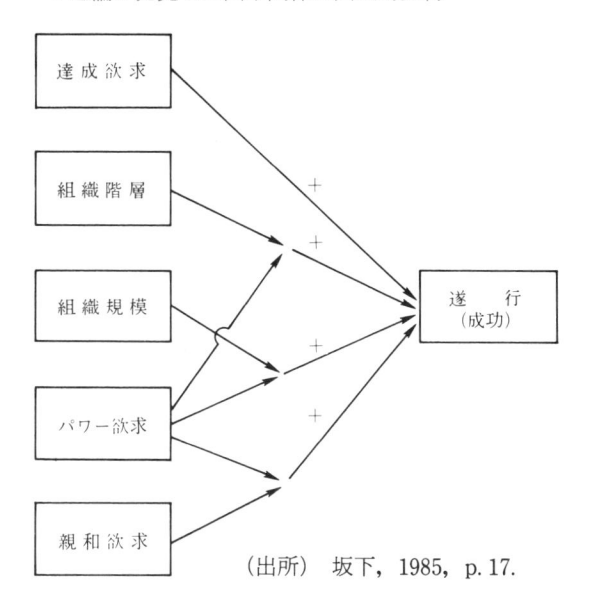

(出所) 坂下，1985，p.17.

Stringer(1968, 訳19ページ)は成功をおさめている管理者を他の人たちから区別するのは強い達成欲求であったが, トップ・マネジメントとくに社長は強いパワー欲求に動機づけられると指摘した. しかし, このnパワーが直ちに成功に結びつくのではなく, 成功は他の欲求, 価値によって決定されるのである. なかんずく, 親和欲求(need for affiliation, n 親和)——集団への所属, 愛情欲求という社会的欲求——はパワー欲求と強い正の関係をもち, 人間関係を配慮し, 他人との信頼関係や支持を得ることによってはじめて強いパワー欲求を持ったリーダーは成功をおさめることができるといえるのである (図4-16).

③ Maslow の欲求段階論

人間は異なるいくつかの欲求をもっており, それらの欲求はそれぞれ階層を形成していると Maslow(1943, 1954, 1968, 1970) は考えた. Maslow は5つの欲求を仮定している[4] (図4-17).

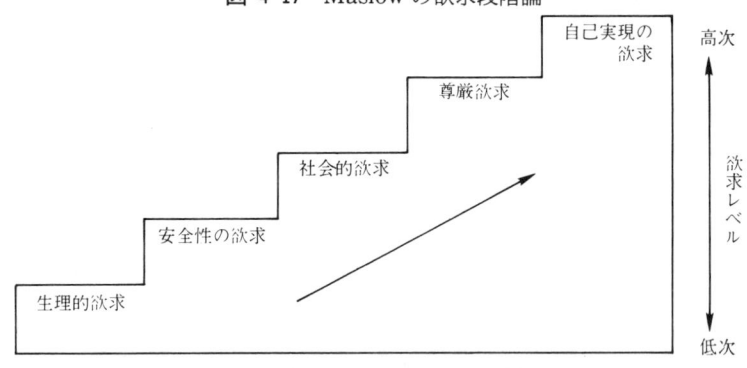

図 4-17 Maslow の欲求段階論

(1) 生理的欲求(physiological needs)——人間が生存し, 生活を維持するための基本的欲求であり, 食物, 水, 睡眠, 性的満足, 休養, 衣服などについての欲求である.
(2) 安全性の欲求(safety needs)——安全な状況を望み, 不確実な事態を回避しようとする欲求である.
(3) 社会的欲求(social needs)——所属・愛情欲求(belongingness-love needs)ともいわれ, 集団への所属, 友情・愛情を求めるといった社会的

関係を希求する欲求である．
(4) 尊厳欲求(esteem needs)——自我の欲求ともいい，他人からの尊敬や地位を求めたり，自律的な活動を希求する自尊の欲求である．
(5) 自己実現の欲求(self-actualization needs)—— 一番高次の欲求であり，自己の成長や発展の機会を求め，自己の能力を十分発揮し，自己の潜在能力を開発することを求める欲求である．

5つの欲求は優勢的階層(a prepotent hierarchy)を形づくり，欲求は低次の欲求から高次の欲求へと人間の欲求満足化行動が逐次的に，そして段階的に移って行くと仮定される．ただ最後の自己実現の欲求のみは，それが満足されてもその強さは減少せず，増加すると考えられているのである．しかし，Maslowの示したこの欲求段階論が全面的に支持されているわけではない．Maslowの第1の仮定である各欲求の階層順位についてみると，状況によっては欲求の順位がいれかわることが指摘されている．さらに，低次の欲求が満足されると次の欲求が生じるという第2の仮定についても，同時に2つの欲求(たとえば，社会的欲求と尊厳欲求によって同時に動機づけられる場合)が人間行動を支配することも考えられる．

そこで，Alderfer(1969, 1972)はMaslowの理論を修正してERG理論を展開する．ERG理論とは生存(Existence)，関係(Relatedness)，成長(Growth)

表 4-2 Maslow 理論と ERG 理論の欲求区分の比較

Maslow の欲求区分	ERG 理論の欲求区分
生理的欲求	生存欲求
安全（物質的）欲求	
安全（対人的）欲求	関係欲求
社会的欲求	
尊厳（対人的）欲求	
尊厳（自己確認的）欲求	成長欲求
自己実現欲求	

（出所） Alderfer, 1972, p. 25；坂下，1985, p. 28.

の頭文字をとったものである．Alderfer(1969) はこの3つの欲求レベルをつぎのように示している．

(1) 生存欲求(existence needs)――これは人間の生存・維持に必要な欲求であり，物質的，生理的，そして安全の欲求である．

(2) 関係欲求(relatedness needs)――これは人間が社会的環境にいかに関係するかに関するもので，重要な社会的，個人相互関係についての欲求である．

(3) 成長欲求(growth needs)――最も高次の欲求であり，尊厳欲求と自己実現の欲求に相当する欲求である．

Alderfer は Maslow の段階理論を継承しているが，つぎの2点で異なっている(Steers = Porter, 1979)．第1は，Maslow が低次の欲求を満足した結果，つぎの欲求へと人間は進んで行くと仮定したのに対して，Alderfer はこの満足――前進(progress)プロセスに加えて，フラストレーション――後退(regression)プロセスを考えたことである（図4-18）．第2の相違点は，1つ以上の欲求が同時に作用し，活性化されうることを仮定したことである．以上によって，

図4-18 ERG理論の満足―前進，フラストレーション―後退要因

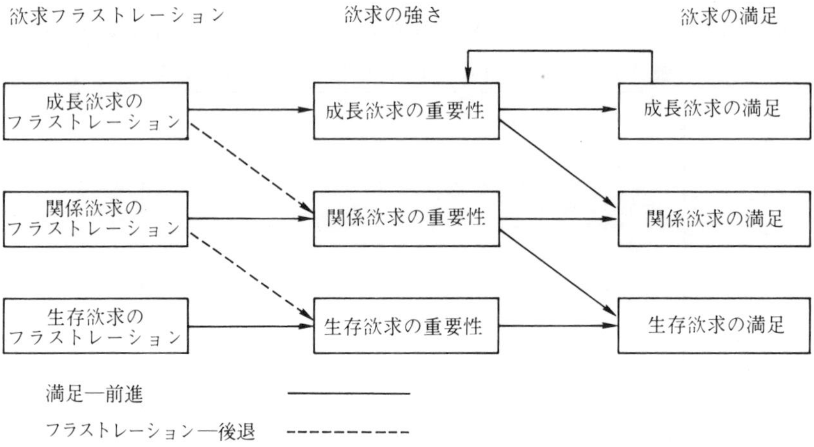

欲求フラストレーション	欲求の強さ	欲求の満足
成長欲求のフラストレーション	成長欲求の重要性	成長欲求の満足
関係欲求のフラストレーション	関係欲求の重要性	関係欲求の満足
生存欲求のフラストレーション	生存欲求の重要性	生存欲求の満足

満足―前進 ―――――
フラストレーション―後退 ----------

（出所） Steers = Porter, 1979, p. 34.

第4章 経営組織　133

AlderferのERG理論はMaslow理論を含むかたちで展開され，Maslowの理論に比べるとより複雑になっているといえる．

④ **Herzbergの動機づけ—衛生理論**

Herzbergの理論は，二要因理論(tow factor theory)，動機づけ—維持理論(motivation-maintenace theory)，動機づけ—衛生理論(motivation-hygiene theory)ともいわれている．Herzberg *et al.*（1959）によるアメリカのピッツバーグ地域の技師，会計士を対象に行った調査から，Herzberg(1966)は1つの理論を導きだした．これまで満足と不満足は表裏一体であると考えられてきた．つまり，満足の反対は不満足であるということである．しかし，Herzbergは満足をもたらす要因と不満足をもたらす要因は別々なものであり，前者を動機づ

図4-19　Maslowの欲求段階論とHerzbergの動機づけ—衛生理論の比較

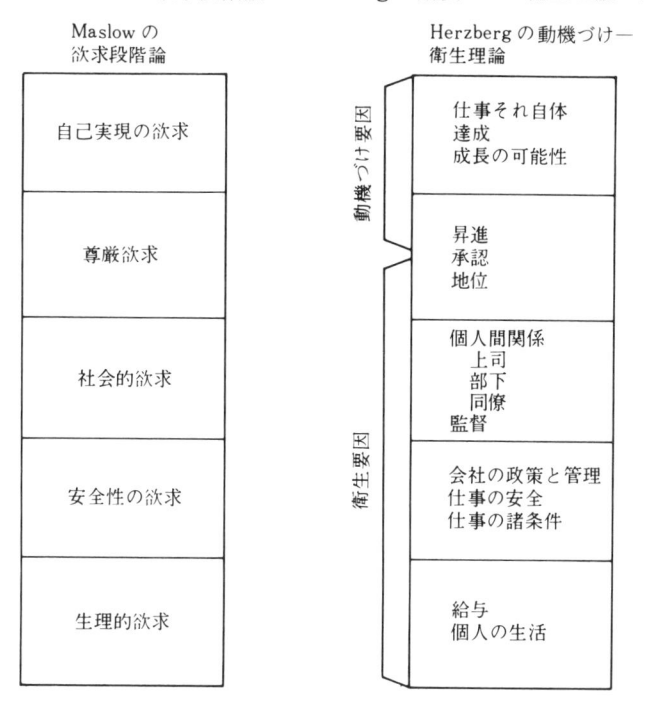

Maslowの欲求段階論	Herzbergの動機づけ—衛生理論
自己実現の欲求	動機づけ要因：仕事それ自体／達成／成長の可能性
尊厳欲求	動機づけ要因：昇進／承認／地位
社会的欲求	衛生要因：個人間関係／上司／部下／同僚／監督
安全性の欲求	衛生要因：会社の政策と管理／仕事の安全／仕事の諸条件
生理的欲求	衛生要因：給与／個人の生活

（出所）　Rue = Byars, 1977, p. 206.

け要因(motivator),後者を衛生要因(hygiene factor)として区別した．動機づけ要因は組織メンバーが従事している仕事に関連したもので，たとえば仕事の達成，昇進，個人的成長，承認であり，これが満たされると人間は満足を感じ，より高い職務成果へと人間を動機づける要因であると考えられ，他方，衛生要因は会社の政策，給与，作業条件など仕事環境に関する要因である（図4-19）．したがって，衛生要因は仕事遂行上の不満足を解消するが，積極的な動機づけとはならないということである．

しかし，この独創的な Herzberg の理論には，(1) Herzberg らの用いた調査方法（臨界事象法）についての批判，(2)ある人には動機づけ要因であるものが他の人には衛生要因であるといった個人の欲求の多様性と，さらに(3)満足要因と動機づけ要因を区別せず同義に用いたこと（西田，1976），つまり満足と生産性に高い相関があると仮定したこと，という問題点があることが指摘されている．

⑤ **McGregor の X 理論―Y 理論と Argyris の不適合理論**

Maslow の理論は McGregor(1960), Argyris(1957) に大きな影響を与えた．

McGregor は伝統的理論のもつ人間観を X 理論（Maslow のいう低次欲求をもつ人間），Maslow の高次欲求をもつ人間観を Y 理論とよんだ（表4-3）．現代では低次の欲求はほとんど満たされており，したがって Y 理論こそが動機づけのプロセスに有効に働くであろうと McGregor は仮定した．それゆえ，X 理論の仮説に基づいて組織メンバーを動機づけるのではなく，組織メンバーのもつ高次の欲求を組織目標達成プロセスで満足させて行く方法（たとえば，職務充実など）によって満足させることが，動機づけや管理に必要であることを主張したのである．

表4-3 McGregor の X 理論―Y 理論の人間仮説

X 理 論

1. 普通の人間は生来仕事がきらいで，なろうことなら仕事をしたくないと思っている．

2. この仕事はきらいだという人間の特性があるために，たいていの人間は，強制されたり，統制されたり，命令されたり，処罰するぞとおどされたりしなければ，企業目標を達成するためにじゅうぶんな力を出さないものである．
3. 普通の人間は命令されるほうが好きで，責任を回避したがり，あまり野心をもたず，なによりもまず安全を望んでいるものである．

Y 理 論
1. 仕事で心身を使うのはごくあたりまえのことであり，遊びや休憩の場合と変わりはない．
2. 外から統制したりおどかしたりすることだけが企業目標達成に努力させる手段ではない．人は自分が進んで身を委ねた目標のためには自ら自分にムチ打って働くものである．
3. 献身的に目標達成につくすかどうかは，それを達成して得る報酬次第である．
4. 普通の人間は，条件次第では責任を引き受けるばかりか，自らすすんで責任をとろうとする．
5. 企業内の問題を解決しようと比較的高度の想像力を駆使し，手練をつくし，創意工夫をこらす能力は，たいていの人に備わっているものであり，一部の人だけのものではない．
6. 現代の企業においては，日常，従業員の知的能力はほんの一部しか生かされていない．
 (出所) McGregor, 1960, pp. 33-34・pp. 47-48. 訳 38-39 ページ・54-55 ページ．

　一方，Argyris も Maslow の理論を基礎に人間行動を「未成熟―成熟モデル」として展開した．Argyris(1957, 1964)は Maslow の5番目の欲求，すなわち自己実現の欲求に注目する．彼によれば，自己実現とは目的を達成しようと努力し，自己の内的維持，さらに自己を内的環境に適応しようとするプロセスである．そして個人は成長し，成熟するにつれて自己実現を目指すようになる．この子供(infancy)から大人(adulthood)へという変化の特徴は表 4-4 で示されている．組織の基本的原則（命令の一元化の原則，スパン・オブ・コントロールなど）は組織メンバーに幼児的特質を要求する環境を創造する．それゆえ，成熟に向かって成長しようとする大多数の組織メンバーに受動的で依存的，短期志向という未成熟段階の特質を組織は求めることになる．つまり，健康な個人の欲求と組織の要求が不適合となるので，組織は組織目標と組織メンバーの

自己実現が一致するよう動機づける必要があるという「参画的リーダーシップ」を Argyris は提唱したのである．

表 4-4　Argyris の未成熟―成熟モデル

〈未　成　熟〉	→	〈成　　熟〉
①受動的行動から		能動的行動へ
②依存状態から		相対的自立状態へ
③少数の行動様式から		多様な行動様式へ
④移り気で浅い関心から		複雑で深い関心へ
⑤短期的見通しから		長期的見通しへ
⑥従属的地位から		同等または優越的地位へ
⑦自覚の欠如から		自覚と自己統制へ

（出所）　Argyris, 1957, 訳 88-89 ページ；北野 編, 1977, p.60．

（2）　モティベーションのプロセス理論

プロセス理論は「新行動主義」に大きな影響を受けている．「行動主義」は心理学者の J.B.Watson によって本格的に主張されたのであるが，この立場は人間の行動を刺激(Stimulus-S)と反応(Response-R)として定式化した．この S―R モデルは 1930 年代に S と R の間に O (Organism) つまり主体を入れた S―O―R モデルとして展開され，主体の能動性が「行動主義」よりも重視される点で「新行動主義」といわれる．新行動主義は動因理論，期待理論，強化理論として人間行動を説明するうえで具体的な理論展開をみせている．

Steers = Porter(1979) によれば，Cannon(1939) の業績によって大きく前進した動因理論(drive theory)は Hull(1943) によって包括的に研究されたとされる．Hull は有機体の刺激―反応を説明するのに，努力(effort)＝動因(drive)×習慣(habit)という定式を示したのである．動因とは行動の強度を決定する影響力であり，習慣は過去の刺激―反応関係の強さと定義された．のちに，Hull(1952) は将来の目標についての予想される反応(reaction)としての誘因(incentive)要因を加え，努力＝動因×習慣×誘因と修正して定式化した．この Hull らの動因理論は動機づけにおける認知理論にほとんど一致している．

一方，期待理論はモティベーションの認知理論である．この理論は個人は信念をもち，将来の出来事を予知し，考える理性的人間であると仮定している．

そして，人間行動は基本的に個人の特性と認知される環境の相互作用プロセスの関数であると把握されるのである．

さらに，モティベーションの認知理論には「公平理論」(equity theory)とよばれる諸研究がある．Festinger(1957)で有名な認知不協和理論(cognitive dissonance theory)，分配公平理論(distributive justice theory)もしくは交換理論(exchange theory)とよばれる Homans(1961)，Jacques(1961)，Patchen(1961)の研究，そして Adams(1963, 1965)に代表される公平理論がある．

また，先にのべた動因理論と同じカテゴリーに分類されるモティベーションの包括的モデルであり，学習―強化理論として知られる行動変容理論も重要である．期待理論と行動変容の理論は相違点はあるものの両立しないわけではない(Steers = Porter, 1979)，その第1の相違点は人間仮説である．期待理論が期待(expectancy)，誘意性(valence)，道具性(instrumentality)を独立的に決定する自律的人間を前提とするのに対して，行動変容理論は環境に反応する傾向をもつ人間を仮定する．

第2点は，人間は入手可能な情報をもとに現在と将来についての意識的選択を行うという認知理論を期待理論は前提とするが，行動変容理論は現在の行動には以前の出来事が第1に関係するというオペラント理論を前提とする．

第3は，具体的報酬計画に関して，期待理論は連続的強化（成果と報酬の直接的関係について）を主張するのに対して，行動変容理論は可変的，部分的強化による合間(interval)を示唆するのである．

以上のモティベーションにおけるプロセス理論の概観より，ここでは期待理論として① Vroom モデル，② Porter = Lawler モデル，そして③ Adams の公平理論，最後に④行動変容理論を概説することにする．

① **Vroom の期待理論**

Vroom(1964)によると，人間を動機づける力は基本的に期待(expectancy)と誘意性(valence)の積の和によって示される（図4-20）．誘意性とは，「特定の結果に対する情緒的指向」であり，期待は「特定の行為が特定の結果になるであろうという見込みに関する瞬間的な信念」と定義されている．人間はこれま

での人生の経験からさまざまな事柄について学習し，それらについての認知マップをもっており，それらが期待と誘意性を形成するといえるのである．

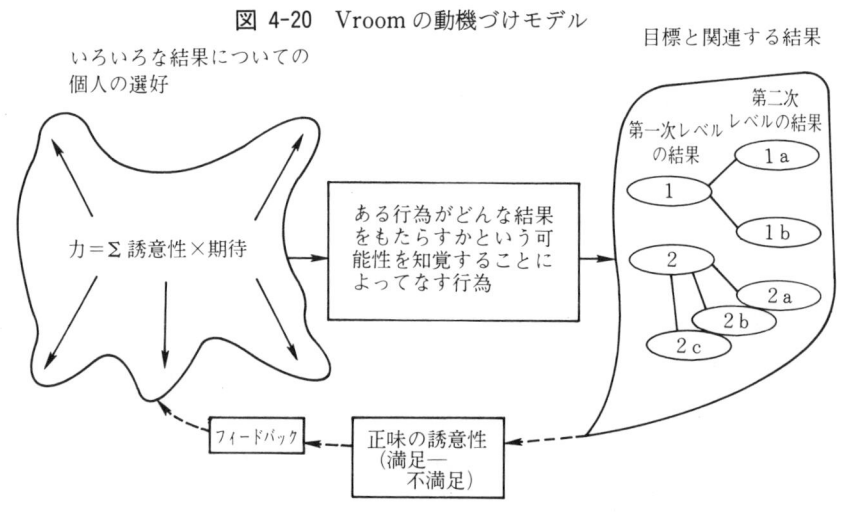

図 4-20 Vroom の動機づけモデル

（出所） Dunnette, 1967, p. 178；Luthans, 1976, p. 261.

　実際の動機づけの力は，努力が業績を導く期待(0 〜 +1)と業績が成果を導く道具性(0 〜 +1)そして誘意性(−1 〜 +1)の積によって測定される．なお道具性とは「一次レベルの成果が望まれる二次レベルの結果を導く程度に関連している」ものである．従業員のアウトプットを測定することにより，管理者はさまざまな個人的目標（お金，安全そして承認といった二次レベルの結果），個人的目標達成のための組織目標の道具性(生産標準という第一次レベルの結果)，そして努力と能力により組織目標を遂行できるであろうという従業員の期待がどのくらい重要であるかを知ることができるといえよう(Luthans, 1976)．ただ，Vroom モデルは管理者に従業員のモティベーション分析と関連する変数を明らかにしたけれども，特定の解決方法を提供したわけではない．

② **Porter = Lawler の期待モデル**

　Vroom の期待モデルを精緻化し，そしてより多くの変数を組み込み，職務態度と職務成果の複雑な関係を実証分析する理論的枠組みを Porter = Lawler

(1968)は図4-21のように示した．このモデルは伝統的理論が仮定する満足と業績との単純な正関係を疑問視している．業績には努力だけではなく，能力と特質というパーソナリティや仕事の遂行能力と，さらに役割知覚(role perception)という変数が関与している．つまり，成果は努力と能力と資質そして役割知覚の3変数の積により決定されるといえるのである．

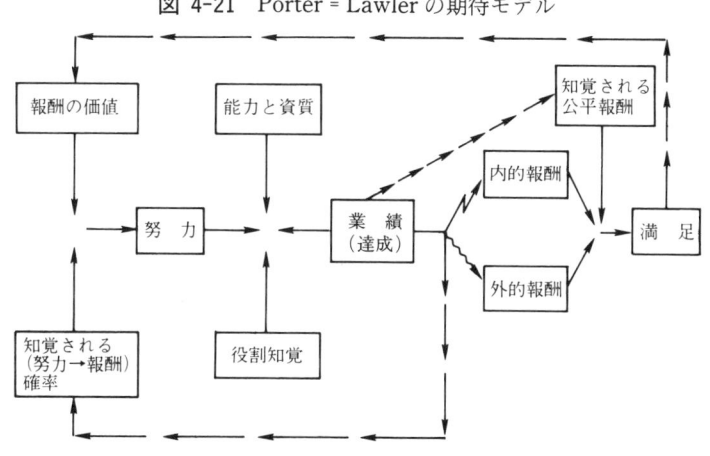

図 4-21 Porter = Lawler の期待モデル

（出所） Porter = Lawler, 1968, p. 165．

Porter = Lawler モデルは Vroom モデルと同様に，モティベーションは報酬の価値と知覚される確率（努力→報酬）の積で考えられている．ただし，知覚される確率は努力が業績を導く確率と報酬が業績に依存する確率に分けられ，両者の確率は交互作用つまり積によって決定されることを示唆しているのである．Lawler(1971)はこれを(E→P)の期待——ある一定レベルの業績を得るために投入する努力がその業績を可能にする主観的確率——と（P→O）の期待——意図した業績が成果(outcome)をもたらす主観確率——として表し，図4-22の期待モデルを示している．

Porter = Lawler のモデルも Lawler のモデルも Vroom のモデルに比べ，モデル内に行動変数と態度変数を組み込んで，はるかに精緻化されているのである．しかし，基本的には（E→P）の期待——Vroom モデルでは期待——

図 4-22　Lawler の最終モデル

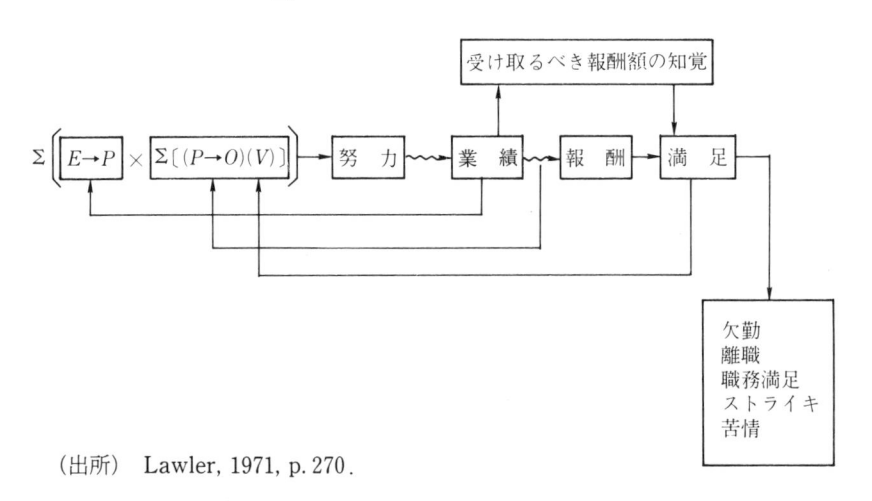

$$\Sigma\left[\boxed{E \to P} \times \Sigma[(P \to O)(V)]\right] \to \boxed{努力} \leadsto \boxed{業績} \to \boxed{報酬} \to \boxed{満足}$$

受け取るべき報酬額の知覚

欠勤
離職
職務満足
ストライキ
苦情

（出所）　Lawler, 1971, p. 270.

と（P→O）の期待——Vroom では道具性に相当する——，そして誘意性の積によりモティベーションが決定される点は共通している．この期待理論と類似したモデルに Atkinson(1964) モデルがある．この達成動機の理論によるモデルは，ある課業を行おうとするときのその課業の主観的困難度（期待理論の期待にあたる）と課業達成の誘因の強さ（期待理論の第一次結果の誘意性），およびその人間の達成動機の強さという三者の積でモチベーションを示している．ただし，期待理論は期待が高ければ高いほどモティベーションは強くなるとするのに対して，Atkinson モデルでは課業の主観的困難度が５０％のときもっとも強いとする点で異なっている[5]．

③　Adams の公平理論

公平理論は，(1)個人が不協和（あるいはギャップ，不公平）を認知すると，それを解消しようとするモティベーションが生じ，(2)このモティベーションの強度は不協和の認知が大きいほど強いという，２つの仮定が前提とされる（坂下，1985, p.49）．不公平は，個人が自己のインプット（組織への貢献—仕事の遂行，学歴，経験など）とアウトカム（仕事からの誘因—給与，満足など）の比率と他の人のインプット—アウトカム比率を比べ不等であると知覚することに

依存する．この社会的交換というインプット—アウトカム比率の他人との比較は，当事者の認知を通じて行われる．この関係を Adams はつぎのような式で示している．

$$\frac{O_p}{I_p} < \frac{O_a}{I_a} \qquad (1)$$

$$\frac{O_p}{I_p} > \frac{O_a}{I_a} \qquad (2)$$

$$\frac{O_p}{I_p} = \frac{O_a}{I_a} \qquad (3)$$

I_p=ある個人が認知したインプット，O_p=ある個人が認知したアウトカム，I_a=ある個人が認知した比較相手のインプット，O_a=ある個人が認知した比較相手のアウトカム

不公平は(1)式，(2)式において生じる．(1)の不公平は過少報酬によって不満足を生じさせ，(2)式は過多報酬により罪の意識を生じさせ，そして(3)式では満足が得られると説明される．したがって，人間は(1)式，(2)式の状況において動機づけられるのである．不公平解消する行動は，(a)自己のインプットの変更，(b)自己のアウトカムの変更，(c)自己のインプット・アウトカムの認知替え，(d)他者への能動的働きかけ，(e)比較相手の変更，が考えられる．しかし，Adams が認めているごとく，個人がいかなる特定の行動を選択するか，という不公平と人間行動間の因果関係は明確ではない．また，経済人仮説による人間を考えると，(2)式の過多報酬による不公平においてはモティベーションが発生するとは限らないということも考えられる．

④ 行動変容の理論

「強化理論(stimulus-response reinforcement theory)」として知られる「行動変容(behavioral modification)の理論」は，組織行動論において多くの貢献をしている．J.B.Watson らの動物実験より，「行動」は遺伝と同等あるいはそれ以上に生後の学習によって影響されることが明白となり，その基礎研究を人間の「行動」に応用する試みが 1950 年代より行われるようになった．この行動変容の研究は，学習[6]における「強化」の概念にその研究が集中している．強化

理論の学習過程（行動変容）は，レスポンデント条件づけ（環境による誘発刺激によって受動的に誘発される行動—レスポンデント行動—には直前の誘発刺激が必ず存在し，その刺激が生得的な無条件性誘発刺激であったとしても，やがて条件性誘発刺激となる過程）とオペラント条件づけ（自発的行動であるオペラント行動に，ある刺激を随伴するとその行動の自発頻度が増加するときオペラント行動は強化されたといい，あるオペラント強化によりあるオペラント行動の自発的頻度が増加すること）として考えられている．したがって強化理論では，行動変容は以上のような学習過程として把握され，2つの条件づけによって行動は強化されることになると説明される．つまり，Skinner(1953)の言葉を借りると「行動はその行動の結果の関数である」と理解されるのである．

人間行動への強化理論（行動変容の研究）の基本的概念は単純であり，人間行動は種々の行動形態(behavior of various form)の報酬構造を操作することによって，操られ，形成され，変えられると仮定されるのである(Steers = Porter, 1979, p.148)．いいかえると，人間はある望まれる行動をすることによって報酬が得られるならば，すすんでその行動をとるであろうということである．この行動変容の理論は，従業員のミスの減少や生産性の向上のために利用されており，従業員考課のデザイン，組織報酬のタイプや配分といった実践的内容によって管理において影響を与えている．

しかし，Whyte(1972) が指摘するごとく，Skinner 理論を支持する研究は，初期において高度にコントロールされた条件下での動物実験にはじまる実験室実験であり，この理論が組織のより複雑な状況において十分応用されるかどうかについての疑問は残っているのである．

2　リーダーシップ

リーダーシップは管理の重要な一側面である．リーダーシップは長くリーダーとの関連で論議されてきた．しかし，現在のリーダーシップ研究では必ずしもリーダーとの関連でとらえられているわけではない．たとえば，Koontz = O'Donnell(1976)によると，リーダーシップは簡単には影響力(influence)と一般

的に定義され，それは人々がすすんで集団の目標を達成するように影響を与えるプロセスであると理解されている．また，Rue = Byars(1977)もリーダーシップを「ある一人の人が集団メンバーの行動に影響を与えるプロセスである」(p. 214)と定義している．これらの定義にみられるように，リーダーシップは必ずしもリーダーが発揮するものとはされていない．確かに集団のリーダーは集団メンバーを一定の方向（目標）に向かうようにすることが求められ，リーダーシップを発揮するといえる．しかし，ここにあげたリーダーシップの定義にみられるように，リーダーシップが人に影響を与えるパワーであるとすれば，集団内のあるメンバーが集団の他のメンバーにある種の影響を及ぼせば，それはリーダーシップを発揮したことになるといえるのである．

　このように，現在ではリーダーシップの研究はリーダーに関しての研究だけではなく，フォロワー（部下）やその場の状況などがリーダーシップの重要な要因であるとして，さまざまな研究が行われている．ここではリーダーシップ研究の発展に従って，リーダーの特性を考える特性研究，リーダーシップ・スタイルを研究する行動研究，リーダーシップの状況理論，そしてリーダーシップの有効性を研究する目標―経路理論(path-goal theory)について説明する．また，ここではふれていないがリーダーシップの研究として Vroom = Yetton (1973)のリーダーシップの意思決定スタイルの研究もある．

（1）　リーダーシップの特性研究

　初期のリーダーシップの研究は，すぐれたリーダーはすぐれたリーダーシップを発揮するという仮定にたって，リーダーと非リーダーの特性の違いやすぐれたリーダーのもっている特質を明確にすることによりリーダーシップを研究しようとするものであり，特性研究(trait theory)あるいは特性アプローチ(trait approach)といわれている．つまり，この研究の考え方によれば，リーダーシップを規定するのはリーダーの特性であると考えられるのである．

　科学的管理法で有名な Taylor(1903)は，職長に必要な資質として(1)知力，(2)教育，(3)専門的または技術的知識，手先の器用さまたは強さ，(4)機転の才，

(5)精力，(6)勇気，(7)正直，(8)判断・常識，(9)健康をあげている．また，Fayol(1916)は経営者の資質として(1)健康と体力，(2)知性と精神力，(3)道徳的資質，(4)高い一般的教養，(5)管理的能力，(6)本質的職能についての一般的知識，(7)事業を特徴づける専門的職能における可能的最大の能力をあげている．

　このほかにもリーダーの特性についてさまざまな特性があげられているが，これらの特性は観察者の主観的判断によるものであって，実証研究によるものではなかった．そこで，リーダーの特性とリーダーシップの関係についての実証研究が行われたのである．Stogdill(1948)は124の研究報告を分析検討した結果，リーダーは非リーダーよりも知能，学識，信頼感と責任感，活動性と社会的参加度，および社会的・経済的地位等においてよりすぐれていることを示したが，これらの研究には矛盾している結果があることも指摘している．また，他の特性研究においても，リーダーの諸特性とリーダーシップの間に有意な一貫した関係は発見できなかったのである．

　さらに，この特性研究はリーダーの研究になってしまい，「偉人論」，「英雄論」におちいり，リーダーシップの研究からはずれてしまう傾向にある．そのうえ，ある組織において優秀なリーダーが他の組織に移った場合，以前と同様の優秀なリーダーではなくなってしまうことも往々にみられ，ここにリーダーシップの特性アプローチの限界があるように思われる．

　しかしながら，リーダーシップの特性研究がリーダーシップ研究において意味がないということをいっているのではない．ただ，リーダーの特性のみでリーダーシップを論じることはできないのであって，個人の特性はリーダーシップを規定する1つの重要要件でしかない，ということを理解する必要があるであろう．

(2) リーダーシップの行動理論——リーダーシップ・スタイルの研究

　リーダーシップの特性研究に対して，リーダーの行動に焦点をおいてリーダーシップを研究するアプローチがリーダーシップの行動理論(behavioral theory)である．この理論は行動としてのリーダーシップのスタイルあるいはパタ

ーンの類型化を行うものであり，このアプローチはリーダーシップの複雑性を理解するうえで有益であった．

(a) アイオワ実験

グループ・ダイナミックスで有名な K. Lewin のもとで，Lippitt = White (1943) が 1937 年から 1940 年にかけてアイオワ大学児童福祉研究所で行った研究が最初の研究である．White = Lippitt (1960) はリーダー行動の類型を民主型 (democratic)，専制型 (authoritarian)，自由放任型 (laissez-faire) に分類し，それぞれを明確に区別したのち，10 歳児 5 人ずつの集団作業・指導をそれぞれのタイプに従って行わせた．その結果，民主型指導による集団では，集団メンバーの連帯感，仕事への興味，作業の満足度が高く，集団作業への積極的な参加があり，作業成果もよかったのである．それに対し，専制的指導では作業成果は民主的指導の集団成果とそれほど差はなかったが，集団メンバーの連帯感や協力は最低であり，リーダーに対する不満は仲間の弱いものいじめとなって現われた．そして，この傾向はリーダーが不在のとき，顕著に現われたのであった．また，放任型指導の集団では作業成果は低く，なげやりで，仕事の失敗や挫折が多かった．

この実験ではリーダーの人格特性によるバイアスを回避するために，実験の途中でリーダーとリーダーシップ類型を交代させたが，作業には個人的特性の影響は認められなかった．したがって，この実験からリーダーシップの類型の違いが集団に影響を及ぼしているということが明白となったのである．つまり，このことは集団のリーダーの行動が集団に重大な影響をもつことを示したのであり，この研究での民主型，専制型，自由放任型はリーダーシップ・スタイルの最初の類型である．

(b) オハイオ州立大学での研究とミシガン大学での研究

1945 年からオハイオ州立大学でリーダーシップについて研究が行われた．Halpin = Winer (1957) は空軍の 52 組の爆撃機搭乗員を調査し，そこで指令官のリーダーシップ行動が 300 人の搭乗員によって記述された．この際の調査用具としてリーダー行動記述質問表 (Leader Behaivior Description Questionnaire, 略してLBDQ)が用いられ, 因子分析の結果, 配慮(consideration), 感受性(sensitivity), 生産重視(production emphasis), 構造設定(initiating structure)の4因子が抽出された. そのうち, 配慮と構造設定の2因子でリーダー行動の83％が説明できるとしている.

Fleishman = Harris(1962)は, ①リーダー行動(配慮と構造設定)と集団行動の結果（苦情と退職）の関係の形態（線形か曲線形か）, ②配慮と構造設定の組合せ相互作用効果を明らかにすることを目的として研究を行い, その結果から, 職長のリーダー行動と彼の集団の苦情ならびに退職との間に有意な関係があることが認められた. つまり, 配慮と構造設定の二次レベルで考えると, 低配慮の風土での高構造は脅迫的で拘束的であるのに対し, 高配慮での高構造は支持的で助力的にみられるのではないかということであった.

オハイオ州立大学での研究の真価は, リーダーがいかに行動するかを科学的に決定しようとしたことであり, リーダー行動における目標志向的行動の重要性と個人の欲求の認識をはじめて指摘したことにある.

他方, ミシガン大学の研究ではKatz *et al.*(1950)が集団の生産性と集団メンバーの満足に貢献するような原則(principles)を発見する目的で研究を行った結果, リーダー行動として生産志向的(production-centered)と従業員志向的(employee-centered)の2つのタイプを抽出した. また, ミシガン大学社会調査研究所のLikert(1961)も作業遂行のリーダー行動として①仕事志向的(job-centerd), ②従業員志向的(employee-centered)の2つの行動パターンに分け, リーダー行動と生産性の関係を研究した. その結果, 特定組織に採用されるリーダーシップもしくはマネジメントのスタイルは4つに分類されるとして, システム4理論が展開された.

システム4理論とは, 組織システムのスタイルをシステム1からシステム4に分類したもので, 最も望ましいと考えられるシステムをシステム4として示したものである.

システム1は「独善的専制」管理スタイルであり, 管理者は部下を意思決定にほとんど参加させることはなく, おおかたの意思決定や目標設定は上層部で

行われ，命令系統を通じて組織の下層へ伝達される．従業員は恐怖心や懲罰，金銭的報酬によって働かされ，生理欲求や安全欲求のレベルで満足が与えられるにすぎない．稀に上下の疎通があっても，恐怖と不信の念につつまれるのである．統制の権限は上層に集中しているので，組織の公式の目標と対立する非公式組織が発生しやすい．

　システム2は「恩情的専制」の管理スタイルで，管理者は部下にある種の信頼感をもっているが，それは主人が召使に対するような恩情的なものである．一定の範囲では決定権が中・下階層にも委譲されるが，主要部分は上層に集中しているので，上・下の交流はいまだ対等とはいえず，非公式組織が発生しやすいが，公式組織と極端な軋轢を生ずることは少ないと考えられる．

　システム3は「相談的」な管理スタイルで，管理者は部下に対して相当な信頼をよせているとはいえ，まだ完全とはいえない．一般的方針や政策は上層部で決定されるが，個別的な問題についての決定は部下に任されている．上下のコミュニケーションはさかんに行われ，動機づけの手段としてある程度の決定への参加が用いられる．統制の相当部分は下部に委譲されているので，上中下階層とも無責任になることはないけれども，非公式組織の発生の余地はなお残っている．

　システム4は「集団参画的」な管理スタイルで，管理者は部下を全面的に信頼している．意思決定は組織各部署で広く行われ，しかも全体としてはよく統合されている．上下のみならず，同僚間のコミュニケーションもさかんである．従業員は給与制度の策定や目標設定，作業方法の改善や目標達成度の評価など各面にわたって参加し，関与することによって動機づけられる．上司と部下の間には信頼と信用に基礎をおく広範かつ緊密な交流が行われ，そして統制は中・下層部まで委譲され，責任は組織各部に広く分散している．公式組織と非公式組織はおおむね重なっており，両者の間に矛盾が生ずることはない．このようにシステム4は，組織内のあらゆる社会的力が目標達成に向かって統合的に機能しているシステムである．

　Likertはシステム4を健全で理想的なシステムとして提示している．この組

織形態へいかに近づけていくかが重要な問題であり，管理者にはコンフリクトをうまく管理することが強調されるのである．この参画的リーダーシップを具現化した組織形態がリンキング・ピン組織であり，管理者は上下の2つの職場集団をつなぎとめている連結ピンの役割を果たしているのである．

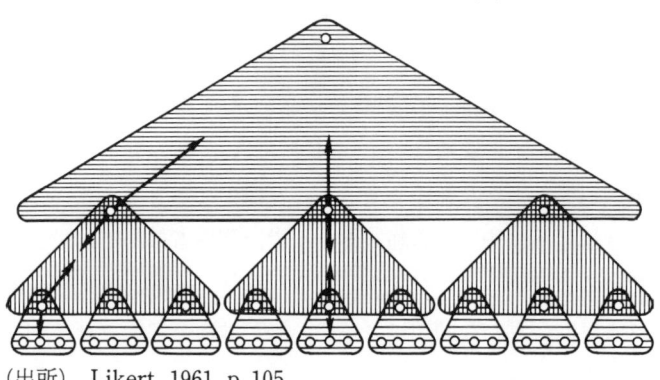

図 4-23 Likert のリンキング・ピン組織

(出所) Likert, 1961, p. 105.

(c) マネジリアル・グリッドと PM 理論

リーダーシップの有効性についての二次元アプローチが，Blake = Mouton (1978)によって修正,展開されている．Blake = Mouton は管理者が生産性に払う関心の強さ——業績に対する関心(concern of production)——と人間としての部下に払う関心——人間に対する関心(concern of people)——の二次元を横軸と縦軸にとり，リーダーシップの類型を行った．そしてこのマネジリアル・グリッド(managerial grid)から5つの典型的なスタイル，すなわち1・1型(業績，人間の両方に対して関心が低い)，1・9型(業績への関心は最低で，人間への関心が最高)，9・1型(業績への関心が最高で，人間への関心が最低)，5・5型(業績，人間両方への関心が中程度)，9・9型(業績，人間共に関心が最高)を示し，9・9型の管理者が理想的であるとしている．

他方，三隅(1966)は独自の着想による研究調査の結果，PM理論を提唱した．PM理論はリーダーシップの行動機能類型論であり，Pは Performance の頭

第4章 経営組織 149

図 4-24 マネジリアル・グリッド

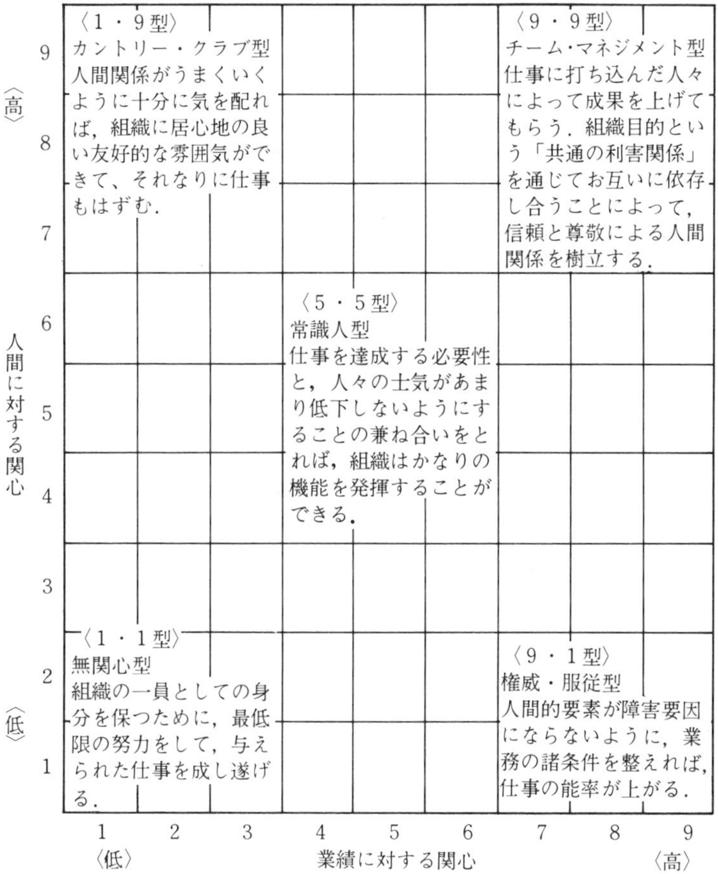

〈高〉	9	〈1・9型〉カントリー・クラブ型 人間関係がうまくいくように十分に気を配れば，組織に居心地の良い友好的な雰囲気ができて，それなりに仕事もはずむ．							〈9・9型〉チーム・マネジメント型 仕事に打ち込んだ人々によって成果を上げてもらう．組織目的という「共通の利害関係」を通じてお互いに依存し合うことによって，信頼と尊敬による人間関係を樹立する．
	8								
人間に対する関心	7								
	6				〈5・5型〉常識人型 仕事を達成する必要性と，人々の士気があまり低下しないようにすることの兼ね合いをとれば，組織はかなりの機能を発揮することができる．					
	5								
	4								
	3								
〈低〉	2	〈1・1型〉無関心型 組織の一員としての身分を保つために，最低限の努力をして，与えられた仕事を成し遂げる．							〈9・1型〉権威・服従型 人間的要素が障害要因にならないように，業務の諸条件を整えれば，仕事の能率が上がる．
	1								
		1	2	3	4	5	6	7	8　9
		〈低〉				業績に対する関心			〈高〉

（出所）Blake = Mouton, 1978, 訳20ページ．

文字で集団の目標達成機能，MはMaintenanceの頭文字で集団維持機能を表わしている．この2つの機能を次元に分け，PM型，Pm(P)型，pM(M)型，pm型の4類型が考えられている．このリーダーシップの型と生産性に関する実証研究の結果，PM型が最も生産性が高く，ついでPm(P)型，pM(M)型と続き，pm型が最低であった．このPM理論は2つの機能と両者の相互作用が集団に及ぼす影響から最適なリーダーシップの行動を研究し，さらにこの最適なリーダーシップの行動にリーダーを教育するプログラムと組織行動

の基本法則を発見しようとしたものである．

図 4-25 三隅の PM 理論

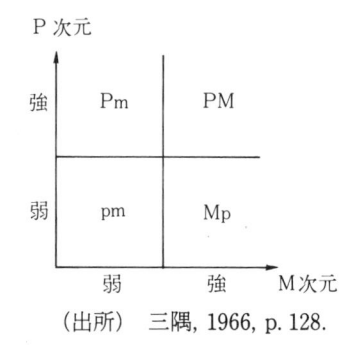

```
P次元
 強   Pm     PM

 弱   pm     Mp
      弱     強    M次元
```

（出所）三隅, 1966, p. 128.

(d) リーダーシップの状況理論

　個人の態度や行動に集団の力がいかに作用するかを研究するグループ・ダイナミックスの創設者である K.Lewin は，人間の行動を $B = f (P, E)$ として定式化した．Bは行動(Behavior)，Pは人(Person)，Eは環境(Environment)であり，行動はPとEの関数として考えられたのである．この行動定式をリーダー行動におけるリーダーシップにあてはめると，$L = f (l, f, s)$ として表わすことができる(Hersey = Blanchard, 1977)．L はリーダーシップ(Leadership)，l はリーダー(leader)，f は部下(follower)，s は状況変数(situational variables)である．このようにリーダーシップの有効性はリーダーシップのスタイルによってのみ決まるのではなく，リーダーをとりまく環境によって決定されると考える理論が状況理論(situational theory)である．

(i) Hersey = Blanchard(1977)のＳＬ理論

　ＳＬ理論(Situational Leadership Theory)は，リーダーの有効性モデルから展開されたものであり，仕事志向的行動・対人志向的行動とマチュリティ(成熟度)との曲線的関係を前提として考えられている(図 4-26)．したがって，この理論は効果的なリーダーシップ・スタイルを部下のマチュリティの程度との関連でとらえているのである．マチュリティ(maturity)とは，「達成可能な，しかし，できるだけ高い目標を設定しようとする本人の基本的姿勢（成就意欲），

責任負担の意志と能力，ならびに，対象となる相手または集団のもつ教育なり経験なりの程度である」(訳 220 ページ) と定義されている．環境変数については，リーダー，部下，同僚，組織，職務，時間がともに重要であるが，特にＳＬ理論では部下との関係で，リーダーの行動に力点をおいているのである．

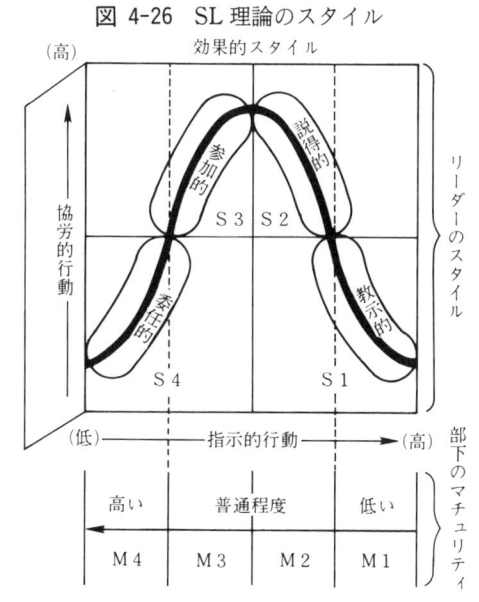

図 4-26　SL 理論のスタイル

（縦軸）協労的行動　（低）――（高）
（横軸）指示的行動　（低）――（高）

効果的スタイル

S3 参加的　S2 説得的
S4 委任的　S1 教示的

リーダーのスタイル

部下のマチュリティ
高い　普通程度　低い
M4　M3　M2　M1

(出所)　Hersey = Blanchard, 1977, p. 170, 訳 232 ページ

ＳＬ理論によれば，部下の課題達成マチュリティのレベルが高められるにつれ，リーダーとしては，相手または対象集団のマチュリティが中程度にいたるまでは，仕事志向的監督（指示的）行動を減じていき，あわせて協労志向的監督行動を増していくことが必要であるとされる．相手または対象集団のマチュリティが平均（中程度）以上のレベルに達した場合，リーダーとしては仕事志向的監督（指示的）行動だけではなく，協労志向的監督行動をも控えることが望ましいのである．こうして相手，または対象集団の課題達成ばかりではなく，心理的にも成熟せしめようとするわけである．相手または対象集団が，自分(たち)自身で"撫和(stroke)"または"強化(reinforcement)"といった社会連帯

的支持を調達できるようになったら，もはやリーダーの側からの社会連帯的支持はあまり必要でなくなってしまう．この段階にいたった相手または対象集団には事細かな指示は，あまり必要でなく，信頼と信用のしるしとして，全面委任することも可能になる．

図 4-25 に示されるように，この 4 つのリーダーシップ・スタイルはつぎのように名称されている．

高指示／低協労リーダー行動（S 1）は，部下の役割を明確にし，何を，どのように，いつ，どこでなどいろいろ作業の仕方を一方的に教えるという特徴をもつので，これを「教示的(Telling)」とよぶ．

高指示／高協労的リーダー行動（S 2）は，ここでもなお多くの指示がリーダーによって下されるので「説得的(Selling)」と名づけられている．この場合，情報交換および社会連帯的支援を通して，部下がリーダーの指示を心理的抵抗なしに受け入れるよう努力が払われる．

高協労／低指示的リーダー行動（S 3）においては，対象となる部下の側に，仕事の遂行に必要な知識と技能が備わっているので，相互の情報交換およびリーダーの促進奨励的行動を通した，双方の意思決定への参画がみられるので，これは「参加的(Participating)」とよばれている．

低協労／低指示リーダー行動（S 4）においては，部下が課題関連マチュリティにおいても心理的マチュリティにおいても高いので，責任権限を大きく委譲し，監督のあり方も大まかなものとなり，部下に「思い通りにやらせる」ことになる．そこで，これは「委任的(Delegating)」と名づけられている．

以上のように，ＳＬ理論は，部下の課題関連マチュリティとの関連で，リーダーシップ・スタイルの有効・無効を考えようとする理論なのである．

（ⅱ） Fiedler(1967)のコンティンジェンシー・モデル

これまでのリーダーシップ論は，最も有効なリーダーシップとは何か，を研究したもので，「唯一最善の方法」を考えてきたのに対し，Fiedler(1967)は「唯一最善」のリーダーシップはなく，状況に応じて有効なリーダーシップは異なるというリーダーシップのコンテンジェンシー・モデルを提唱した．

Fiedler は実証研究を行い，図 4-27 のような研究結果をまとめたのである．この調査にはＬＰＣ(Least Preferred Coworker)尺度が使用された．この尺度は，集団の個人にかつて一緒に仕事をした仲間のなかでうまくいかなかった人を考えてもらい，その彼を 16 項目（各 8 点尺度）にわたって記述させ，それらのスコアを単純集計したインデックスである．ＬＰＣが高いということは，一番好ましくない同僚をより好意的に知覚することを意味し，ＬＰＣの高い人は第一に人間関係を重視することをその尺度は示している．調査の結果から，タスク動機づけ（低ＬＰＣ）リーダーは，セルⅠ，Ⅱ，Ⅲの非常に好意的状況およびセルⅧの非常に非好意的状況のもとにおいて効率的であり，関係動機づけ（高ＬＰＣ）リーダーはセルⅣ，Ⅴのように状況が中程度に好意的状況において有効であることが判明したのである．状況好意性が中程度である状況とは，

図 4-27　状況好意性次元のオクタントにおける LPC スコアと成果の相関関係

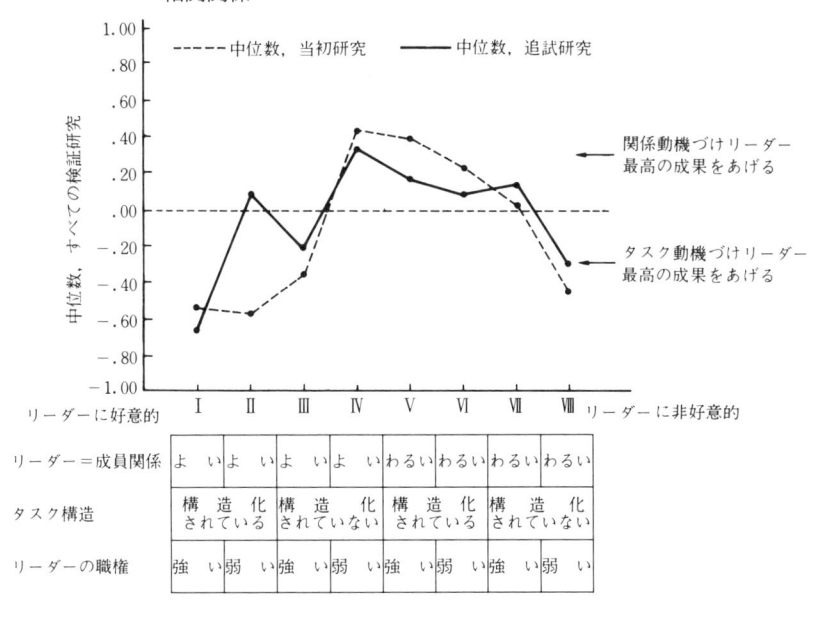

リーダー＝成員関係	よい	よい	よい	よい	わるい	わるい	わるい	わるい
タスク構造	構造化されている		構造化されていない		構造化されている		構造化されていない	
リーダーの職権	強い	弱い	強い	弱い	強い	弱い	強い	弱い

（出所）　Fiedler, 1971, p. 14；野中 他, 1976, p. 240.

表 4-5 主なリーダーシッ

	アイオワ実験	ミシガン研究	オハイオ研究	グループ・ダイナミックス・センター
研究者	Lippitt＝White (Lewin)	Katz et al.	Halpin＝Winer	Cartwrqht＝Zander
発表年	1939年	1950, 51年	1957年	1960年
リーダーシップ類型	民　主　型 自由放任型 専　制　型	従業員志向型 生産性志向型		
リーダーシップ機能の次元	（自　由） （秩　序）	従業員志向 ↓ 集団関係性 監督役割の分化 監督のこまごましさ	配　　　慮 感　受　性 生産性強調 構造づくり	集団維持機能 目標達成機能
注	高自由・高秩序＝民主型 高自由・低秩序＝自由放任型 低自由・高秩序＝専制型	当初は1次元の連続体の両極と考えられていた	共通因子分散 　配　　慮49.6% 　構造づくり33.6%	集団機能概念の提唱

（出所）二村編，1982，pp. 228-229.

①タスクが構造化されているが，リーダーはメンバーから嫌われているため外交的でメンバーの感情を重視しなければならない状況か，②リーダーはメンバーに受容されているが，タスクが構造化されていないため，メンバーの創造性と参加を求めなければならない状況である[7]。

　以上の結果から，Fiedler の提唱するリーダーシップの効率的向上策は，リーダーのパーソナリティや欲求構造を変化させるよりもリーダーの経験の増加，ローテーション，訓練およびリーダーの特性に合わせた部下の選抜，配置，そして状況特性に適合させたタスクの構造化の操作（目標の明確化とガイドラインの付与など），さらにリーダーの地位パワー強化のための昇進，賞罰権限の付与，彼の意思決定の全面的支持，彼の部下への情報集中等による状況好意性を修正することであると考えられる（野中 他，1978）．

プ理論の類型と機能概念

	PM論	マネジリアル グリッド	条件即応モデル	SL理論
	三隅	Blake=Mouton	Fiedler	Hersey= Blanchard
	1964年	1964年	1967年	1972年
	PM型	チーム・マネジメント (9.9型)	高 LPC	高指示・高協労
	P型	タスク・マネジメント (9.1型)		高指示・低協労
	M型	中道型 (5.5型) カントリー・クラブ・マネジメント (1.9型)		低指示・高協労
	pm型	無気力型 (1.1型)	低 LPC	低指示・低協労
	M機能	人間への関心	LPC（対人認知距離） ...... 集団状況 ・リーダーと成員の情緒的関係 ・課題構造	協労的行動 効果性 (成員の成熟度)
	P機能	生産への関心	・リーダーの地位勢力	指示的行動
	P次元とM次元の組合せによる4類型	2次元の組合せ4類型プラス中道型	パーソナリティと状況の組合せ	2つの行動次元と成員の成熟度による3次元モデル
	(行動モデル)	(態度モデル)	(パーソナリティ・モデル)	(行動モデル)

このように，Fiedler のコンティンジェンシー・モデルはリーダーとメンバーの関係，タスク構造，リーダーの職権という環境によって有効なリーダーシップが規定されるという，リーダーシップの環境決定論的立場をとっているのである．

(e) 目標—経路理論

リーダーシップの有効性についての目標—経路理論(Path-Goal Theory)は，その理論的基盤をモティベーションの期待理論においており，とくに管理者に関心を払っている．つまり，この理論の意図はリーダーの行動が部下の動機づけ，満足，そしてパフォーマンスに及ぼす影響を説明しようとすることにある．目標—経路理論によれば，管理者は部下の目標への経路(path)に影響を与えることによって，部下が目標を達成するようにすることができるとされる．

したがって，リーダーシップとは仕事の目標を達成するために部下の報酬を上げたり，報酬への到達経路を明確にしたり，また障害物や落し穴を減少させ，その途上での個人的満足を増大させることによって報酬に容易に到達できるようにすることである(House, 1971)．

このリーダー機能の手段的であることがリーダーシップの目標—経路理論における第一の命題であり，それは，有能で優れた管理者は組織の目標と部下の目標を両方達成できるように部下を援助することを意味している．さらに，この理論はリーダーが部下の目標志向的行動をひきだす際に有効でありうるかは，状況に依存していることを示唆している．リーダーは役割が曖昧で，報酬—賞罰システムをコントロールできる状況下ではその有効性を発揮できるが，タスクがルーティンで，報酬—賞罰システムが固定されている場合，目標—経路の関連を明確にするためのリーダーの試みはパフォーマンスを増大させる一方で，一般に満足の減少を犠牲にする傾向にある．

最後に，目標—経路理論におけるリーダー行動の人間への関心は，目標達成を容易にする限りにおいてのみパフォーマンスの上昇を生みだしうることをこの理論は考えていることを指摘しておかなければならない．

3　組織コンフリクト

組織に発生するコンフリクト(conflict)の重要性が認識され，それに関する多くの研究成果が発表されている．最近の研究によれば，管理者はコンフリクトを処理するのにかなりの時間を費やしており，管理とはコンフリクトを生産的に機能させ，コンフリクトをして仕事の問題に焦点を合わせさせることである．したがって，職務の矛盾，コミュニケーションの欠陥，および組織の有効性との関連でコンフリクトを明らかにすることが管理において重要視されてきている．社会学者の間でも，コンフリクト現象をそれ自体悪(evil)としてではなくて，マネジメントのあり方によって建設的な働きをするものとしてとらえられている．

Thomas(1979)は，組織におけるコンフリクトを2つの対照的命題によって

区分している．第1の命題は調整と能率に関係するもので，ここでの組織コンフリクトは組織の異なるユニットの相互干渉として理解される．第2の命題は最近の研究の主題となっているもので，コンフリクトは組織の革新(innovation)と適応(adaptation)において中心的役割を果たすものとしてみられるのである．すなわち，コンフリクトは現状の重要な問題提起としてみなされるのである(Thomas,1979, p.151)．

　コンティンジェンシー理論で知られる Lawrence = Lorsch(1967)は，組織の分化と統合の視点から高い業績をあげている部門は低業績部門よりもコンフリクトをうまく処理していることを指摘している．つまり，コンフリクトは組織研究の発展に従って，組織の革新や適応に貢献し，組織メンバーを活性化する機能を有するというコンフリクトの潜在的利益が認識されてきているのである．

　組織にはさまざまな制約によって，現実には完全で最適な形態を望みえないのであるから，なんらかのコンフリクトをその組織過程に内包しているのである．したがって，現実の組織モデルとしては合理的官僚制モデルではなく，コンフリクトを容認する組織のコンフリクト・モデルが前提とされなければならない．そのうえで，コンフリクトがもつ機能的な面を活用し，逆機能的側面を極力抑制する戦略がとられなければならない．組織コンフリクトの機能的側面の認識は，コンフリクトの排斥や防止だけではないコンフリクトのマネジメントへと，組織論の研究がその強調点を移していることを物語っているのである．

(1) コンフリクトの定義と研究アプローチ
① コンフリクトの定義

　組織内に発生するコンフリクトはさまざまな形態を呈しており，それを簡単に定義づけることは容易なことではない．そこで研究者たちは，それぞれの立場から，コンフリクトの定義を行っている．たとえば，Robbins(1978)はコンフリクトを「二者あるいはそれ以上の者の間の反対もしくは敵対的相互作用」(p.67)と定義しており，また Thomas(1978)は「二者あるいはそれ以上の当事者の

関係が両立し難くなった状況」(p. 56)としている．これらのコンフリクトの定義は，いずれも組織現象としてのコンフリクトを扱っているので，組織のなかでの個人内コンフリクト(intrapersonal conflict)を定義づけているとはいえない．個人内コンフリクトについては，March=Simon(1958)の「個人もしくは集団が，行為の代替的選択肢の中から一つを選ぶのに困難を経験する原因となるような，意思決定の標準的メカニズムの故障」(p. 112，訳169ページ)という定義があてはまると考えられるが，それぞれの定義はそれぞれの対象となるコンフリクトを前提として規定されていることはいうまでもないことである．

また，コンフリクトの状況特性について，Filley(1975, p.4)はつぎのように述べている[8]．

(1) 少なくとも2つの当事者(個人あるいは集団)がある種の相互作用にまき込まれている．

(2) 事実であれ，関係する当事者に知覚されたものであれ，相互に排他的目標や価値が存在する．

(3) 相互作用は，相手を倒す，降伏させる，押える，あるいは相互に意図した勝利を獲得することをねらった行動で特徴づけられる．

(4) 当事者は相互に対面し，対立する行為とそれに対する反対行為を行う．

(5) 各当事者は相対してパワーの不均衡，あるいは他に対し相対的に有利なパワーの立場を築こうとする．

このように，コンフリクトは現象であるとともに行動として把握され，コンフリクトの発生状況が考えられているのである．

② コンフリクトの研究

コンフリクトを考察しようとするとき，これまでいくつかの研究の対象がみられる．第1のアプローチの対象はコンフリクトの源泉を分析する研究，第2はコンフリクトの発現プロセスを分析するもの，第3はコンフリクトの形態を分類する研究，最後にコンフリクトの解消方法についての研究がある．

(a) **コンフリクトの源泉に関する研究**

この研究はコンフリクトの原因となる要因を分析し，それらによってどうし

てコンフリクトが生ずるかを検討している．源泉については表4-6のようないろいろな要因があげられるが，おおよそ3つのカテゴリーに分類することができるであろう．第1の範疇は組織設計の不備によるもの，つまり組織の構造あるいは目標の不両立といった公式組織の欠陥による原因，第2のカテゴリーは組織メンバーの能力，パーソナリティといった個人特性あるいは集団特性に根ざす要因，第3のグループはいわゆる利害対立といった組織のパワーなどに関係した組織特性による要因が考えられる．

表 4-6 コンフリクトの源泉

研 究 者	コ ン フ リ ク ト の 源 泉
Pondy (1967)	(1)稀少資源の獲得競争，(2)自律への動因 (drives)，(3)サブユニット目標の分岐
Schmidt = Kochan (1972)	(1)目標の不両立，(2)配分された共有資源，(3)相互依存的な諸活動
Robbins (1974)	(1)コミュニケーション，(2)構造（規模，官僚制的資質，スタッフの異種性 (heterogeneity)，監督のスタイル，参加，報酬システム，パワー，相互依存），(3)人間―行動要因（パーソナリティ，役割満足と地位，目標，社会的相互活動）
Filley (1975)	(1)あいまいな管轄権 (ambiguous jurisdictions)，(2)利害のコンフリクト (conflict of interest)，(3)コミュニケーションの障害，(4)当事者の依存，(5)組織の分化，(6)当事者の協調関係，(7)コンセンサスの要求，(8)行動の規制
Katz = Kahn (1978)	(1)組織の特性，(2)利害のコンフリクト，(3)役割期待，(4)パーソナリティと素質 (predisposition)，(5)外的規範，規則と手続，(6)相互作用
Miles (1980)	(1)仕事 (task) の相互依存，(2)地位の非一貫性，(3)管轄上のあいまいさ (4)コミュニケーションの障害，(5)共通資源プールへの依存，(6)仕事履行の基準と報酬システムの相違，(7)ユニットの方位 (orientation) と構造の相違，(8)重要人員 (key personal) の技術 (skill) と特性
Osborn, Hunt and Jauch (1980)	(1)環境と組織要因（不確実性，相互依存，開発資源の減少），(2)ユニット間要因（1．ユニット間の相互依存，a 相互依存の増大，b 相互依存の狭小範囲，2．ユニット間のアンバランス，a 公式権限のアンバランス，b パワーのアンバランス，c 公式権限とパワーのアンバランス，d 地位のアンバランス，e トップのコントロールの弱さ，f 関係の可視性，3．手段・目的のあいまいさ）

(b) コンフリクトのプロセス研究

この研究は源泉からどのようにしてコンフリクトが生じ，またどのようになったときコンフリクトの状況にあるといえるのかといったことに関するものである．代表的研究に Pondy (1967) のコンフリクト・プロセス・モデルがあり，多くの文献に引用されている（図4-28）．このモデルの特徴は，コンフリクトを単なる完結的なイベントとして把握するのではなく，連続的な現象としてとらえていることにある．すなわち，このモデルによれば以前のコンフリクトが現在のコンフリクトの原因となりうることを示している．この考えは，組織が不

連続なものではなく,連続的な組織の存在という点からしても妥当なものであるといえよう.

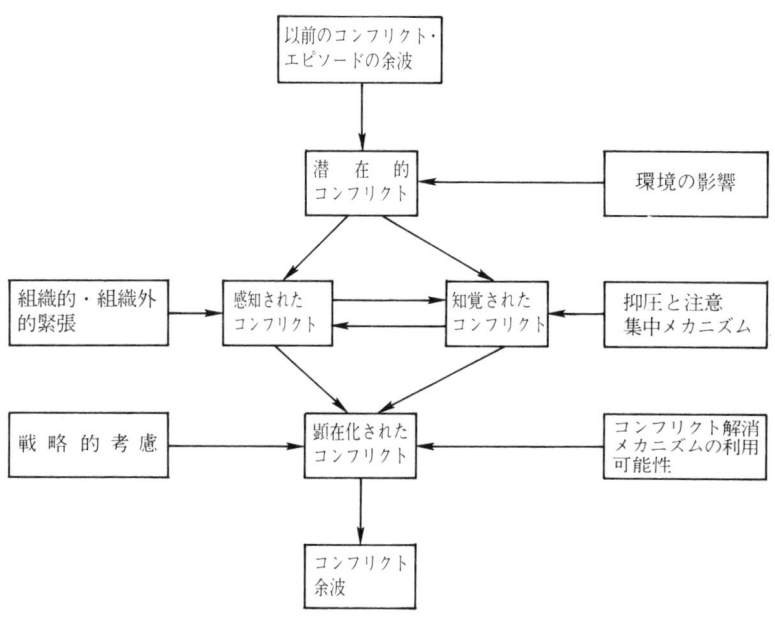

図 4-28 Pondy のコンフリクト・エピソードのダイナミックス

```
                    ┌──────────────┐
                    │以前のコンフリクト・│
                    │エピソードの余波 │
                    └──────┬───────┘
                           ↓
                    ┌──────────────┐      ┌──────────┐
                    │ 潜 在 的      │←────│環境の影響 │
                    │ コンフリクト  │      └──────────┘
                    └──────┬───────┘
                           ↓
┌──────────┐    ┌──────────┐   ┌──────────┐   ┌──────────┐
│組織的・組織外│→ │感知された │⇄ │知覚された │ ←│抑圧と注意 │
│的緊張     │    │コンフリクト│   │コンフリクト│   │集中メカニズム│
└──────────┘    └──────────┘   └──────────┘   └──────────┘
                           ↓
┌──────────┐    ┌──────────┐               ┌──────────────┐
│戦略的考慮 │→ │顕在化された│ ←──────────│コンフリクト解消│
│          │    │コンフリクト│               │メカニズムの利用│
└──────────┘    └──────┬───┘               │可能性         │
                           ↓                 └──────────────┘
                    ┌──────────┐
                    │コンフリクト│
                    │余波      │
                    └──────────┘
```

(出所) Pondy, 1967, p. 306；野中他, 1976, p. 207.

(c) コンフリクトの形態に関する研究

コンフリクトの種類を分類し,整理する研究で,さまざまなコンフリクトの形態が示されている.要約してみると,その形態として,コンフリクトの源泉からみた目標・構造—機能コンフリクト,利害コンフリクト,役割コンフリクト[9]があげられる.また,コンフリクトの当事者の視点から,組織レベルでは組織間コンフリクト,組織内コンフリクトにまず分けられる.ここで組織コンフリクトという場合,とくにことわらない限り組織内コンフリクトを意味しており,組織間コンフリクトについては,組織間関係論で論議されている.そして,組織内コンフリクトは集団間コンフリクト,集団内コンフリクトに分けられ,さらに個人間コンフリクトと個人内コンフリクトに分類される.もちろん,組

織と個人のコンフリクト，集団と個人のコンフリクト，組織と集団のコンフリクトも，当然考えられなければならないことはいうまでもないことである．しかし，組織行動論での組織コンフリクト研究で主に論議されているのは，集団間コンフリクト，個人間コンフリクト，個人内コンフリクトである．

以上のように，組織コンフリクトは源泉からくる形態と当事者による分類が組み合わされて現実のコンフリクトとして生起しているのである．

(d) コンフリクトの解決方法に関する研究

最も多くの研究が行われている分野であり，コンフリクト研究の主要領域である．Follett（1942）はコンフリクトを避けることのできないものとしてその存在意義を認め，コンフリクトを排除するよりも積極的に・建設的に活用するべきであるとした．そしてコンフリクトの解決方法として，Follett は次の3つ方法があるとしている．

　　支配（domination）……一方の当事者が他の当事者を抑圧することによって解決する方法

　　妥協（compromise）……当事者が互いに譲歩し，部分的に犠牲を払うことによって解決する方法

　　統合（integration）……当事者双方の希望を満足させる建設的解決方法

この中で統合がもっとも良い方法であり，妥協はなにも創造しないが，統合はコンフリクト状況にある当事者双方の欲求を同時に満たす解決方法であり，何か新しいものを生み出し，その場を進展させる，としている．

最近の研究によれば，一番建設的な解消方法としての対面解決（confrontation）あるいは問題解決（problem solving）といわれる方法があげられている．ほかに，撤回（withdrawal），強制（forcing），宥和（smoothing），妥協（compromise）といった方法があげられる．

（ⅰ）対面解決あるいは問題解決

この方法は，コンフリクト状況にある当事者たちが自分のとらえた問題の事実や見解についてオープンに情報を交換し，お互いに徹底的に検討しあい，組織全体にとって最良の解決をはかるというやり方である．

（ⅱ）撤　　回

回避(avoidance)ともいわれるもので，コンフリクトを避けるために問題や自己の利益を一時撤回する方法である．長期的な利益はもたらさないが，ある状況においては短期的にみて最もすぐれた代替案となりえるかもしれない．しかし，コンフリクトの本質的な解消にはなんら役立つものではないことは明白である．

（ⅲ）強　　制

当事者のどちらか一方が，知識・職位の力すなわち権限的命令を下すことによって，自分の都合だけで一方的な強制を行うやり方である．しかし，この方法によって解決をはかると当事者の決定事項に対する意欲が半減すると考えられる．

（ⅳ）宥　　和

共通の利益が強調され，対立が覆い隠されてしまうもので，撤回と同様一時的にはコンフリクトが解消されたかにみえても，コンフリクトの本質的解消とはならない．さらに，将来悪化して再起することも考えられる．

（ⅴ）妥　　協

コンフリクトを解消するのに用いられた伝統的解決法であるが，この方法はLawrence = Lorsch(1967)が指摘しているように組織全体の目的からそれる可能性がある．また，この方法はコンフリクト関係にある当事者双方に譲歩を要求するがゆえに，コンフリクトの本質的解消にはならない．

さらに，コンフリクトを解消するために，(イ)資源を拡大すること，(ロ)人間要因を変えること，(ハ)構造変数を変えること，(ニ)共通の敵を明確にすること，というより具体的な解消方法が考えられるのである．

（2） コンフリクトの解決からコンフリクト・マネジメントへ

Robbins(1974)は，組織おいてコンフリクトのもつ意味を考察し，それに対する認識の変容を3つのコンフリクト理論としてつぎのように段階論的にまとめている．

① 伝統的理論(The Traditional Philosophy)

19世紀の末から1940年代のなかごろまでのマネジメントの文献において支配的であった理論であり，現在でも何らかの形で存続している．ここでは，すべてのコンフリクトが破壊的なものとしてみられ，組織におけるすべてのコンフリクトの排除が試みられるのである．

② 行動科学的理論(The Behaivioral Philosophy)

1940年代から登場した理論であり，現在でも組織行動の分野ではポピュラーな考え方である．この理論によれば，コンフリクトは受容され，組織において不可避なものとしてみられ，かつその存在は組織目標に役立つものとして考えられている．しかし，Robbinsは行動科学者のほとんどすべての努力がコンフリクト解消のために向けられていることを指摘し，したがって，この理論ではコンフリクトの解消を求め続けている間は，組織コンフリクトの存在を合理化するという特徴をもつと述べている．

③ インターアクショニスト理論(The Interactionist Philosophy)

この理論の名称はRobbinsによって命名されたもので，組織行動の分野で最近さかんになりつつある研究をさしている．本質的にこの理論は，組織におけるコンフリクトの適切な利用可能性を認識するもので，コンフリクトの発生を先んじて処理したり，組織に有効なコンフリクトを刺激し，推奨するという論理的段階を経るものである．

コンフリクト・マネジメントは第3のインターアクショニスト理論を背景としている．コンフリクトの解消に関する研究の限界は，その対象が明確となったコンフリクトを対象としており，そのコンフリクトをいかに処理するかということにとどまっていることにあるのである．コンフリクト・マネジメントは，コンフリクトが多くのコストをともなうと同時に，利益をももちうるものであるという認識を含んでいる．それゆえ，コンフリクトは必然的に解決され，排除されるというよりも，むしろ管理される必要があると考えられているといえよう(Thomas, 1978, p.56)．そこでは，組織の革新あるいは活性化に結びつく有益なコンフリクトは助長され，そうでない他のコンフリクトは先を見越して

防止され，排除され，解消されることによって適切に処理されるべきものとされるという，コンフリクトをコントロールする一連のプロセスが包含されているのである．つまり，コンフリクト・マネジメントは，組織の現実の問題提起としてコンフリクトを受容するだけでなく，一連の目標を達成し，組織の有効性を高めるための管理的介入を重視するのである．

　これまで述べてきたように，コンフリクトの研究，とくにコンフリクト・マネジメントの研究には2つのセグメントが見いだされる．1つはコンフリクトの分析という側面であり，もう一方はコンフリクトを解消もしくはコントロールするといった実践的側面である．コンフリクト・マネジメントの最初の段階であるコンフリクトの受容可能性の探索においては，まさにコンフリクトのセレクトを行う．コンフリクトといっても多種多様であり，組織にとって有益となるであろうコンフリクトを選別し，また，すでに顕在化しているコンフリクトに関しては，つぎの段階であるコンフリクトの源泉の診断が適用され，管理的介入の戦略が行使されるのである（図4-29）．

図 4-29 Kilmann = Thomas によるコンフリクト・マネジメントのフレームワーク

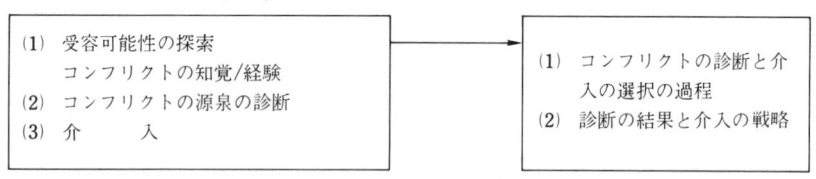

(1) 受容可能性の探索　コンフリクトの知覚/経験　(2) コンフリクトの源泉の診断　(3) 介　　　入	→	(1) コンフリクトの診断と介入の選択の過程　(2) 診断の結果と介入の戦略

　（出所）　Kilmann = Thomas, 1978, p. 60 より作成．

　コンフリクト・マネジメントの成功は，管理者の成功にとってそして組織の成功にとって決定的要因である．コンフリクト・マネジメントはコンフリクトの解消から一歩進んで，コンフリクトの最善の解決をはかり，組織にとってコンフリクトを有効とするだけではなく，コンフリクトの受容可能性を探り，コンフリクトの源泉を判断し，それに基づいて管理的介入の戦略を組織に行使することによって組織の能力を高め，組織に作用しているダイナミックなそして永遠に変化を続ける環境において，組織が生き残ることを可能にするのである．

組織研究の発展につれて，組織ダイナミックスとそれに関与するコンフリクトのメカニズムが明らかにされてきている．組織における支配連合体(dominant coalition)の形成やパワーの問題，そして資源配分などの組織の基本問題が，コンフリクトと密接に関連していることも明白である．つまり，コンフリクトは個人の特徴からではなく，組織の特徴から生ずる組織生活上の不可避なものであることが組織論で強調されているのである(Perrow, 1979, p.154)．

【注】
1) Katz = Kahn(1978)は，すべてのopen systemに共通する事項として，つぎのような10の特性を指摘している．すなわち，エネルギーの投入，変換，産出，事象サイクルとしてのシステム，負のエントロピー，情報の投入，安定状態，差別化，統合と調整，等結果性である．
2) パワー・ベースについては，French = Raven(1959)による5分類（報酬パワー，強制的パワー，正当性パワー，準拠性パワー，専門性パワー）が有名であるが，パワーの源泉との関係がはっきりされていない．Bacharch = Lawler(1980)はそこで，パワー・ベースはある人をして他の行動を操作可能にするような内容ないし手段が問われるべきものであり，パワーの源泉は，パワー・ベースを支配するにいたるアプローチの仕方が問われるべきものである，としている．
3) モティベーション理論のレビューに関しては，坂下 (1985) の優れた業績がある．ここでのモティベーション理論の整理には多くを坂下においている．
4) 二村 編(1981, p.56)の一部を修正して引用．
5) この期待理論との相違は一次結果の「誘意性」の定義によると考えられる．詳しくは坂下(1983, pp.97-98）を参照のこと．
6) 学習理論には，F.L.Thorndike，B.F.SkinnerらのS－R理論とE.C.Tolmanの認知論がある．
7) Fiedler(1967)の研究については，野中 他(1978)に詳しい．
8) Filley(1975, p.4)は野中 他(1978, p.204)を引用．
9) 役割コンフリクトはあらゆる組織にみられるコンフリクトで，職務が複雑になればなるほど役割コンフリクトは起こりやすい．役割コンフリクトについては，Katz = Kahn(1978)を参照．

【参考文献】
二村敏子編『組織の中の人間行動──組織行動論のすすめ──』有斐閣，1981年

加護野忠男『経営組織の環境適応』白桃書房，1980 年
桑田耕太郎・田尾雅夫『組織論』有斐閣，1998 年
三隅二不二『新しいリーダーシップ——集団指導の行動科学——』ダイヤモンド社，1966 年
大月博司『組織変革とパラドックス』同文舘，1999 年
坂下昭宣『組織行動研究』白桃書房，1985 年
C. バーナード，山本安次郎他訳『新訳・経営者の役割』ダイヤモンド社，1968 年
J. ガルブレイス，梅津祐良訳『横断組織の設計』ダイヤモンド社，1980 年
P. ハーシ＆K. H. ブランチャード，山本成二・水野　基・成田　功訳『入門から応用へ　行動科学の展開——人的資源の活用——』日本生産性本部，1978 年
R. E. マイルズ＆C. C. スノー，土屋守章　他訳『戦略的経営』ダイヤモンド社，1983 年
D. A. ナドラー＆M. L. タシュマン，斎藤彰悟監訳『競争優位の組織設計』春秋社，1999 年
P. R. ローレンス＆J. W. ローシュ，吉田　博訳『組織の条件適応理論』産業能率短大出版部，1977 年
S. P. ロビンズ，高木晴夫訳『組織行動のマネジメント』ダイヤモンド社，1997 年

第5章
経営管理

I 意思決定論

1 意思決定の意味

　人間はすべて意思決定を行って自己の行動としている．たとえば，われわれは街へ出かける場合，どんな服装で，いかなるルートで行くかなどいくつかの意思決定をして行動をおこす．企業の場合でも，新工場設立，海外進出，ボーナスの決定，人員採用など，意思決定を抜きにしてはその行動を続けることができない．

　意思決定は人間の行動，組織の行動のあらゆる側面にかかわっているのであり，経営学においてはきわめて重要な概念である．計画化，組織化，統制といった管理職能のいずれにおいても，それぞれが意思決定によって遂行されるのは明らかである．H. Simon (1957) らは意思決定こそマネジメントの本質だとし，意思決定を中心としたいわゆる意思決定論的組織論（管理論）の展開をしている．

　ところで，意思決定は人間の行動でも組織の行動でも，その本質的側面は変わらないといえる．すなわち，意思決定とは「一定の目標を達成するために，

2つ以上の代替案のなかから1つの代替案を選択するプロセス」であり，一定の目標を達成するために意識的に行動するときには必ずそれに先立って意思決定のプロセスがあるのである．

意思決定のプロセスは，問題の知覚─→代替案の探索─→代替案の実行結果の予測─→代替案の評価─→選択 という形でよく整理されるが，Simon (1977)はこれを4つの局面からとらえている．すなわち決定のための機会をみいだすこと，可能な行為の代替案をみいだすこと，行為の代替案のなかから選択を行うこと，および過去の選択を再検討するなどがそれである．これらはまた，つぎのような名称がつけられている．

（1） インテリジェンス活動：意思決定が必要となる条件をみきわめるため環境を探索すること
（2） デ ザ イ ン 活 動：可能な行為の代替案を発見し，開発し，分析すること
（3） 選 択 活 動：利用可能な行為の代替案のなかから，ある特定のものを選択すること
（4） 再 検 討 活 動：過去の選択を再検討すること

しかし，このような一連の意思決定のプロセスは決定前提（decision premises）によって影響されるのであり，その内容となると意思決定者しだいで変わってこざるをえない．意思決定は，目的，代替案，代替案の結果，評価基準などの各要素からなっており，それぞれに対して決定前提が考えられるからである．決定前提は意思決定が行われる場合の前提条件となるものであり，Simon (1957)によると，目標や結果の評価基準となる「価値前提」と問題解決の材料となる事実的条件である「事実前提」の二種類に分けられる．価値前提は事実前提と異なり，それが客観的に真実かどうか判断できないものであり，しかも，目標の設定に大きくかかわってくるので，これらを前提とした意思決定が全体として適切なものかどうか評価するのは不可能である．可能なのは，代替案の選択が目標達成のための手段として適切かどうかだけである．

目標と代替案との事実的関係から，目標達成のために適切な代替案が選択さ

れた場合，これを意思決定の合理性という．最適化意思決定モデルは，こうした意思決定の合理性を達成した姿であり，（1）客観的に存在するすべての代替案，（2）それら代替案のもたらす結果のすべて，（3）代替案の順位づけのための評価基準，（4）最高評価の代替案の選択，の各条件を満たすことが可能な場合の意思決定である．

しかし，現実にはこのような意思決定の合理性を確保することは不可能といってよい．なぜなら，人間の行動にはさまざまな制約がともなっているからである．たとえば，情報や知識の不足，能力の限界，価値観や目標の多様化によって，すべての代替案の探索，結果の予測，順位づけなどは不可能となるからである．

このため，意思決定における合理性，すなわち最適化意思決定は現実的モデルではなく理念的モデルにしかすぎないといえる．現実的には，意思決定者はさまざまな状況に取り囲まれながらも，いいかえると，制約された合理性(bounded rationality)に基づいて意思決定を行っている．これは，満足化原理による満足化意思決定というものであり，人間仮説としては，最適行動を探求する経済人モデル(economic man model)ではなく，満足行動を志向する管理人モデル(administrative man model)が妥当なものとして採用されている．

満足化意思決定モデルでは，すべての代替案を探索する必要がなく，代替案はその予測が満足基準を上回っているかどうかで判定され，もし上回っていればそれが選択されるのである．最適化意思決定はすべての代替案のなかから最適なものを選ぶことが特質なのに対して，満足化意思決定の場合は，代替案を逐次的に探索していくうちに満足基準を上回るものがあればそれで探索活動を終了し，選択へと移るのである．このモデルは，人間の能力の限界から当然でてきてしかるべきものである．また，もし満足基準以上のものがなさそうならば基準を下げたり，またそれが低すぎると感じるときは上げたりして，経験適応的に意思決定がなされるのもこの意思決定の1つの特徴になっている．

2 意思決定のパターンと構造

　意思決定は個人ばかりでなく組織の問題でもあり，その内容によっていろいろなパターン化が可能である．ある問題を解決するために意思決定が行われる場合，その問題がどのような特質，性格をもっているか，またどのような状況で行われるかに応じて，意思決定はパターンとして識別することができる．

　当面の問題が反復的，ルーティン的なもので，それに対する解決策が経験的に決まっている場合があるが，このように反復的に生起する問題に対する意思決定は定型化されることが多く，これをプログラム化できる意思決定ないしは定型的意思決定 (programmed decisions) という．たとえば，レストランのウェイターが客にコーヒーをこぼしたとき，責任者はどう意思決定するかとか，在庫管理において，ある商品の在庫が不足したならばどうするかなどは，あらかじめ決められた手続きによって事が処理される．

　これに対して，当面の問題が反復的でなくまったく経験のないような場合，意思決定者はその問題解決のために，非定型的に一連の意思決定プロセスによって対処しなければならない．このような場合，過去にうまくいったケースが蓄積されてないので意思決定をプログラム化することは難しく，この意味からこれをプログラム化できない意思決定とか非定型的意思決定 (nonprogrammed decisions) という．たとえば，新製品の開発，外国への進出などは非定型的意思決定の例である．

　厳密な意味での意思決定はすべて非定型的意思決定を指すといえるが，定型的意思決定もこれまでに積み重ねてきた意思決定の結果そうなったといえるので，一連のプロセスを実際に経ていないからといって，意思決定からはずすことにはならない．

　ところで，このような定型―非定型の区別は明確にできるといったものではない．それは，両者を両極端のモデルとする見方によるものであり，現実の意思決定はこの両端のいずれかにちかいパターンとして行われるのである．しかしなお，一応理論モデルとして区別すると，そこにはそれぞれに適した技法があることがわかる．表5-1はそれをまとめたものである．

表 5-1 意思決定のパターンと技法

意思決定の種類	意思決定技術	
	伝　統　的	現　代　的
プログラム化しうるもの： 日常的反復的決定 （これらを処理するために 特別な処理規定が定めら れる）	(1) 習慣 (2) 事務上の慣例： 　　標準的な処理手続 (3) 組織構造： 　　共通の期待 　　下位目標の体系 　　よく定義された情報 　　網	(1) オペレーションズ・リサ 　　ーチ： 　　数学解析モデル 　　コンピュータ・シミュ 　　レーション (2) 電子計算機によるデータ 　　処理
プログラム化しえないもの ：一度きりの構造化しにく い例外的な方針決定 （これらは一般的な問題解 決過程によって処理され る）	(1) 判断，直観，創造力 (2) 目の子算 (3) 経営者の選抜と訓練	発見的問題解決法 （これは以下のものに適用さ れる） （a）人間という意思決定者へ 　　の訓練 （b）発見的なコンピュータ・ 　　プログラムの作成

（出所）　Simon, 1977, 訳 66 ページ．

以上のような決定プロセスによる区分とは別に，その扱う内容から組織にお
ける意思決定はつぎの3つに分けることもできる（Ansoff, 1965）．
　（a）　戦略的意思決定……企業の内部よりも外部の問題に関係があるもの
　　で，たとえば，企業がこれから生産しようとする製品の構成とそれを販
　　売しようとする市場との結合を選択すること．すなわち，どんな業種に
　　属し，どんな市場に参入しようとするかの決定．
　（b）　管理的意思決定……最大の業務能力を生み出すように企業の資源を組
　　織化するという問題にかかわるもの．いわゆる組織機構にかかわるもの
　　と，他は資材，人材，資金などの調達と開発に関するものの決定．
　（c）　業務的意思決定……企業にインプットされた資源の変換プロセスの効
　　率を最大にすること，いいかえると，現行の諸業務の収益性を最大にす
　　ることが目的とされて行われる決定．
これらはいずれも相互依存的，かつ補完的な関係にあるといえる．たとえば，

管理的意思決定は戦略的意思決定の範囲内という制約がもたらされるし，戦略的意思決定にしてもそれが管理的，業務的の各決定が可能であるようなものに限られるからである．またこれら3つの意思決定は，厳密的ではないが，組織のトップ・ミドル・ロワーの各階層において行われる決定とみなすこともできる．しかも，戦略的意思決定は構造化されてない問題に対するものであり，それも反復的，日常的になされるものではないので非定型的意思決定の傾向があるといえる．一方，管理的意思決定，業務的意思決定とレベルが下がるにつれ，構造化された問題に対するものが多くなり，それらは定型的意思決定になる傾向があるといえる．

図5-1は意思決定のパターンと組織における意思決定の構造の関係を表わしたものである．

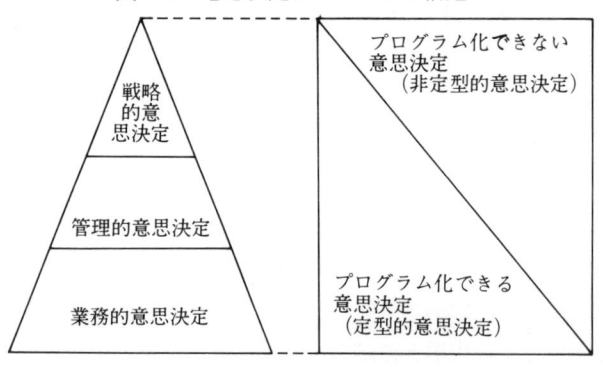

図 5-1　意思決定のパターンと構造

なお，意思決定のパターンは上述のような分類だけに限定されるものではない．たとえば，決定主体による分類として個人的意思決定と集団的意思決定とか，そのほかにも，集権的意思決定と分権的意思決定，長期的意思決定と短期的意思決定など，いろいろな観点から意思決定のパターンを識別することができるのである．

3　組織の意思決定

これまでは意思決定を個人レベルとか組織レベルとかに限定しないで述べて

きた．では，こうしたレベルを踏まえて意思決定を考えてみたらどうなるのだろうか．

組織の時代といわれるように，われわれはいまや組織とのかかわりを抜きにして生きることはできない．すべての人が組織と何らかのかかわりをもち，組織メンバーとしての行動をしなければならなくなっている．

組織メンバーの意思決定の場合，その性格からして2つに分けることができる．1つは，組織に参加するかどうかの決定で個人的意思決定といわれるものである．これは，個人の目的達成のための決定，いいかえるなら，個人人格にのっとった意思決定といえる．もう1つは，組織の誘因に応じて組織に参加した場合の決定で，組織に提供する貢献を具体的にどんな種類でどの程度のものにするかを決定する組織的意思決定といわれるものである．これはいわば，組織目的達成のための決定であり，メンバーの組織人格にかかわるものといえる．

ところで，こうした二種類の意思決定は組織内外からのさまざまな種類の影響力を反映するものである．なぜなら，個人人格や組織人格の各側面はその環境状況しだいで変わりうるからであり，それらに基づく意思決定は影響を受けた結果だからである．組織メンバーの意思決定を解明するためには，このような影響力が決定にいかに作用するかを明らかにすることが必要である．

すでに述べたように，意思決定は決定前提に基づいて行われるわけだから，決定前提の側面に組織内外から何らかの影響力が及ぶと，意思決定それ自体が影響されることになる．意思決定に及ぶ影響とは，実は，決定前提にかかわるものなのである．

組織はそのメンバーに対してさまざまな影響力を行使し，組織的意思決定がなされるように仕組まれている．では，その影響様式とはどのようなものであろうか．Simon(1957)はこれについて，メンバーに対する他からの影響である権限，コミュニケーション，その心理的状態の影響である組織への忠誠心，能率の基準，訓練などをあげている．

権限の行使と組織への忠誠心の養成は，組織メンバーの価値前提に当該組織が影響を及ぼすための2つの主要な手段となることを示している．これに対し

て，能率の基準は事実前提に影響を及ぼすためのものである．能率的であることは，単に，目標の達成に対して，最短の道をとることを意味しているにすぎないからである．また，コミュニケーションと訓練は決定前提の両者にかかわるものといえる．

組織にとって必要なメンバーの意思決定は，いうまでもなく，組織的意思決定である．したがって，組織メンバーに及ぼす影響力はこの側面を助長する点に向けられることになる．組織は，その目的達成のために，組織的意思決定を全体として相互に調整し，ネットワーク化することが必要なのである．

意思決定のネットワーク化はその構造化の違いによっていろいろなパターンに分けられる．たとえば，職能部門制組織，事業部制組織，マトリックス組織などは意思決定のネットワークの違いを表わしているといえる．

組織メンバーの組織的意思決定がこのようにネットワーク化されると，そこに組織の意思決定という現象をみることができる．組織的意思決定はあくまでも個人レベルのものであり，組織の意思決定こそ組織のレベルのものといえる．組織の行動は個人レベルの意思決定が合成されたものとしてでてくるのであり，それが組織の意思決定として把握されるのである．

企業は多角化，海外進出，合併などいろいろな決定を組織レベルで行っているが，これを分析するには，意思決定のネットワークを把握するとともに，その決定がどの範囲のネットワークで行われたか，どんな合成的意思決定によったものかを明らかにすることが必要といえよう．

II 経営管理論

1 プロトタイプとしての Fayol 経営管理論

H. Fayol は長年の経営者としての経験から，管理の重要性と管理教育の必要性を認識していた．Fayol(1916) は「経営」と「管理」を明確に区別し，経営とは「企業に委ねられているすべての資源からできるだけ多くの利益をあげ

るよう努力しながら企業の目的を達成するよう事業を運営すること」であり，管理は「経営がその進行を確保せねばならない本質的六職能の1つにすぎない」としている（p.5，訳10ページ）．そして，その経営の本質的職能は，

　技術職能(fonction technique)-生産，製造，加工
　商業職能(fonction commerciale)-購買，販売，交換
　財務職能(fonction financière)-資金の調達と運用
　保全職能(fonction de sécurité)-財産と従業員の保護
　会計職能(fonction de comptabilité)-棚卸，貸借対照表，原価計算，統計など
　管理職能(fonction administrative)-計画，組織，命令，調整，統制

の職能からなっているとされる．この6つの職能のうち管理職能は，経営者の役割がもっぱらこの職能であるかのようにみられるほど大きな地位を示している．管理職能は，①事業の全般的活動計画を作成すること，②組織体を構成すること，③諸努力を調整すること，④諸活動を調和させることを任務にしているのである．さらに，この管理職能は5つの「管理要素」(éléments d' administration)からなるとFayolは定義した．つまり，「管理する」とは，計画し(prévoir)，組織し(organiser)，命令し(commander)，調整し(coordonner)，統制する(contrôler)ことなのである．

　　計画するとは，将来を探求し，活動計画を作成することである．
　　組織するとは，事業経営のための，物的および社会的という二重の有機体を構成することである．
　　命令するとは，従業員を職能的に働かせることである．
　　調整するとは，あらゆる活動，あらゆる努力を結合し，団結させ，調和を保たせることである．
　　統制するとは，樹立された規則や与えられた命令に一致してすべての行為が営まれるよう監視することである．

Fayolによれば，管理職能は他の5つの本質的職能と同様に組織体のトップ・マネジメントと従業員で分担されるべき職能である．そして彼は，管理概念は経営者に固有のものではないとしてその普遍性を強調する一方で，従業員の重要能力は事業の特質を示す専門的能力（技術，商業，財務，保全，会計）であり，トップ・マネジメントの重要能力は管理能力であるとも認識していたのである．したがって，企業の発展・存続を確保するためには，管理の学理（une doctorine administration）を樹立し，管理教育によって管理概念を拡充することが重視されたのである．

　また，管理職能はもっぱら従業員にだけかかわり，その管理職能を行うには道具としての組織体が必要となるが，その組織体を健全に機能させるものこそが管理の原則であると Fayol は主張している．原則は航海にて進路を決定させる燈台であり，燈台は港への航路を知っているものにのみ役立ちうるとしながらも，自己の経験より次のような14の「管理の一般原則」（principes généraux d'administration）を示した．

（ 1 ）　分業（la division du travail）
（ 2 ）　権限（l'autorité）
（ 3 ）　規律（la discipline）
（ 4 ）　命令の一元性（l'unité de commandement）
（ 5 ）　指揮の一元性（l'unité de direction）
（ 6 ）　個人的利益の全体的利益への従属（la subordination des intérêts particuliers à l'intérêts général）
（ 7 ）　報酬（la rémunération）
（ 8 ）　権限の集中（la centralisation）
（ 9 ）　階層組織（la hiérarchie）
（10）　秩序（l'ordre）
（11）　公正（l'équité）
（12）　従業員の安定（la stabilité du personnel）
（13）　創意（l'initiative）

(14) 従業員の団結 (l'union du personnel)

以上概観したごとく，Fayol は企業経営を技術，商業，財務，保全，会計，管理という6つの職能からなると考え，このなかでとくに全般的経営に関する管理の概念を重視した．管理職能は計画，組織，命令，調整，統制という5つの要素からなるプロセスとして把握され，この考え方は現在の経営管理過程論のプロトタイプとなっている．

2 経営管理論

経営管理（management あるいは administration）[1]は，企業のみならず政府，自治体，学校，病院，教会，軍隊，そして家計などあらゆる組織体の運営に共通であると考えられている．管理は基本的にプラン(Plan)—ドゥー(Do)—シー(See)——略して P—D—S——のマネジメント・サイクルという一連のプロセスであると理解される．P—D—S の内容については，理論家によって若干の相違がみられるものの（表5-2）ここでは計画化(Planning)—組織化(Organizing)—指揮(Leading)—統制(Controlling) として把握することにする（図5-2）．管理とは「人々をして効率的に活動を行い，目的を遂行する普遍的なプロセスである」と定義できる．管理者は目的の達成度を意味する有効性

表 5-2 管理要素

年代	人名	計画	組織化	命令	調整	統制	その他
1916	H. Fayol	○	○	○	○	○	
1934	R.C. Davis	○	○			○	
1949	L.F. Urwick	○	○	○	○	○	予測
1964	J.L. Massie	○	○	○		○	人員配置 伝達 決定
1966	H.G. Hicks	○	○			○	伝達 動機づけ 創造革新
1970	H. Koontz =C. O'Donnell	○	○			○	人員配置 指令−指揮
1970	高宮 晋	○	○		○	○	動機づけ

図 5-2 管理プロセス

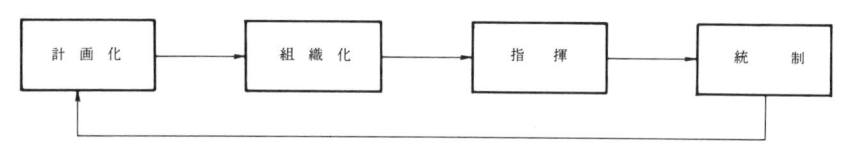

```
┌─────┐   ┌─────┐   ┌─────┐   ┌─────┐
│計画化│──→│組織化│──→│指 揮│──→│統 制│
└─────┘   └─────┘   └─────┘   └─────┘
   ↑                                    │
   └────────────────────────────────────┘
```

(effectiveness)と希少資源の最適配分である能率(efficiency)を同時に考えなければならない．目的は計画化によって決定され，希少資源の配分は計画化と組織化に関連する．指揮は人々を通して目的を達成することであり，統制は設定された目的と成果を比較して必要ならば行動を修正することを含んでいる．

（1）計 画 化

計画化とは，遂行される目的とその目的を達成する手段をあらかじめ決定することである．つまり，計画化は何を行うか，それをいかに，いつ，どこで行うか，そして誰が行うかを決めることである．計画化は現状と理想とのギャップを橋渡しすることであるがゆえに，4つの職能のうちでも最も基本的な職能であるといえる．

計画化は目的設定によって開始される．目的は組織の経済的，社会的，サービス的側面を包括し，組織メンバーの活動が組織に積極的に貢献しているかどうかを明確化できるようなパラメーターを設定したものでなければならない．つまり，企業は適正利潤のみならず，マーケット・シェアの改善，新しいそして革新的な政策，所得の安定化と増大，企業イメージの向上など多くのことを考えなければならない．そのため，ひとたび基本的な目的を通して組織の存在が明確にされれば，管理者は下位目的の設定と予測を行わなければならないことになる．具体的な下位目的としては，たとえば利益率，成長，新規市場への参入，生産性，顧客の満足，社会的責任などがあげられる．

予測とはデータを収集し，将来を仮定するプロセスである．将来についての予測には，組織の外部変数と内部変数についての情報が収集されなければならない．外部変数には政府の行財政政策，国民総生産の伸び，価格の変化，人口

動向，技術，そして内部変数としては組織の生産物やサービスの状況，財務内容，人材，資源などが考えられる．

　計画の種類を具体的にあげると，期間を基準にした①長期計画（5年以上），②中期計画（1年から5年），③短期計画（1年以内），組織のレベルによる①戦略的計画，②管理的計画，③業務的計画，そして①全体的計画と②部分計画，さらに計画の継続性・反復性をもとにした①定例計画と②臨時計画があげられる．

(2) 組 織 化

　組織化とは，遂行されるべき諸活動，それを遂行するための人事，そして必要な物的要因間の関係を組織の諸原則によって創設することである．管理者は入手可能な資源を調整し，能率的で有効的な目的達成を助長するべく，組織を設計しなければならない．職務分担の決定，人員配置，そして階層化の原則，専門化の原則，スパン・オブ・コントロール，権限[2]と責任の同一化といった組織の諸原則がこの組織化のガイドラインとなる．

　計画化に従い目的達成のために最大限の組織成果をうることが重要であり，常に環境に適合するように組織化が行われなければならない．公式組織構造の設計には，たとえば職能部門制組織から事業部制組織へ，プロジェクト組織あるいはマトリックス組織の採用，さらに委員会制の導入があげられる．また，タスク構造の修正にはプロジェクト・チームといったタスク・フォースの活用，職務拡大，職務充実，フレックス・タイム制の導入が考えられる．

(3) 指　　揮

　指揮とは，計画化で設定された目的を遂行するために組織メンバーを導き，協働意欲を確保することである．指揮にはモティベーション，リーダーシップ，コミュニケーション，コンフリクト・マネジメントの問題領域がある．管理者はコミュニケーションを通して部下を動機づけ，リーダーシップを発揮することにより組織の目的達成に必要な諸活動を確保しなければならない．

モティベーションは極度に複雑な欲求集合の結果であることを管理者は認識する必要がある．管理者は有効に動機づけるために部下の本当の欲求は何かを知り，部下が仕事の成果を通して欲求を充足できる方法を考えなければならない．指揮の局面においては，組織行動論の研究成果を十分に活用することにより，組織の目的が達成されると同時に組織メンバーの欲求が満足される．その結果として，組織の成長・発展が期待されるのである．

(4) 統　　制

統制とは，計画に照らして遂行された活動とその結果の測定，そして計画に従った諸目的達成への逸脱があった場合の修正を行うことである．統制はつぎのプロセスであると理解される（図5-3）．

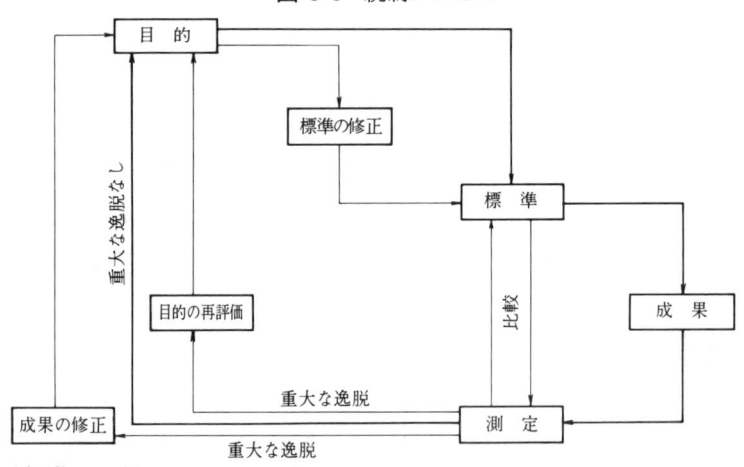

図5-3　統制プロセス

（出所）　Robbins, 1980, p. 377.

①実際の成果の測定
②違いがあるかを知るために測定結果を標準(standard)と比較すること
③修正行動を通して重大な逸脱を修正すること

(Robbins, 1980, p.376)

逸脱した組織行動や成果が修正される場合，統制は計画化，組織化，指揮の

職能を合わせもつことになる．標準に対する逸脱の許容水準を決める統制規準(control criteria)としては，量，質，コスト，時間が一般に考えられよう．具体的な統制技法として，費用―利益分析(cost-benefit analysis)，PPBS(Planning-Programming-Budgeting System)，ゼロ・ベース予算(zero-base budgeting)などが知られている．

III 経営管理各論

経営管理は基本的に P―D―S のプロセスとして把握され，ここでは計画化→組織化→指揮→統制として各管理プロセスの要素について説明してきた．では，実際の管理としてどのような分野があるであろうか．経営活動が行われる組織としてもっとも典型的な組織である企業には，実践としてさまざまな管理が行われている．企業は一般にヒト（人），モノ（物），カネ（金），そして情報という経営資源から構成されていると考えられる．したがって，管理は大別するとヒトの管理，モノの管理，カネの管理，情報の管理からなっているといえよう．ヒトの管理は人事・労務管理，モノの管理は生産管理とマーケティン

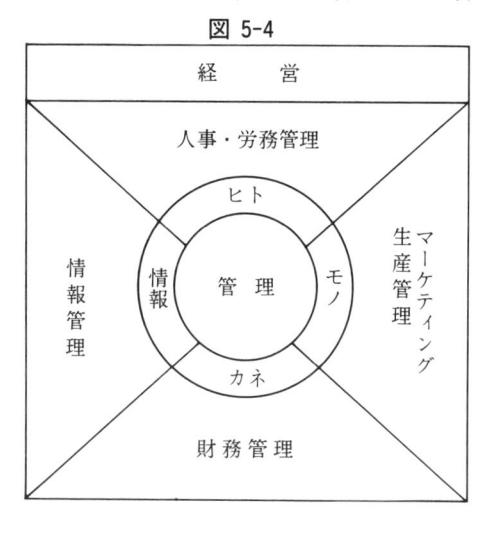

図 5-4

グ，カネの管理は財務管理，そして情報の管理は経営情報管理および事務管理（最近では経営戦略の展開，コンピュータの導入によって，全社的な視野に立つ経営情報管理がより重要となっている）として具体的に展開している（図5-4）．ただ，これらの管理は独立したものではなく，相互に密接した関係にあり，全社的観点からのトップ・マネジメントの経営管理によって相互に関連づけられ，調整され，統合されなければならない．

1 人事・労務管理

「企業は人なり」とは，よく聞かれる言葉である．企業組織はヒト・モノ・カネ・情報という各システムから構成されていると把握される．実際の組織活動を担うヒトはとくに重要であり，組織メンバーの管理が企業の将来を決定してしまうといっても過言ではない．

従来，労務管理は工場の作業レベルにおける人間（ブルー・カラー）の管理，人事管理はホワイト・カラーを主に対象として使用される傾向にあったが，現在ではほとんど区別なく，ここでは人事・労務管理として扱っている．

初期の人事・労務管理の内容は，職務分析，職務記述書と職務明細書の作成，心理的検査，従業員の面接と選抜，人事考課，昇進の基本方針，労働補充率の分析，教育訓練，そして遅刻，欠勤に類するさまざまな問題処理などであった．しかし，現在「人こそ企業の最大の資産である」という人的資源管理の考え方が一般的となり，単に企業組織メンバーから最大限の努力・能力を引き出すにはどうしたらよいかという管理ではなく，組織メンバーの目的と組織の目的を一致させ，自ら進んで生活の場である組織に貢献し，組織の目的達成をするとともに組織メンバーの目的を達成し，自己実現の欲求を満足させるにはどのような管理が適切なのかが人事・労務管理の主眼となっている．

具体的な人事・労務管理の対象として，（ⅰ）採用・教育訓練，人事考課，解雇，退職に関する人事管理，（ⅱ）賃金管理，（ⅲ）労働時間管理，（ⅳ）福利厚生管理，（ⅴ）安全・衛生管理，（ⅵ）労使関係管理などがあげられる．ここでは，（1）採用，教育，訓練に関する管理，（2）賃金管理・労働時間管理，（3）労使

関係管理について簡単に説明する．

(1) 採用・教育・訓練

　企業はまず第1に人材を集めなければならない．企業にとって必要な能力をもった人を見つけだすことは，その死活にかかわるほど重要な問題である．欧米社会では，職務(job)に必要な能力をもった人材を企業は募集する傾向にある．したがって，企業が要求する能力が明確で，その職務遂行能力が備わった人を雇用するといういわゆる能力主義に基づく採用形態が一般的である．一方，わが国では社会的慣行として4月に新卒者を一括採用するという，日本的経営の特徴としてあげられる方法が大企業を中心として一般的にとられている．この場合，欧米とは異なり明確な職務遂行能力を前提とするというよりは，各人のもっている潜在能力の発見が人員採用の際に主眼となり，勢い採用に関しては学歴主義的傾向をもつという特徴がある．そのため日本企業では，各社独自の社内教育システムによる人材育成が人事・労務管理の主要職務となっている．

　教育・訓練としては，①研修制度，②OJT(On the Job Training：職場内訓練)，③TWI(Training Within Industry)，④QCサークル活動（最近では全社レベルでのTQC＝Total Quality Controlが日本の企業で展開している）が多くの企業で広く行われている．また，教育・訓練技法としては，①感受性訓練(sensitivity training)，②ロール・プレイング(role playing)，③ブレーン・ストーミング(brain storming)，④KJ法が広く普及している．

(2) 賃金管理と労働時間管理

　企業すなわち組織への貢献に対して支払われる報酬としての賃金は，組織メンバーの労働意欲（貢献意欲）を左右するだけに適正なものでなければならない．賃金は，基本的に時間給，出来高給に分けられる．また，支払いの算定期間によって時給，日給，月給，年給が考えられるが，わが国の場合，月給制が一般的である．賃金体系については，その一例として図5-5のように示すことができよう．また，ボーナス，退職金についても賃金管理の主要な事項である．

図 5-5 賃金体系の一例

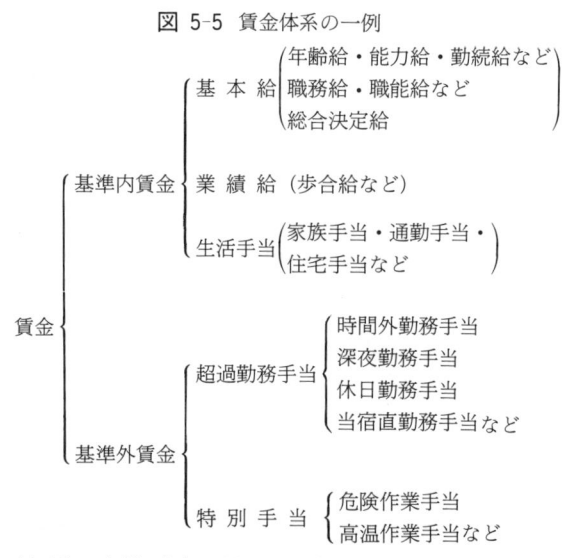

賃金
- 基準内賃金
  - 基本給
    - 年齢給・能力給・勤続給など
    - 職務給・職能給など
    - 総合決定給
  - 業績給（歩合給など）
  - 生活手当
    - 家族手当・通勤手当・住宅手当など
- 基準外賃金
  - 超過勤務手当
    - 時間外勤務手当
    - 深夜勤務手当
    - 休日勤務手当
    - 当宿直勤務手当など
  - 特別手当
    - 危険作業手当
    - 高温作業手当など

（出所）　山城=森本, 1984, p. 129.

労働時間に関しては，労働基準法に定められているとおり週48時間労働を基準として，①所定外労働時間の削減，②週休2日制の導入，③有給休暇の完全消化および長期休暇の充実がはかられている．さらに，労働時間の設定にもフレックス・タイム制，在宅勤務など就業形態の多様化にそった労働時間制が導入されてきている．

（3）労使関係管理

企業で働く従業員は労働者として使用者（経営者）と対等の立場にあることが法的にも，社会的にも認知されており，労働者には労働三権（団結権，団体交渉権，争議権）が保証されている．したがって，仕事の諸条件に関しては使用者が一方的に決定できるのではなく，労使双方の協議によって決定されるという合理的システムが必要であり，その意味で労使関係管理は企業管理のなかで重大な地位を占めている．労働者が実際に経営側と交渉をもつのは多くは労働組合（労働者が組織的団結によって利益を確保し，企業における地位を向上させるための組織）[3]によってである．

近年，経営協議会の設置など労働者の経営参加が進んできており，西ドイツの共同決定法 (1951年4月，1976年3月) はそのよい例である．また，EC (欧州共同体) においてもドイツの労使協議制を義務づけようとする動きがみられ，労使双方の利益を擁護する協調的労使関係を目指すという労働者の経営参加が世界的趨勢であるといえよう．

2 生産管理とマーケティング

顧客の必要とする製品・サービスを提供することによって，企業あるいは他の組織は存続・発展する．製品・サービスを生産することが生産管理の分野であり，その製品・サービスを顧客にとどける活動がマーケティングである．

(1) 生産管理

生産管理は F.W.Taylor の科学的管理法以来，いちじるしい発展を遂げてきている．フォード・システムとして知られるベルト・コンベアー・システム，オートメーション・システム（たとえば，最近では高生産性をあげているシステムとして世界的に注目されているトヨタ式生産方式，通称かんばん方式などがある）といった工場レベルの生産管理は経営工学 (industrial engineering)，経営科学 (management science) の分野で努力が重ねられ，大きな成果を生んでいる．最近は，通信技術・コンピュータ技術の発展によって CAD/CAM (Computer Aided Design／Computer Aided Manufacturing) による設計工程管理，ロボットやマシニング・センターを用いた生産などが実施され FMS (Flexible Manufacturing System) が可能となるとともに FA (Factory Automation) 化が一段と進んでいる．さらに，遠く離れた場所から工場を管理するバーチャル・ファクトリーなども登場してきている．

また，生産管理には製品をつくるというそのものだけではなく，生産計画・日程計画の立案・作成（代表的な技法としては，PERT，CPM がある），品質管理 (ZD 運動，QC サークルなど)，在庫・設備についての資材管理（具体的手法として，ABC 分析，価値分析がある），購買管理，外注管理なども含まれる．

（2） マーケティング

　企業活動において，販売は製造とならんで基本的な職能である．マーケティングとは「企業の生産した製品・サービスの市場への対応行動，またそこにおける企業の姿勢を含んだ業務活動」であり，この意味でマーケティングは単なる販売管理ではなく，それを包括した概念である．マーケティングには販売活動のほかに市場調査，広告・宣伝，製品計画，製品開発，価格の決定，マーチャンダイジング，販売促進，市場の開拓，販売チャネルの創造と確保などの諸活動が含まれる．

　さらに，マーケティング活動は直接消費者と結びついているだけに消費市場に大きく左右されるが，企業は確固たるマーケティング政策（たとえば，製品-市場戦略）を確立し，市場に臨むことが必要となる．この戦略策定には，消費者の生活スタイル，ニーズの多様化，生活の価値観を反映する購買行動を正確に把握することが企業にとって必要であり，昭和40年代におこった消費者運動としてのコンシューマリズムも重要な企業環境の1つとして企業は考えて行かなければならない．

3　財務管理

　あらゆる組織は人間のシステムであると同時に，経済活動を行っている協働システムである．この経済的価値の側面を扱う分野が財務管理である．経済活動が前面に押し出される企業は，その目的を達成するために生産・販売が不可欠であることはすでに述べたことであるが，そのためにはまず第1に資本(capital)が必要である．この資本は貨幣の形態で調達される場合もあれば，土地，建物，機械などの財貨として調達される場合もある．しかし，貨幣であっても投下された資本は，経営活動において諸財貨に転換して実際には用いられている．

　企業資本については，①価値の所有形態と②価値の機能形態から考察することができる．前者は「名目資本」あるいは単に「資本」とよばれ，調達の源泉からみた場合であり，資本提供者に対する所属関係を示すものである．他方，

後者は「資産(assets)」といわれ，企業の経営活動によって価値が変転する形態を示している．これらの資本と資産は企業資本の二側面を表わしているのであり，両者の貨幣計算の総額はつねに同額である．この関係を示したものが貸借対照表(balance sheet)であり，その借方に資産を，そして貸方に資本を表記している．

以上のような企業資本の調達と運用のための管理が財務管理であって，両側面の計画化や実施政策についてのコントロールがなされなければならない．

(1) 資本の構成と資産の構成

資本の構成は図 5-6 に示される．自己資本は企業者の出資した資本である．そのなかの元入資本は資本金とよばれるものであり，付加資本は企業が得た利益のうちから企業内部に留保したものである．また，資産の再評価によって生じた資本剰余金もこの付加資本に分類される．

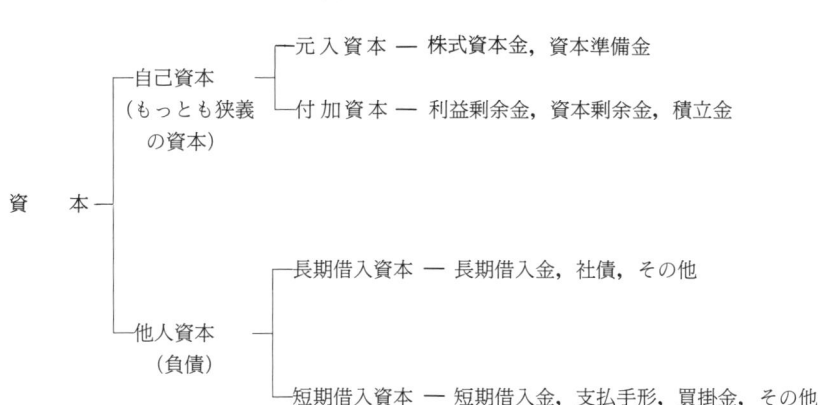

図 5-6 資本の構成

```
             ┌─自己資本──┬─元入資本 ── 株式資本金，資本準備金
             │(もっとも狭義│
             │ の資本)    └─付加資本 ── 利益剰余金，資本剰余金，積立金
資　本───┤
             │           ┌─長期借入資本 ── 長期借入金，社債，その他
             └─他人資本──┤
               (負債)    └─短期借入資本 ── 短期借入金，支払手形，買掛金，その他
```

他人資本は出資者以外の銀行，その他債権者から借入れた資本であり，会社にとっては固有の資本ではなく債務である．

また資産は図 5-7 から構成されており，大きく分けて固定資産，流動資産，繰延資産からなっている．

(2) 資本の調達と運用

資本の調達については，自己資本の調達と他人資本の調達がある．自己資本の調達は一般に増資といわれ，株式会社であれば株式(stock；share)の発行によって調達され，他人資本の場合は買掛金，支払い手形の発行，銀行からの当座借越，手形割引などの短期借入資本の調達，さらに社債の発行による長期資本借入れが行われる．株式・社債[4]は有価証券として証券市場で流通・取引される．資本を調達する際に企業はその環境・状況によって，株式の発行にするか社債発行によるか，また金融機関からの借入れを行うか，あるいは利益内部留保金による自己金融とするかを適切に判断し，意思決定しなければならない．

また，調達した資本を将来の経営活動の予定に基づき適切に運用するための財務計画を立て，合理的に企業資本を運用することが必要である．企業（他の組織も含め）は内部に留保した剰余金を優良企業に貸し付けたり，株式投資，子会社への融資などによって，企業のもつ資産を上手に運用することも財務管理の重大な業務である．

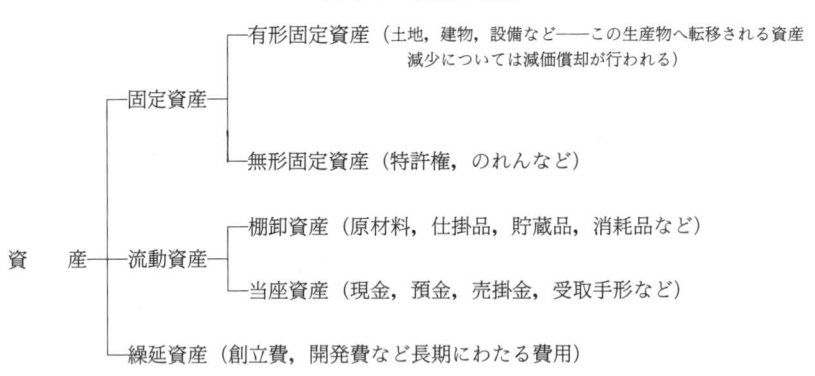

図 5-7 資産の構成

```
                  ┌─有形固定資産（土地，建物，設備など──この生産物へ転移される資産
         ┌─固定資産─┤                     減少については減価償却が行われる）
         │        └─無形固定資産（特許権，のれんなど）
資　産 ──┤        ┌─棚卸資産（原材料，仕掛品，貯蔵品，消耗品など）
         ├─流動資産─┤
         │        └─当座資産（現金，預金，売掛金，受取手形など）
         └─繰延資産（創立費，開発費など長期にわたる費用）
```

4　情報管理

人事・労務，生産活動，マーケティング，資本の調達と運用などに際して，情報管理が企業にとって重要課題となる．なぜなら，企業の存続・発展のため

に，外部環境である金融市場，国の財政金融政策，外国為替市場の動向などの経済的・政治的環境，さらに社会的・文化的環境を十分把握し，また企業内部の財務，人事，生産，販売などの経営資源についての環境を的確に理解することが情報によってできるからである．

　情報管理は，事務処理のコンピュータ化が進むにつれ，急速な発展をしている企業の情報システムを通じて行われてきた．情報システムは，経営業務の遂行にあたって必要な情報についてのシステム——オペレーションズ・インフォメーション・システム（Operations Information System）——と経営全般にかかわる経営者に必要な情報システム——マネジメント・インフォメーション・システム（Management Information Syatem，略して MIS）——に区分され運用されたが，近年，MIS がその意図とは異なり，ほとんどデータの処理業務を行っていたにすぎず，経営管理者の意思決定にはそれほど役立たなかったとして，新たに意思決定支援システム（Decision Support System，略して DSS）が考えられている．

　今日の情報システムは，高度な情報の量と質，処理能力，蓄積能力，検索能力などが求められ，コンピュータを中心としたシステムにならざるを得ない．そして，情報の重要性がますます認識されるにつれ，情報処理部門の確立が必要となっている．そこでは，データの収集方法，データの体系的蓄積，情報の提供方法を考慮した情報管理システムを支える総合的データ・ベースの作成が行われ，さらに大量情報を収集・提供する機関であるデータ・バンクの利用が多くの企業組織で行われている．しかし，情報の過度の集中は，データ・ベースの破壊やそのアクセス手段（電話回線や専用回線）の故障や破壊が生じた場合，重大な事態を招くこととなるので，情報の分散を含めた二重三重の安全性を確保した高度な情報システムが企業組織に求められるのである．

　近年の急テンポで進んでいる事務部門における OA 化の推進は，企業全体の情報システムに新たな変革を求めているともいえる．パーソナル・コンピュータ，ワープロ，ファクシミリなどによる OA 化は，会議のやり方，文書の作成・配布といったあらゆる分野での情報システムの変革をなしてきたが，と

りわけ，インターネット関連技術の急速な発展によって，Eメールの活用など，それを利用した企業内情報システムとしてのイントラネットの構築が当面の課題となったのである．

　情報管理システムは，事務管理（文書管理と事務所管理）システムを起源とし，科学的管理法が意図した生産管理システムについての情報コントロールの影響を受けて発展してきたといえる．これが，今日，情報通信技術の飛躍的発展による「情報通信革命」により，さらに，従来とは異なった観点での情報システムとして変容せざるを得ない状況にあるのである．

　したがって，企業にとって情報管理は，急激に変化する環境の適応手段としての必要性ばかりでなく，ライバルにたいする競争優位性を確保するためにも，すぐれたものが必要である．そのためには，必要な情報を必要な所に，ま

図5-8　第1，2，3段階における情報技術の採用のパターン

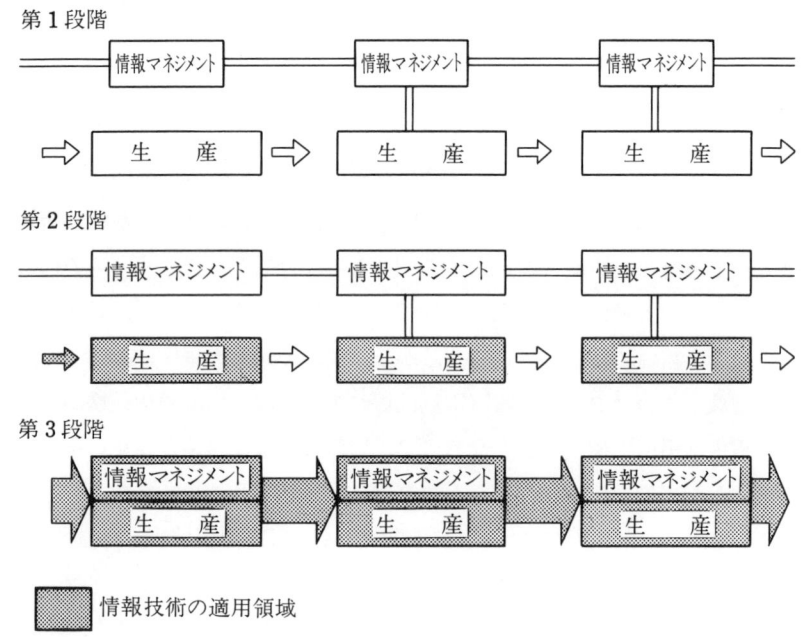

第1段階

第2段階

第3段階

■　情報技術の適用領域

（出所）　T.Allen＝M.Scott Morton, 1994, p.29, 訳42ページ

た必要な時間・場所に提供できるという時間的・空間的制約を超克した情報システムの構築が求められるのである.

【注】
1) management は主に利潤追求を行う組織に, administration は利潤追求を目的としない組織において用いられる傾向にある.
2) 組織における権限についてはつぎの考え方がある.

表 5-3 権限についての考え方

	権限法定説	職能説	受容説
主張者	H. Koontz= C. O' Donnell	M.P. Follett	C.l. Barnard H.A. Simon
経営組織	権限の体系	交織した職能の体系	伝達の体系
権限の源泉	私有財産制	職能	伝達
責任との関係	与えられた権限と同等の責任をもつ	責任・職能・権限は三位一体をなす	
権限の委譲	権限は上位から委譲される	委譲権限に対して累積権限	委譲なし 個人の受容に依存する
権限の発生	上位者の権限が委譲されることによって発生する	職能から発生,「情況の法則」に基づいて受容	個人の命令 伝達の受容によって権限が発生する

3) 労働組合には, 産業別組合, 職能別組合, 企業別組合などの種類がある. また, 組合加入に関しては, クローズド・ショップ制 (同一企業の労働者全員が強制加入), オープン・ショップ制 (加入を任意とする. したがって, 企業は組合労働者以外の者も雇用できる), ユニオン・ショップ制 (企業は自由に従業員を雇用できるが, 一定期間内に組合員にならなければならないという方法) がある.
4) 株式には, 普通株, 優先株, 後配株, 無額面株, 保証株, 株式配当株などがある. また, 社債にも保証社債, 利益分配付社債, 永久社債などがあり, さらに一定期間後は社債権者の希望によって株式への転換を認める転換社債もある.

【参考文献】

藤田　忠『現代人事・労務管理』白桃書房，1982 年
一橋大学イノベーション研究センター編『イノベーション・マネジメント入門』
　　日本経済新聞社，2001 年
小島敏宏『新経営情報システム論』白桃書房，1986 年
車戸　實『経営管理過程論』　八千代出版，1980 年
野中郁次郎『経営管理』日本経済新聞社，1980 年
小川英次・岩田憲明『生産管理入門』同文舘，1982 年
塩次喜代明・高橋伸夫・小林敏男『経営管理』有斐閣，1999 年
T. アレン＆ M. スコット・モートン，(株)富士総合研究所訳『アメリカ再生の
　「情報革命」マネジメント』白桃書房, 1995 年
H. A. サイモン，松田武彦他訳『経営行動』ダイヤモンド社，1965 年
H. A. サイモン，稲葉元吉他訳『意思決定の科学』産業能率大学出版部，1979 年
E. ソロモン，別府祐弘訳『ソロモン財務管理論』同文舘，1971 年

第6章
経営戦略

Ⅰ 戦略の概念

　80年代以降に企業が直面した環境の変化は，それ以前とは比べようがないほど目を見はるものがある．たとえば，半導体を中心とする技術革新，社会主義経済の崩壊による市場経済システムの拡大，規制緩和によるグローバル化の進展，そして労働者の価値観や消費者の好みの多様化などである．そして近年影響を増している情報通信革命のもたらす環境変化である．こうした状況において，企業行動のロジックを理解するのに必要な経営戦略への関心がますます高まっている．
　「戦略（strategy）」という用語は，もともと軍事上のものとして用いられてきたが，経営学の概念として使用されだしたのは，60年代になってからである．なかでも，Chandler (1962), Ansoff (1965), Andrews (1971) らの研究が発端となり，その後の戦略研究を一定の方向へ導いたとされる
　Chandler (1962) は戦略について，「企業の基本的長期目標・目的を決定し，さらに，これらを遂行するのに必要な行動方式を採択し諸資源を割り当てることである」(p. 13) と定義づけたうえで，「組織構造は戦略に従う」とい

う命題によって，戦略の組織行動・成果に及ぼす観点を明らかにした．

　Ansoff は企業戦略を，「（1）企業の事業活動についての広範な概念を提供し，（2）企業が新しい諸機会を探求するための明確な指針を決定し，（3）企業の選択の過程をもっとも魅力的な機会だけにしぼるような意思決定ルールによって企業の役割を補足するもの」（p. 104，訳129ページ）と見なし，企業戦略（corporate strategy）の形成プロセスを意思決定論の観点から検討している．

　また Andrews は，「戦略を企業の目標，意図ならびにそのための主要なポリシーのパターンである」（p. 28）と定義づけたうえで，経営戦略（business strategy）の策定と実行の研究を行い，従来からある経営政策論とは異なる企業行動の論理を展開したのである．

　しかし，企業経営における戦略論の発展は，こうしたアカデミックな世界だけの話ではなく，実務の世界でも60年代以降見られた．それはボストン・コンサルティング・グループをはじめとする経営コンサルタント会社によるセグメント方式による戦略技法（たとえば PPM）の開発が，戦略思考の重要性と効果性を実践的に明らかにしてきたからである．

　企業経営において戦略概念の必要性と重要性が高まってきたことは，組織の発展という観点からも理解することが可能である．それは，組織が単純なものから複雑なものへ，職能部門制組織から事業部制組織へと発展することによって戦略の概念も発展してきたといえるからである．Hofer＝Schendel (1978) はこれを表6-1によって，組織の発展に応じて戦略が不明瞭なものから次第に明確なものとして顕在化してくることを明示している．

　戦略そのものを理解するには，戦略をさらに構成要素に分解することも必要である．この点について Ansoff (1965) は，戦略の構成要素として，①製品－市場分野（企業の製品と市場の分析），②成長ベクトル（企業が当該の製品－市場分野で行おうと計画している変化），③競争優位性（企業に強力な競争上の地位を与えてくれる個々の製品－市場の特性），④シナジー（相乗効果；1＋1＝3になる現象）を挙げている．一方 Hofer＝Schendel (1978) は，

表 6-1 戦略概念の発展

組織成長の特性	組織構造の反応の特性	目標	戦略 全社	戦略 事業	戦略 職能	職能分野別ポリシー
事業の創造	業務運営システムの創造	I↓F	I	I	I	I
量の増大	管理部門の創造	I↓F	I	I	I	I↓F
地理的領域の拡大	部門構造の創造	F	I	I	I↓F	I↓F
新機能の追加	複数部門構造の創造	F	I	I	I↓F	F
新製品や国際的拡大	複数事業部の創造	F	I↓F	I↓F	F	F
量の増大	複数レベルのゼネラル・マネジメント階層の創造	F	F	F	F	F

I：暗示的目標，戦略ないしポリシーを示す
F：公式的・明示的目標，戦略ないしポリシーを示す

（出所） Hofer = Schendel, 1978, p. 14, 訳 18 ページ．

①事業範囲（組織のドメイン），②資源展開（組織の独自能力），③競争優位性（競争相手に対する独自の地位），④シナジー（資源展開や範囲決定における相乗効果）を指摘している．

　戦略論の発展は，以上からも分かるように，研究者それぞれの観点からなされてきており，その意味する内容と構成要素は，論者によって相容れないところがある．たとえば，戦略をどのように捉えるかという点で，目標設定と戦略策定を含んだものとみなすものや，目標設定と戦略策定は相互に関係があるがそれぞれ別個のプロセスであると考え，後者のみをもってして戦略と見なそうするものである．しかし，こうした状況に対して，Mintzberg (1987) は戦略概念について，各研究者の共通項に着目すると，次のように 5-P の具体的な観点から分類整理できるとしている．

・計画（Plan）としての戦略：意図した通りの行為ガイドライン，
・策略（Ploy）としての戦略：競争相手を出し抜こうとする特別の作戦
・パターン（Pattern）としての戦略：意図に関わらない一貫した行動様式

- 位置づけ（Position）としての戦略：市場環境に企業を位置づける手段
- パースペクティブ（Perspective）としての戦略：企業と環境についての認識様式

とはいえ，実際に使われる戦略概念がそれぞれの観点から明確に扱われているとは必ずしもいえない．いずれの考え方にも一部重複した部分があるとともに，相互に排他的な考えとはいえないからであり，位置づけとしての戦略を策定・実行する場合，パターンとしての行動様式も反映せざるを得ないからである．現実の戦略分析においては，これらの捉え方の複合体として戦略概念が扱われるといえよう．

したがって，戦略概念をその使われる状況によって次のような内容の複合化したものと捉えることが有用であろう．

（1） ドメインの設定といった将来の方向指針
（2） 環境とのかかわり方・位置づけ
（3） 意思決定パターンや行動ルールの特定化

戦略をどのように捉えようと，現実問題として，それが戦略策定者の頭の中にあるものから現実の組織行動としてでてくるものまで，そのバリエーションは多様である．意図した戦略がすべて現実の戦略になるとは限らない．創発的戦略が現実の戦略になることもあるのである（図6-1）．

図 6-1　戦略の形態

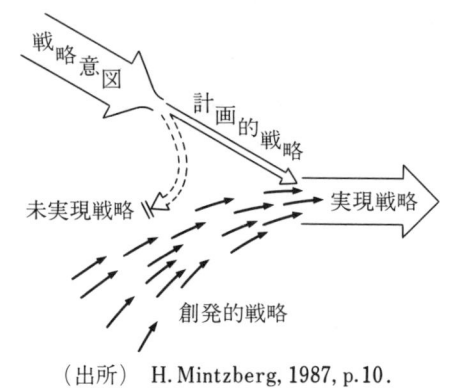

（出所）　H. Mintzberg, 1987, p.10.

II 経営戦略のレベル

戦略概念の発展からもわかるように,組織ないし企業における戦略は階層レベルによって把握が可能である.企業レベル,事業レベル,職能レベルに応じてそれぞれ企業戦略,事業戦略,職能別戦略が識別できるのである.これは,それぞれのレベルで目標設定がなされており,しかも戦略が目標を達成するためのツールとして考えられることから有効な見方とされる.また目標に関していえば,目標に階層性がある場合の目標—手段の連鎖性,すなわち目標の手段化と手段の目標化の連鎖ということが主張されるが,これを戦略との関連で考えてみると表6-2のようにとらえることができる.

表 6-2 目標と戦略の関係

〈目標階層〉　　　　　　　　　〈戦略階層〉
全社的目標　――――――→　企 業 戦 略

事 業 目 標　←――――――　事 業 戦 略

職能別目標　←――――――　職能別戦略

企業レベルの目標達成のために企業戦略が手段として設定され,これが事業レベルの目標設定の制約要因として働く.そして,事業レベルの目標達成に対して事業戦略が策定され,以下,職能別レベルへとつながっていくのである.

さて,各レベルの戦略の概要はつぎのようにまとめることができよう.

(1) 企業戦略(corporate strategy):企業全体の将来のあり方にかかわる

ものて,基本的にいかなる事業分野で活動すべきかについての戦略である．したがって,事業分野の選択と事業間の資源展開が主たるものとなる．
(2) 事業戦略(business strategy):企業が従事している事業や製品／市場分野でいかに競争するかに焦点をあてた戦略で,資源展開と競争優位性が主になる．
(3) 職能別戦略(functional area strategy):各職能分野において資源をいかに効率的に利用するかの戦略で,資源展開とシナジーが戦略構成要素のカギとなる．

以上の各レベルの戦略は,事業の規模拡大化や多角化した企業組織においてそれぞれ明確に区別されるが,企業が有効的であるためには,これらが相互に

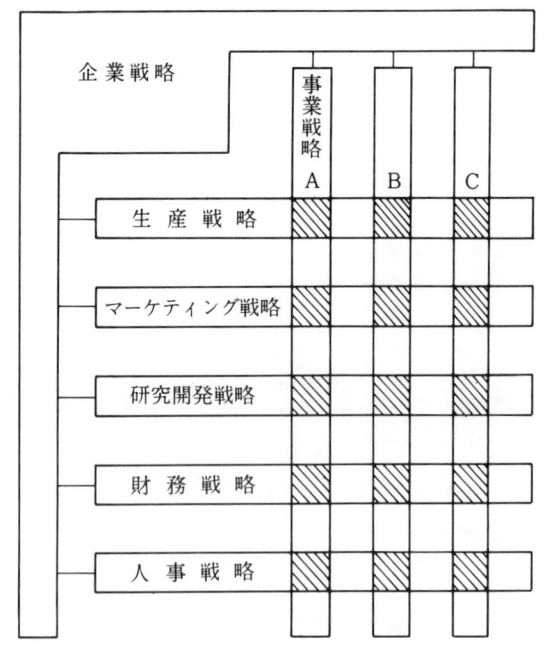

図 6-2　経営戦略のマトリックス構造

(出所)　石井 他, 1985, p. 11.

調和し一貫したものでなければならない．すなわち，事業戦略は企業戦略の制約を受け，職能別戦略は企業戦略と事業戦略の制約を受けて展開されることになるのである．

企業の行動にかかわる経営戦略は，このようにいろいろなレベルで策定されるわけだが，企業戦略と事業戦略，職能別戦略の相互の関係は図6-2のようにマトリックスとして描くことができよう．

図において，全体にかかわっているのが企業戦略であり，A事業戦略とかB事業戦略というふうに事業ごとに縦割りになっているのが事業戦略であり，生産戦略とマーケティング戦略のように各職能ごとに各事業を通じて横割りになっているのが職能別戦略である．

しかし，このような企業経営にかかわる戦略は全体としてどうなっているかが問題であり，もし戦略が全体として整合していなければ，各戦略がそれぞれ効果的に働くことにはならない．そのためにはまず，企業戦略が明確になっていることが必要である．企業戦略こそ企業行動の核であるからであり，それがはっきりしていないと他の戦略もあいまいになってしまうからである．

III 経営戦略の策定

1 戦略策定プロセス

戦略として明確なものにするためにはどのような手続きが必要とされるのだろうか．これを明らかにするのが戦略策定プロセスの問題であり，これまでにいくつかの処方せん的なモデルが提示されている．たとえば，多角化戦略のタイプをみいだすためのAnsoff（1965）モデルやハーバード・ビジネス・スクールのケース・スタディに基づくAndrews（1971）モデル，そして企業レベルと事業レベルのそれぞれを別個に扱ったHofer = Schendel（1978）モデルなどである．これらについて検討してみると，そこには潜在的にであれ明示的にであれ，つぎのような7つのステップが含まれている（Hofer = Schendel, 1978）こ

とがわかる．
- （1） 戦 略 の 識 別：現在の戦略と戦略構成要素の評価
- （2） 環 境 分 析：組織が直面する主たる機会と脅威をはっきりさせるための特定の競争環境とより一般的な環境の評価
- （3） 資 源 分 析：つぎの第4ステップで明らかにされた戦略ギャップを縮めるのに利用可能な主たるスキルと資源の評価
- （4） ギャップ分析：現在の戦略にどのくらいの変更が必要なのか決めるために，環境における機会と脅威に照らしてする組織の目標，戦略，資源の比較（多くのモデルではこのステップは明示的というよりも暗黙的である）
- （5） 戦 略 代 替 案：新しい戦略を形成するための戦略オプションの識別
- （6） 戦 略 評 価：株主，経営者，および他のパワー保有者や利害関係者の価値観や目標，利用可能資源，さらにこれらを十分に満たすような代替案を識別するためにある環境の機会と脅威などの観点からする戦略オプションの評価
- （7） 戦 略 選 択：実施のための1つないしそれ以上の戦略オプションの選択

以上のようなステップは各論者によって，その明確さ，複雑さにおいて異なっているが，いずれにせよ，戦略策定はプロセスとして考えられるのである．

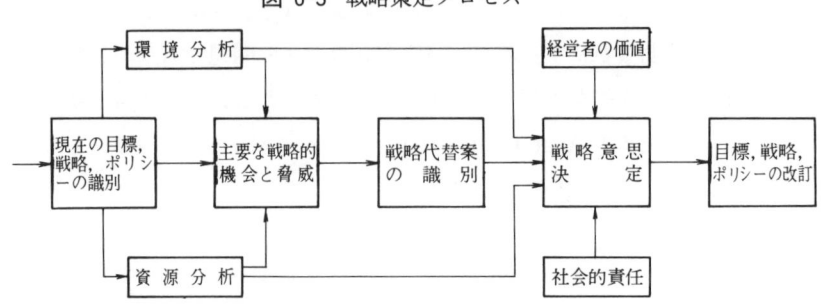

図 6-3 戦略策定プロセス

```
           環境分析                経営者の価値
             ↓                       ↓
現在の目標,  → 主要な戦略的 → 戦略代替案 → 戦略意思 → 目標,戦略,
戦略,ポリシー   機会と脅威     の 識 別    決  定    ポリシーの改訂
ーの識別      ↑                       ↑
           資源分析               社会的責任
```

（出所） Hofer = Schendel, 1978, p. 48, 訳 55 ページ．

図6-3は戦略策定プロセス・モデルの一例である．

2　製品―市場戦略

戦略策定の際にまず問題となるのが戦略の識別である．現在の戦略はどんなものであり，さらに成長ベクトルとして今後考えられる戦略類型にはどんなものがあるのだろうか．これを明らかにするためにはドメイン，資源展開，シナジーなどを考慮に入れることが必要である．そこでたとえば企業レベルや事業レベルの戦略において，製品―市場分野に関しての戦略類型をみてみると，縦軸に現在および新たな製品分野，横軸に現在および新たな市場分野をとることによってつぎのように戦略の識別が可能となることがわかる（表6-4）．

表 6-4　製品―市場戦略

市場＼製品	現製品	新製品
現市場	市場浸透戦略	製品開発戦略
新市場	市場開拓戦略	多角化戦略

市場浸透戦略は，企業が現在かかわっている製品分野と市場分野の組合せを今後も続けていこうとする戦略で，具体的には，現在の市場に対して販売促進やPR活動を行って，現有製品の市場浸透をねらうことである．

市場開拓戦略は，企業が現在かかわっている製品分野と新たな市場分野との組合せによって生ずる戦略で，たとえば販売地域の拡大，海外進出によって市場拡大をねらうことである．

製品開発戦略は，企業が現在かかわっている市場分野と新たな製品分野の組合せによって生ずる戦略で，具体的には，現在の市場に対する新製品の開発・販売をねらうことである．

多角化戦略は，新たな製品分野と新たな市場分野との組合せによって生ずる戦略で，具体的には，企業が現在かかわっている市場分野とは異なる新市場に向けて，新製品の開発・販売をねらうことである．

以上のような製品―市場マトリックスによる戦略類型は成長ベクトルの説明

にもなっている．成長ベクトルとは，現在の製品─市場分野との関連において，企業がどんな方向に進んでいるかを示すものであり，たとえば，ある企業が市場浸透戦略にいきづまって他の戦略に転換する場合，すなわち製品開発戦略や多角化戦略などに転換する場合，それがどんな方向にいかなる内容をともなって進んでいるかがわかるのである．

また，製品─市場マトリックスと成長ベクトルによって決定される分野では，当然，企業が競争上の優位性を獲得することが必要である．ライバル企業とくらべて強力な競争上の地位をもてるような独自の製品─市場分野の特性を明確にすることが要請されるのであり，そのために，企業の合併とか買収が行われることにもなりうるのである．

多角化戦略の場合は，それが成功するかどうか，シナジー効果のいかんが大きくかかわってくることになる．シナジー効果という言葉は，もともと生物学のものであったが，Ansoff（1965）が企業の戦略にかかわる言葉として用いて以来，戦略論には欠かせない用語になっている．通常 2＋2 は 4 になるのだが，これが 5 になったりする現象をプラスのシナジー効果といい，3 になったりするのをマイナスのシナジー効果という．したがって，多角化を行う場合，既存の事業と新事業の間にプラスのシナジー効果が働くような多角化であることが成功のカギとなるのである．

シナジー効果についてはそれが具体的にどこからでてくるかということも問題となるが，Ansoff（1965）はこの点について，販売シナジー，生産シナジー，投資シナジー，マネジメント・シナジーなどを指摘している．

3　製品ポートフォリオ・マネジメント

戦略策定はすでに述べたようにプロセスとして考えられるが，その実際の担い手は人間である．したがって，戦略策定の際に何らかの思考のフレームワークが必要とされる．戦略研究が盛んになるにつれ，こうしたフレームワークもつぎつぎと生みだされてきているが，ボストン・コンサルティング・グループ（BCG）の開発した製品ポートフォリオ・マネジメント（Product Portfolio

Management)はその代表的なものの一例である．これは，通称 PPM とよばれているものであるが，多角化した企業が各事業に効果的に資源を配分するにはどうすればよいか，また企業全体として製品事業の組合せを最適なものにするにはどうすればよいかを明らかにするのに役立つもので，その論理が構築されるために2つの前提が必要となっている．

　1つは，製品とか産業にライフ・サイクル（life cycle）があるというライフ・サイクル説を肯定することである．この説は，生物ならなんでも誕生から成長，成熟，衰退へといたるプロセスがあるが，それと同じように製品や産業にも寿命があって，一連のプロセスをたどるというものである．ライフ・サイクルの形は，いろいろなパターンとして考えられるが，一般的には図6-4のようにS字型をしているといわれる．すなわち，導入期には成長率があまり高くないが，年数がたつに従いしだいにそれが高くなり，やがてまた低くなるという姿である．

　2つめは，経験曲線（experience curve）論にのっとることである．経験曲線とは，企業経営において経験が蓄積されるに従いコストが下がるという，昔からよく知られていた経験効果の現象を計量的に測定したものである．この現象が測定されるようになったのは1960年代になってからのことで，BCGは，製

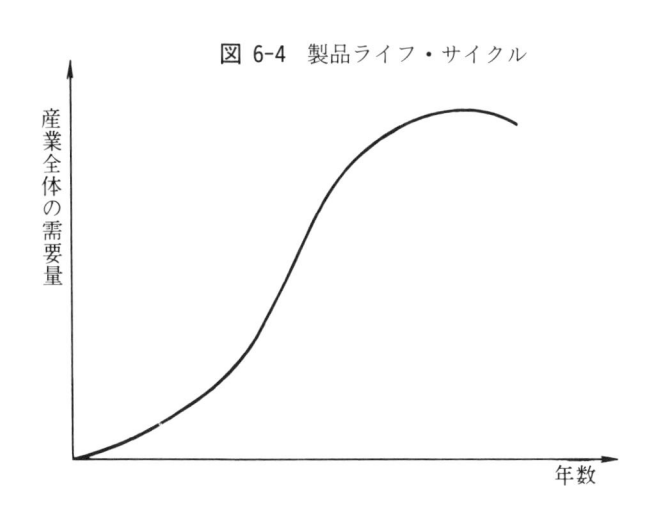

図 6-4　製品ライフ・サイクル

（縦軸：産業全体の需要量　横軸：年数）

造コストばかりでなく，管理，販売，マーケティングなども含んだ総コストにもこの現象があてはまり，1つの製品の累積生産量が2倍になるにつれ，総コストが一定のしかも予想可能な率で低減することを実証研究によって発見している．それによると，累積生産量が倍増するごとに，総コストは20％から30％ぐらいずつ下がっていくということが明らかにされている．

経験曲線は，横軸に企業における累積生産量をとり，縦軸にその企業の単位当り総コストをとると，図6-5のように描ける．

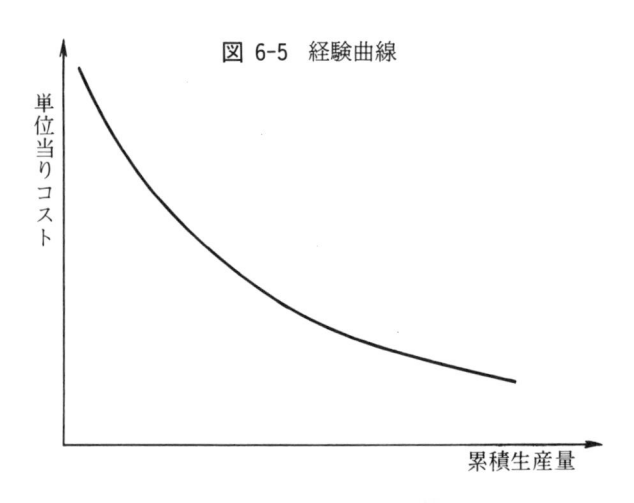

図 6-5 経験曲線

さて，なぜ経験効果が生じてこのように経験曲線がさがるのだろうか．このことに関して石井 他（1985）はつぎのような指摘を行っている．すなわち，①習熟効果，②職務の専門化と作業方法の改善による効率，③新しい製造方法の開発と改善，④当初の生産設備からの能率向上，⑤資源ミックスの改善，⑥製品の標準化，⑦製品の設計改善，といった諸要因が相互に関連しあってこのような効果がもたらされるのである．

経験効果によって総コストが大きく影響されるわけだから，企業がコストを下げるためには，当該事業について競争相手より早く多くの経験を蓄積する戦略をとることが必要であり，そのために具体的には，競争相手より多くのマーケットシェアを獲得する戦略をとることになる．

以上のようなライフサイクルと経験曲線の2つの前提から引き出される論理がPPMであり，これは図6-6のような概念図式によって表わすことができる．すなわち，市場成長率と相対的マーケットシェアの2次元で構成されるマトリックスがそうである．ここで市場成長率は，当該製品の属する市場の年間成長率であり，一方相対的マーケットシェアは，当該製品事業の最大の競争相手に対する相対的シェア（通常対数尺度で表わされる）を意味している．また，マトリックスの各セルにはその性格から独特の名前がつけられているが，それぞれつぎのような特徴をもっている．

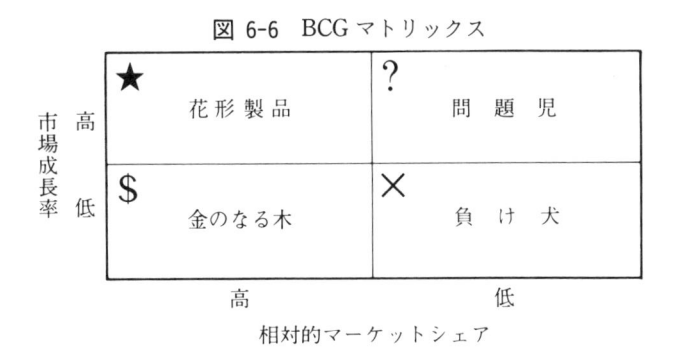

図 6-6　BCGマトリックス

市場成長率	高	★ 花形製品	? 問題児
	低	$ 金のなる木	× 負け犬
		高	低

相対的マーケットシェア

(1) 花形(高シェア，高成長)：資金流入量は多いが，市場成長率が高いためシェア維持をはかるのに多くの投資を必要とするので，必ずしも資金源とはならない．しかし，市場成長率が低下すれば「金のなる木」になるので，将来の資金源となる可能性がある．

(2) 金のなる木(高シェア，低成長)：資金流入量が多く，しかも市場成長率が低いためもはやシェア維持をはかるのに多くの投資を必要としないので，資金源となる．

(3) 問題児(低シェア，高成長)：資金流入量が少ないが，市場成長率が高いため，シェアを維持し拡大するために多くの投資を必要とする．もしその投資をしなければすぐにシェアを失い，また現状維持程度の投資としても，市場が成熟期に入って成長が止まると「負け犬」になってしま

う．

（4） 負け犬（低シェア，低成長）：資金流入量が少なく，しかも景気変動などの外部要因によって収益性が左右されやすい．また，市場成長率が低いため投資などの資金流出は少ないのでそれ自身を維持することは可能かもしれないが，将来の資金源になる可能性はない．

いかなる製品・事業もこれら4つのいずれかに分類することができ，また，それらは，市場成長率が低下してくると「金のなる木」か「負け犬」のどちらかになってしまう．そこで，長期的に均衡のとれた製品・事業の組合せをはかることが，企業の存続に必要となるのである．

多角化した企業にとって，限られた資金・資源を有効に配分するにはどうすればよいかが将来の成功のカギとなるので，こうしたPPMによる製品・事業の位置づけを理解することによって，それらをどのように考慮し，配分したらよいかがわかるというのは非常に有効な論理を提示しているといえる．

ところで，「金のなる木」によって生じた資金は，「問題児」に投入して将来の「花形」に育成しようとしたり，あるいは研究開発に投下して直接「花形」をつくりだそうとする場合に，有効な資金配分となるのである．したがって，多角化した企業はバランスのとれたポートフォリオ，すなわち，「花形」「金のなる木」「問題児」をもつことが必要で，そうしてはじめて成長の機会をもつことができるのである．「負け犬」が必要でないのは，それが成長期において上位のマーケット・シェアを獲得できなかったり，成長率が低いのにもかかわらず事業から撤退して損失を減らすことを考えなかった結果であるからである．

ポートフォリオの循環はいろいろ可能だが，これを成功の場合と失敗の場合とにわけて図示してみると図6-7のようになろう．

さて，製品ポートフォリオの概念図式は具体的にいろいろな活用法が考えられるが，この点に関して土屋（1984）はつぎのような指摘をしている．

（1） 自社の現状における製品構成を，これによって分析することができる．
（2） 同業他社やライバル企業について，このようなマトリックスをそれぞれ時系列的に描いてみると，自社とライバルとの間の相対的な強み，位

図 6-7 ポートフォリオの循環

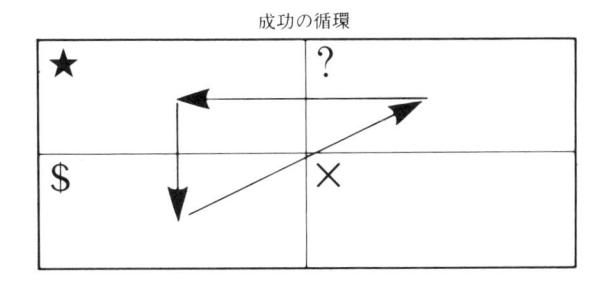

成功の循環

失敗の循環

(出所) Henderson, 1979, 訳 236 ページ.

置関係などについて，理解できるようになり，将来の競争関係の展望をもつことができる．
(3) 経営多角化しようとして新しい事業を選択するとき，うっかりすると負け犬に位置づけられる産業に参入してしまうことがあるが，それを避けるための1つの指標を与えてくれている．

また企業において，製品ポートフォリオ・マネジメントを実際に遂行するには，いくつかの前提が必要である．まず第1に，競争の実態を把握し，長期的な趨勢が測定できるような単位として製品事業を識別することである．第2に，個々の事業の戦略的位置付けを明確にすると同時にその評価基準を，収益性，成長性，資金フローの観点から確立することである．第3に，ポートフォリオ・マネジメントを運営するために戦略的事業単位（Strategic Business Unit，略してSBU）[1]という新組織を確立することである．

BCGによって生みだされたPPMは，その後の経営戦略論の発展に大きな影響を与えたが，いくつかの批判もなされている（石井 他，1985）．たとえば，(a) 4セル・マトリックスの使用は単純すぎ，現実には高低のみならず中位のポジションがある．(b)成長率は産業全体の魅力度のインディケータとしては不十分である．(c)マーケットシェアは市場をどう定義するかに依存するので，競合ポジションのインディケータとしては不十分である．

そこでいまでは，BCGモデルを基本としながらもその改良型がいくつか考案されだしている．GE社による事業スクリーン方式や製品のライフ・サイクルにあわせて段階を区切って考えようとするHofer = Shendelモデルがそれである．しかしいずれも，欠点がそれぞれ指摘できるのであり，BCGモデルを完全にこえているとはいいがたいのである．

IV　戦略と組織

戦略の策定と実行は，組織内メンバーの組織的協働の産物であり，戦略と組織の関係は相互に密接なものがあるといえる．

戦略と組織の関係については，Chandler (1962)の提示した「組織構造は戦略に従う」という命題によって広く認識されるようになり，その後，組織論と戦略論の研究の橋渡しに多大の影響を与えている．これは，アメリカ大企業の歴史的分析によって，企業が成長戦略として多角化戦略をとると，それまでの職能部門制組織から事業部制組織へと移行するということを明らかにしたものである．そして，組織と戦略には段階的な発展があり，組織構造の変革は何らかの問題を引き金にして始まるというものである．

この研究の延長線として位置づけられるものに，Stopford = Wells (1972)の多国籍戦略と組織構造の研究がある．これは，ステージ1（単一製品・単一職能）からステージ2（単一製品・多職能）そしてステージ3（多製品・多職能）へと戦略が転換すると，それにともなってしだいに事業部制組織へ組織も展開

するというChandlerの図式に対して，多国籍企業においても戦略によって，自立的（海外）子会社のフェーズ1から国際事業部のフェーズ2そしてグローバル構造のフェーズ3へと展開することを関連づけたものである．

　Stopfordらの研究に従って国内における経営組織の発展と多国籍企業組織の発展との関係を図示してみると図6-8のごとくである．

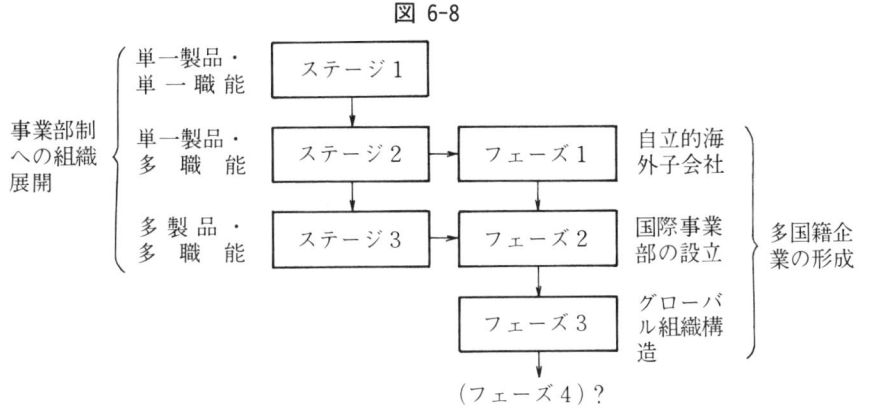

図 6-8

```
                 ┌ 単一製品・  ┌─────┐
                 │ 単一職能   │ステージ1│
                 │          └──┬──┘
                 │             ↓
事業部制 ┤ 単一製品・  ┌─────┐   ┌─────┐  自立的海   ┐
への組織 │ 多 職 能   │ステージ2│──→│フェーズ1│  外子会社  │
展開    │          └──┬──┘   └──┬──┘            │
        │             ↓          ↓             │ 多国籍企
        │ 多製品・   ┌─────┐   ┌─────┐  国際事業  ├ 業の形成
        └ 多職能    │ステージ3│──→│フェーズ2│  部の設立  │
                   └─────┘   └──┬──┘            │
                                 ↓             │
                              ┌─────┐  グローバ  │
                              │フェーズ3│  ル組織構  │
                              └──┬──┘  造       ┘
                                 ↓
                              （フェーズ4)？
```

（出所）　Stopford = Wells, 1972, 訳3ページ．

　また，Rumelt (1974) はアメリカ大企業の多角化戦略と組織構造，組織成果の関連を調べている．それによると，まず第1に，1949—1969年の20年間においてアメリカの大企業では多角化戦略が進展し，しかも，前半の10年間では関連事業への多角化が，そして後半の10年間では非関連事業への多角化が目立っていることを明らかにしている．第2に，そのような戦略の変化とともに，組織形態が職能部門制組織から製品別事業部制組織へと移ったことも明らかにし，Chandlerの命題を裏づけている．第3に，関連事業への多角化戦略（本業一集約型と関連事業一集約型）をとった場合でも製品別事業部制組織にしなければ企業の業績は高くない．つまり，戦略と組織の適合関係が必要なことを明らかにしている．

　わが国においても，Rumeltの方法を取り入れた研究が吉原 他 (1981) によってなされている．それは，1958—1973年の日本の大企業118社のデータに基づ

いて，多角化戦略と事業部制組織との関連を実証したもので，日本の企業においても，「組織構造は戦略に従う」というChandler命題が検証されている．しかし，いくつかの日本的な特性も指摘されている．まず，日本の企業では事業部制組織の採用率がアメリカの企業とくらべて低いこと．これは，多角化の程度がアメリカの企業の場合よりも低いからにほかならない．また，日本の企業には不完全な事業部制が数多くみられるということ．日本では，自立的単位として認められないような事業部が多く，業績をあげたからといっても報償に結びつかないことが多い．さらに，日本の企業の組織構造の特色は形態よりもプロセスにあること．つまり，コンセンサスによる意思決定や価値と情報の共有など公式の構造側面をはなれた要因がかなりのウェートをもっているのである．

V　経営戦略論の発展と課題

　企業経営における戦略的発想の必要性は，Barnard（1938）が目標達成のための要因として戦略的要因（他の要因が不変ならばその要因を取り除くか，変化させることによって目標達成ができる要因）を指摘しているように，戦略論の研究が盛んになる前にすでに問題とされていた．しかし，それは戦略という言葉のもつ意味を明らかにする程度の扱いであり，企業戦略ないし経営戦略といった戦略の全体構造を対象にしたものではなかった．一般的に，今日問題にされている戦略的発想の系譜は，次のような3つの源流にたどり着くという考え方が妥当とされている．

　第一の流れは，Chandler（1962）による『戦略と組織構造』の出版を源流とするものである．この著作は，GM，シアーズ，デュポンといった大企業の成長戦略に対してその管理組織の構造がいかに適応するかを，経営史的観点から明らかにしているが，とくに重要な点は，経営者が戦略の策定と実行の如何によって際だった成果を上げ得ること示していることである．

第二の流れは，ロッキード・エレクトロニクスの経営者であった Ansoff (1965) による『企業戦略論』の研究に基づくものである．彼は，過去の趨勢からのみ外挿するような従来の長期計画論に失望し，それに取って代わる戦略的計画論を展開するに当たり，その基礎となる戦略概念の理解に関心をよせ，それを明らかにしている．

　第三の流れは，Andrews (1971) を中心としたハーバード・ビジネス・スクールの経営政策論の展開にもとづくものである．ハーバードでは伝統的にケース・メソッドによる教育が重視され，経営政策論においても企業の実例をもとに企業の政策意思決定がいろいろと検討されていたが，やがて経営戦略がケース・スタディの中心になってきたのである．

　以上のようなものを源流として，戦略論の研究が70年代から80年代に，それぞれさらに発展し，①現実の戦略を扱うコンティンジェンシー・アプローチによる戦略論や PPM 論，②意図せざる戦略が生起する組織プロセスに注目した創発戦略論（Mintzberg, 1978）と戦略インクリメンタリズム論（J. Quin, 1980），③戦略と成果の関係の注目した実証研究（Rumelt など）やエコノミストの立場からの競争戦略論（M. Porter, 1980）などに結実していったのである．

　なかでも，M. Porter の『競争戦略論』(1980) は，ベストセラー書になり，エコノミストが前提としてきた「構造―行動―成果パラダイム」に戦略を組み込むことの必要性を明示したことで，戦略概念の有用性を経営学以外の分野にも広めるきっかけを与えることになった．Porter は，ある特定の事業分野においていかにしたらライバルに勝つことができるかという実践的な課題に対して，競争状況における5つの影響力を明らかにするとともに（図6-9），具体的に3つの戦略類型を挙げている．

　（1）　コスト・リーダーシップ戦略（低原価戦略）
　（2）　差別化戦略(製品やサービスの独自性を作り出すことによる競争優位性の確立戦略)
　（3）　集中化戦略(市場の特定セグメントに力を集中する焦点絞り込み戦略)

図 6-9　5つの競争要因

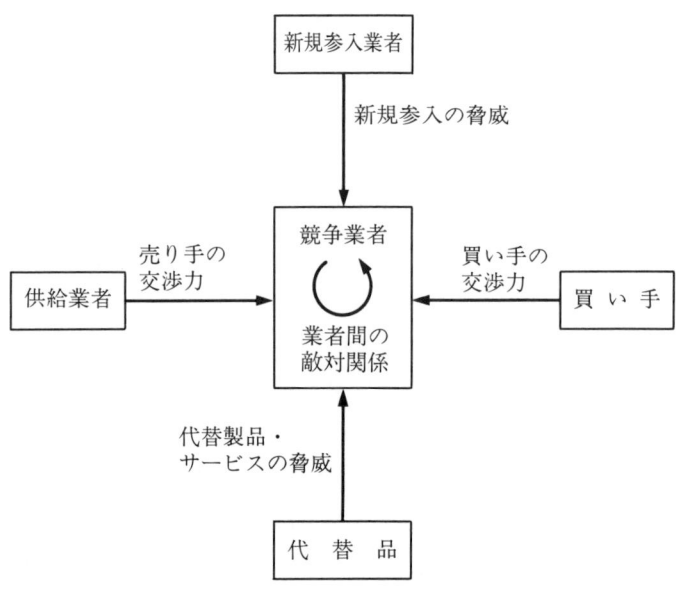

```
              ┌──────────┐
              │ 新規参入業者 │
              └──────────┘
                   │ 新規参入の脅威
                   ▼
┌──────┐ 売り手の ┌──────┐ 買い手の ┌──────┐
│供給業者│ 交渉力  │競争業者│  交渉力 │買い手│
│      │────────▶│      │◀────────│      │
└──────┘         │業者間の│         └──────┘
                 │敵対関係│
                 └──────┘
                   ▲ 代替製品・
                   │ サービスの脅威
              ┌──────────┐
              │ 代　替　品 │
              └──────────┘
```

M.Porter, 1980, 訳18ページ

　企業はこれらの戦略によって，新たなライバル参入の脅威，既存のライバル企業間の競争の程度，代替製品による圧力，買い手や供給業者の交渉力といった競争要因に効果的に対処することが求められるのである．

　戦略研究が基本的に，企業の環境適応としてなされてきたとはいえ，このようにPorterが競争環境を特定化して明らかにするまで，企業は一般的な環境（政治，経済，社会，文化環境など）に戦略適応すべきものとして扱われてきたにすぎない．企業の競争行動のような特定のロジックは扱われてこなかったのであり，彼の研究によって戦略論の研究が一段と進歩したのである．

　また競争戦略については，Hamel＝Prahalad（1994）によって，競争優位性を確保するために必要なコアコンピタンス（core competance）[2]論が展開されたり，D'Aveny（1994）が新たに注目すべきモデルを提示している．

D'Aveny によると，今日の企業は，競争優位を確保するために役だっていた従来の発想ではもはや通用しないという過度の競争（hyper competition）環境[3]に直面し，この環境に適応する戦略が問われているというものである．過度の競争環境というのは，企業にとって，より変化の激しい攻撃的環境を意味している（p. 149）．したがって，競争優位を確保する領域である，（a）コスト/品質，（b）タイミング/ノウハウ，（c）参入障壁，（d）資金源，のそれぞれについて，持続的に優位性を確保することが不可能なのである．そのため，次のような新しい 7-S の考えが提唱される．

・ステークホルダーの満足（Stakeholder Satisfaction）
・戦略の予言（Strategic Soothsaying）
・スピードの位置づけ（positioning for Speed）
・驚きの位置づけ（positioning for Suprise）
・競争ルールの変更（Shifting the rule of competition）
・戦略意図の合図（Signaling strategic intent）
・戦略主旨の同時継続性（Simultaneous and Sequential strategic thrust）

こうした戦略研究の発展は，企業行動のグローバル化にともない，国際化した企業がその無数の経営資源をどのように方向づけ調整するかといった観点からも押し進められた．初期の重要な研究としては先にふれた Stopfrod＝Wells のものがあげられるし，やがて Praharad（1976），Doz（1978），Bartlett＝Ghoshal（1989）らによる企業の国際化戦略へと発展してきている．

また近年，組織文化論の発展に応じて，組織と戦略との関係も考察されだしている．戦略と組織は相互に関係しあっており，組織文化がもしあるとするなら，それが当該組織における戦略策定，実施にどのように関係するかが問われるのである．たとえば，CI 戦略（企業が組織文化の独自性を打ち出すため，ロゴマークの変更などによってそのイメージを内外にアピールして浸透させる戦略）は，戦略と文化の相互関係を扱ったものである．NEC の C&C，東芝の E&E，ヒューレットパッカードの $HP=MC^2$，などその例は枚挙にいとまがない．しかし，それがどのような理論的背景で行われ，どのような論理で説

明がつくかはまだ不明である．戦略の問題は，その登場当初とは異なった要因を取り込みながら，新たな展開を見せ始めているのである．

　過去30年ほどの間に，戦略論の研究は飛躍的に発展し，企業行動の現実説明モデルばかりでなく，いろいろな戦略問題解明の処方箋（たとえば，PPM, McKinsey's 7-S[4], D'Aveni's New 7-S）を提供してきた．今日，まさに戦略論は経営学分野の中心的存在になっているといっても過言ではなかろう．

【注】
1) 1971年にGE社において，事業部制組織のセクショナリズムなどの弊害を解決するため開発された新しい組織形態で，事業戦略を委譲された組織単位であり，戦略の計画，実施，評価の単位になっているものである．
2) 他社にはまねできないような企業内部に秘められた独自のスキルや技術の集合体．たとえば，ソニーの小型化技術．
3) グローバル化や技術革新の推進によってもたらされた，変化がきわめて激しい環境を意味し，企業にとってこの新しく生じつつある環境下では従来のように持続的に市場で均衡を得ることは不可能なので，利益も一時的なものにすぎない．そのため各社は，たえず競争相手の優位性を崩すことに関心をもたざるを得なくなる．
4) マッキンゼー社によって提案された考え方で，競争優位性は以下のようなSではじまる組織の主要な構成要素の間が適合（fit）することによって生ずるというもの．構造（structure）・戦略（strategy）・システム（system）・スタイル（style）・スキル（skills）・スタッフ（staff）・上位目標（superior goals）

【参考文献】
浅羽茂『競争と協力の戦略』有斐閣, 1995年
石井淳蔵・奥村昭博・加護野忠男・野中郁次郎『経営戦略論〈新版〉』有斐閣, 1996年
伊丹敬之『経営戦略の論理 第3版』日本経済新聞社, 2003年
奥村昭博『経営戦略』日本経済新聞社, 1989年
大滝精一・金井一頼・山田英夫・岩田 智『経営戦略』有斐閣, 1997年
榊原清則『企業ドメインの戦略論』中公新書, 1992年
新宅純二郎『日本企業の競争戦略』有斐閣, 1994年
土屋守章〈責任編集〉『現代の企業戦略』有斐閣, 1982年

H. I. アンゾフ著, 広田寿亮訳『企業戦略論』産業能率大学出版部, 1969 年
H. I. アンゾフ著, 中村元一訳『戦略経営論』産業能率大学出版部, 1981 年
K. アンドリュース著, 山田一郎訳『経営戦略論』産業能率大学出版部, 1976 年
A. D. チャンドラー著, 三菱総研訳『経営戦略と組織』実業之日本社, 1967 年
J. B. バーニー著, 岡田正大訳『企業戦略論 上・中・下』ダイヤモンド社, 2003 年
G. ハメル, C. プラハラード著, 一條和生訳『コア・コンピタンス経営』日本経済新聞社, 1995 年
M. E. ポーター著, 土岐坤・他訳『競争の戦略』ダイヤモンド社, 1982 年
C. W. ホファー, D. シェンデル著, 野中郁次郎・他訳『戦略策定』千倉書房, 1981 年

第7章
経営と文化

I 経営の国際化と文化

　企業の規模が拡大し，世界市場をまたにかけ事業活動を行うという企業の国際化が進展すると，他国での直接投資による子会社の設立という現地化政策がとられるようになる．このような経緯で生まれる多国籍企業は，その企業の依存する国を基盤としてその国の諸環境に依存しているわけであるから，その国特有の諸要因（たとえば歴史的要因，文化的要因，社会的要因）に知らず知らずのうちに企業経営が，影響を受けることになる．したがって，海外に子会社を設立する場合，多くの企業が経験してきているように，これまで自国で養ってきた経営ノウハウが十分に機能するとは限らない．企業経営の基礎原理，あるいは機能は概念的には同じであっても，実際に企業を動かすということになると，理論とは違ううまくいかないという問題が表面化してきたのである．このことは，企業経営が単なる経済活動のみではないことを物語っている．つまり，それは企業（協働組織体）の担い手が人間であるからである．人間は，自分の生まれた社会の影響を受けて育つものであり，その社会固有の文化を共有しているのである．文化は，いわば人間の行動，価値基準を支配し，その文化

をもつ人間の行動パターン，思考パターンを決定すると考えられる．したがって，文化が異なれば経営管理スタイルも異なることが，当然の帰結として経営学上の問題となってきているのである．ここに比較経営論，国際経営論の視座が必要となってくるのである．

また最近では，企業組織を1つの社会システムとみなし，各企業が独自の文化をもつという「企業文化 (corporate culture)」が論議されている．Peters = Waterman (1982)は優れた企業を調査した結果，成功した企業には共通の要因（たとえば，経営理念，共通の価値基準，共通した行動スタイルなど）があり，これが会社に成功をもたらすとして，それを企業文化と位置づけ議論したのである．

このように経営学上において「文化 (culture)」は大きな研究分野となりつつあり，文化人類学，社会学，心理学などインターディシプリナリーなアプローチがますます要求されてきているのである．

II 経営における風土と文化

経営学の文献あるいは新聞，経済情報雑誌，また一般週刊誌にいたるまで，経営に関する記事を読むと，「経営文化」，「企業文化」，「組織文化」，「経営風土」，「組織風土」という用語が頻繁にみられる．ではこれらの言葉は何を意味しているのであろうか．「風土(climate)」とは，「土地の状態，即ち，気候，地味など」（広辞苑）と一般に理解される．しかし，これでは経営学上で使用される経営風土，組織風土の説明に不十分であるので，いま少し考えてみると，風土を「人間を主体とする知覚された，あるいは感知された環境」として考えてみることが妥当であるように思われる．すなわち，経営風土とは企業経営を行っていくうえで会社のメンバーが知覚する主観的環境といえるのである．その意味で経営風土といえば，会社の依存する国，あるいは，社会，産業分野など会社をとりまく環境全体から受ける心理的環境を意味し，経済的もしくは物理的環境と

区別されるのである．

　他方，同じ風土に関する概念であるが，組織風土は若干一般にいわれる経営風土の概念とは異なっている．確かに組織風土もあいまいな概念であることは否定しがたいのであるが，しかし，それが経営風土と違っているのは操作が先行した概念であることである．つまり，組織風土の概念は組織のパフォーマンス，もしくはモティベーションを分析するための概念的枠組みとして考えられたのである．Litwin = Stringer（1968）によれば，組織風土という概念は「仕事環境で生活し活動する人が直接的に，あるいは，間接的に知覚し，彼らのモティベーションおよび行動に影響を及ぼすと考えられる一連の仕事環境の測定可能な特性を意味している」（訳1ページ）のである（表7-1）．それゆえ，Litwin = Stringer は，組織風土を組織システムの要因とモティベーション性向の間に介在する1つの媒介変数であると考えるのである．

表 7-1　組織行動のモーティベーションと風土モデル

組織システム	知覚された組織環境	喚起されるモーティベーション	現われる行動	組織の結果
技　　　術 組　織　構　造 社　会　構　造 リーダーシップ 管理者の姿勢と管理手段 意思決定過程 メンバーの要求	組織風土（あるいは役割システムの期待）の次元	達　成 親　和 権　力 攻　撃 恐　怖 （相互作用）	活　動 相互作用 感　情	生　産　性 満　足 定　着 （離　職） 革　新 適　応　性 評　判 （イメージ）
		（フィードバック）		

（出所）　Litwin = Stringer, 1968, 訳41ページ．

　さらに，Forehand = Gilmer（1964）のように，組織風土を組織サイズ，構造特性など持続的で客観的変数を用いて客観的にとらえようとする組織属性の立場（Litwin = Stringer も含む）や，それとは反対に組織風土を本質的に個人属性の概念として考える B.Schneider を代表とする立場がある．後者の立場は組織風土を単なる組織状況の個人の知覚ではなく，個人と組織状況の相互作

用によって個人が状況に適応する際の準拠枠として，また個人が創造的に構成した要約的知覚として考えるのである．

このように，組織風土の概念は組織理論上重要な研究分野を占めているにもかかわらず，確立した統一概念にまでいたってはいない．しかし，一応ここでは，組織風土を同じ集団，あるいは同じ組織のメンバーによって共有され，あたかも実在するかのように集団もしくは組織メンバーに影響を及ぼす概念として理解することにする．

一方，文化はE.B.Tylorの定義によると「文化とは，それぞれの社会の成員によって獲得される知識や信念，芸術，道徳，慣例，およびその他一切の能力や習慣を含む一つの複合体である」(Cole = Scribner, 1974, p. 6, 訳9ページ)とされる．また，Linton(1945)は「文化とは，習得された行動と行動の諸結果との綜合体であり，その構成要素が或る一つの社会メンバーによって分有され伝達されているものである」(p. 32, 訳49-50ページ)としている．これは一般的な定義であるが，この定義や他の定義のなかから文化の内容を考えてみるとつぎのようにまとめることができる（村山,1977,p.8）．

(1)「文化」は，人間の個別的集団の生活様式である．
(2)「文化」は，かなり標準的パターンとなっている学習した行動を全体的に統合した物である．
(3)「文化」とは、言語と模倣の手段を通じて，次の世代に継承さるものである．

文化は(1)から集団のありかたを特色づけるものとし，(2)からは人間の行動に影響を及ぼす価値システムであり，(3)から未来的、潜在的な解放の力としての文化を理解することができる．

また，Schein (1980, 1985) は文化のさまざまな「要素」を検討して，それらの要素を図7-1のような文化の「レベル」にまとめている．これによれば，文化は目に見える人工物のレベルから目に見えない意識以前の基本的仮定のレベルに区別される．レベル1の人工物は，文化がもっともよく見えるレベルで，たとえば，会社の物理的なオフィス・レイアウト，書かれたり話された

りする言葉，あるいはメンバーの行動，といった組織の中で創り出された物理的・社会的環境を意味している．そして，価値は中間のレベル2に位置するものとして理解され，基本的仮説は文化の本質－文化とは一体何か－として位置づけられている．

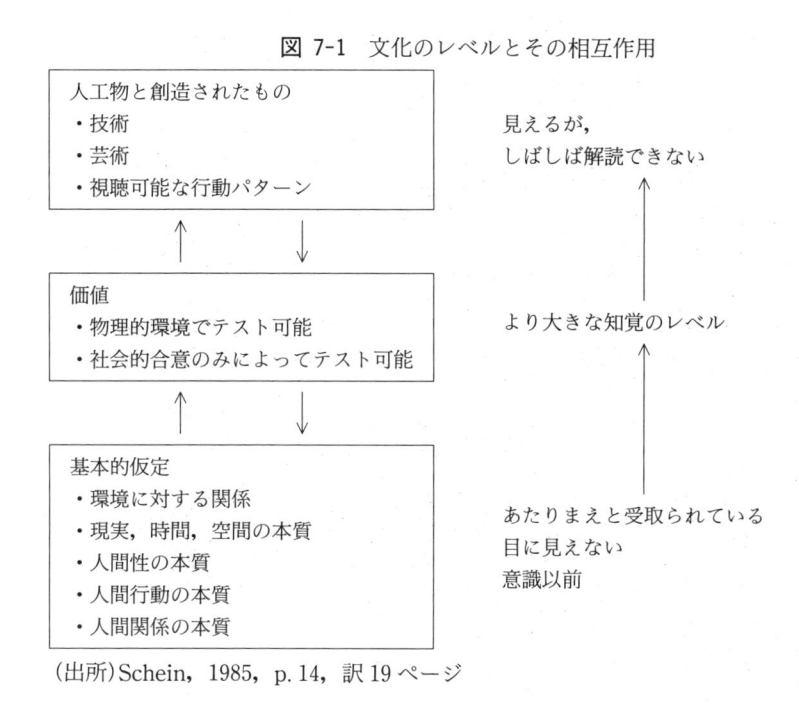

図 7-1　文化のレベルとその相互作用

```
┌─────────────────────────┐
│ 人工物と創造されたもの          │      見えるが，
│  ・技術                   │      しばしば解読できない
│  ・芸術                   │              ↑
│  ・視聴可能な行動パターン     │
└─────────────────────────┘
        ↑     ↓
┌─────────────────────────┐
│ 価値                      │      より大きな知覚のレベル
│  ・物理的環境でテスト可能     │
│  ・社会的合意のみによってテスト可能│
└─────────────────────────┘
        ↑     ↓
┌─────────────────────────┐
│ 基本的仮定                 │      あたりまえと受取られている
│  ・環境に対する関係          │      目に見えない
│  ・現実，時間，空間の本質     │      意識以前
│  ・人間性の本質             │
│  ・人間行動の本質           │
│  ・人間関係の本質           │
└─────────────────────────┘
```

（出所）Schein, 1985, p.14, 訳19ページ

　以上のごとく「文化」を理解しながら，経営学もしくは組織論での文化の研究に目を向けてみることにする．Smircich(1983)は文化に関する組織と管理研究を交差文化－比較経営（cross-cultural or comparative management）研究，企業文化（corporate culture），組織の認知（organizational cognition）研究，組織シンボリズム（organizational symbolism），そして構造的－心理ダイナミック（structural and psychodynamic）・パースペクティブに分類している．

222　第Ⅲ部　理論編

図 7-2　文化理論と組織理論の接点

人類学から採用された「文化」の概念	組織とマネジメント・リサーチのテーマ	組織理論から採用された「組織」の概念
文化は人間の生物的，心理的ニーズに役立つ手段．例：Malinowski の機能主義	交差文化または比較経営	組織は業務遂行のための社会的手段．例：伝統的な経営管理理論
文化は適応的・規制的メカニズムとして機能する．それは個人を社会構造に統合する．例：Radcliffe-Brown の構造的機能主義	企業文化	組織は環境との交換過程によって存在する適応的有機体である．例：不測事態対応理論
文化は共有の認知からなるシステムである。人間の精神は一定数のルールによって文化を創造する．例：Goodenough の民族学	組織の認知	組織は知識の体系であり，そのメンバーが様々な形で共有し，ルールのような方法で機能する主観的意味ネットワークに依存する．例：認知組織理論
文化は共有のシンボルおよび意味のシステムである．シンボリックな行動は理解されるために解釈・判読される必要がある．例：Geertz の象徴人類学	組織シンボリズム	組織はシンボリックな会話のパターンである。また共有の意味と現実を助長する言語のようなシンボリックなモデルを通じて維持される．例：シンボリックな組織理論
文化は人間の精神の普遍的な無意識的下部構造の反映である．例：Levi-Strauss の構造主義	無意識過程と組織	組織の形態と行動は無意識過程の証明である．例：変換的組織理論

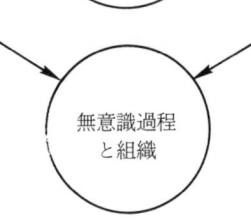

（出所）　Smircich, 1983, p. 342, 戦略経営協会編訳, 1986, 39 ページ.

最初の2つの分野は、システム理論のフレームワークに基づいて組織変数として文化をとらえ、残りの3つの研究は、文化を組織の変数というよりはむしろ組織を概念づけるルート・メタファー（root metaphor）として扱っている．

第1の「交差文化もしくは比較経営研究」においては、文化は社会的影響力としての独立変数としてみられ、異文化における経営の違いや信念、態度のパターンのチャート化がこの研究では追求されている．この分野には、Abegglen (1958) 以来の日本的経営の論議、多国籍企業研究に関する異文化経営論、組織の国際比較があげられよう．

異なる社会には異なる文化による組織構造、プロセス、そして管理者の態度、欲求、動機づけがある．換言すれば、組織とそれをとりまく社会の文化的影響を対象とし、組織への文化的浸透性をここでは問題にしており、ここでの組織文化の研究は、このような比較研究の観点を反映しているといえる．つまり、この研究はさきに述べた経営文化を扱っているのである．

「企業文化」としての文化は、組織の内部変数として扱われ、組織自体が文化創出現象を示すととらえられる．つまり、組織文化は、人間の創造（human enactment）の結果としてみられるのである．組織は、商品やサービスを提供する道具としてでなく、副産物として儀式、伝説、セレモニーといった文化的人為構成物を生みだすのである．この見解は、組織生存のための変数間のコンティンジェントなパターンと関係しており、システム理論が根底にある．最近になって、システム・モデルにシンボリック・プロセスが導入され、シンボリック行為としての管理が強調されている．したがってここでの研究では、管理技術それ自体が、コミュニケーションの有力な象徴的手段として考えられているのである．

組織の新しいメタファー、すなわち組織は人間の意識による表現形態であり、顕在物であるとする立場によると、組織は主に経済的あるいは物的関係ではなく、表現的、観念的、かつシンボリックな側面から分析、理解される．

組織状況の診断と介入のための調整された行為を行う組織メンバーの理解や規則のチャート化を探る組織の認知アプローチにあっては、文化は思考、ある

いは認知システム，もしくは知識や信念のシステムとして考えられ，人間の心によって創出される．また，この認知パースペクティブが強調することは，主観的意味のネットワーク，あるいは程度の差こそあれ，外部の観察者にとって規則のような，そして文法として機能する共有された準拠枠である．組織の現実を，組織メンバーがいかに創造する(enact)かが重視され，従来の組織風土，組織学習の研究はここに含まれる．

　組織シンボリズムは，組織の意味の創造と維持を行うシンボリック行為のパターンにその理解の焦点をおく．ここでの文化は，共有されたシンボル (symbol)と意味のシステムである．シンボルは，意味のある関係のなかで連結されており，ある状況下での人々の活動にどんな関係があるかを示す．このパースペクティブは，個人が自分の経験をいかに理解し，解釈するか，そしてこれらの理解，解釈が行動にいかに関連するかについて組織の分析を集中する．つまり，シンボリックな行為を通して組織創造と維持が主張されるのである．また，言語といったシンボリック・モードは，共有した現実を容易なものとし，言語のもつ重要性が指摘されている．

　組織の文化研究の最後は，構造的―心理ダイナミック・パースペクティブである．そこでは，文化は無意識の心理表現としてみなされる．人間の心は，心理的，物理的内容を構成するための既存の制約要件をもっていると考えられている．文化は無意識の下部構造の働きを示しており，この研究の目的は，人間の心のかくれた側面を明らかにすることにある．

　交差文化―比較経営研究に分類される，日本の会社の分析を通しての Ouchi (1981)の研究によれば，組織文化（訳書では社風，原書では organizational culture）は，その企業体の基本的な価値観と信念をその従業員に伝達する一連のシンボル，儀式，それに神話からなる (p.41,訳 68 ページ)と定義され，この儀式により，これがなければ断片的で抽象的な思想になってしまうものに，肉をつけ血を通わせると論述している．この指摘は，Smircich の分類する企業文化，組織シンボリズム，組織的認知のいずれをも反映しており，ここで示された5つの範疇にすっきりと分類できるというわけでない．

また，Pettigrew(1979)は，シンボリズムの分析視点にたちながら，組織文化をシンボル，言語，イデオロギー，信念，儀式，そして神話という一群の概念で把握している．さらに Pettigrew の研究で特徴的なことは，組織の変遷を一連の社会ドラマとしてとらえ，組織にコミットメントを与える企業家（entrepreneur）のリーダーシップに言及していることである．ここでの企業家とは，構造，テクノロジーという組織の合理的で有形な側面の創出者というだけでなく，シンボル，イデオロギー，信念といった組織生活の文化的側面の創出者とみなされるのである．

　Deal = Kennedy(1982)は，企業における文化の価値理念，英雄，儀式について考えることに多くの時間を費やし，率先して文化を維持し，形成する人々を「シンボリック・マネジャー」とよんでいる．管理者は会社を運営し，英雄は会社を創造するのである(Deal = Kennedy, 1982, p.37, 訳57ページ)．シンボリック・マネジャーはこの英雄を認め，それを通して強い文化を築き，また自らも英雄であったりする．まさにそれは，管理者の創造的リーダーシップそのものである(Barnard, 1938; Selznick, 1957)．また，Pfeffer(1981 b)も同様に共有された意味や信念のシステムの構築，維持を管理者の重要な仕事と考え，シンボリック・アクションとしての管理論を展開している．

　このように，組織における文化の研究はその研究のなかでどこにウエートがおかれるかの問題であろう．異なる社会は異なる文化をもつゆえに，多くの研究者の努力は組織の構造，プロセス，そして管理者や従業員の態度，欲求，動機づけにおける当該組織をとりまく社会の文化的影響に向けられ，現在も行われている．しかし，独自の文化的特質を兼ね備えた組織，すなわち，意味，信念を生みだし，伝説，神話，そして物語を養育し，儀式，儀礼，セレモニーによって飾られた組織という命題が一般化してきている．組織における文化研究の焦点が，組織の存在する社会からの影響力という問題から，文化的考察のスキーマを1つの社会としての組織に適応する研究に移ってきているのである．

　このように，経営学における文化の研究は，主に第1の比較文化研究と第2の企業文化の研究において従来行われてきている．ただ，ここでは組織文化を上

位概念として，経営文化および企業文化を説明してきたが，これらは，必ずしも明確に区別され，使用されているわけではないという点に留意しなければならないであろう．

　さらにもう1つ述べておかなければならないことは，最近の組織文化の研究が，確かに文化コンテクストとしての組織内部の研究，具体的には企業文化の研究を志向しているとはいえ，組織をとりまく外部の社会的，文化的環境との関連をも研究対象としていることである．コーポレート・アイデンティティ(Corporate Identity，略してCI)は，企業の体質改善や従業員の意識改革に結びつけて論じられるが，他方でシンボルを利用した企業イメージの統一的表現として，シンボル・マークなどを用い，それをいろいろな媒体を通して企業イメージを体系的に，組織的に広めていくことをさしている．これは，企業がそれをとりまく環境から文化的影響を受けるという側面だけでなく，積極的に外部環境へ文化的コンテクストを利用して働きかけるという経営戦略の一側面としてみることができよう．

　企業文化すなわち組織文化は，企業の成功に大きな影響をもつとして注目されてきているのである．株式のダウ平均で有名なダウ・ジョーンズ社は，設立以来100年，一貫した企業理念を貫いており，一般にいわれる企業30年ライフ・サイクル論とは無縁である．また，日本で根強い人気をもつフランスのカバンメーカーのルイ・ヴィトン社は創業以来130年，つねに環境に対して革新的でありながら，経営組織の基本ポリシーは「良い商品を顧客に正確に売る」という，伝統的で，質実剛健な経営姿勢をもち，企業の成功の戦略は，ブランド・イメージを得るコーポレート・アイデンティティであるとしている．このような，成功した企業を列挙するとその枚挙にいとまがないが，これらの成功企業をみるとその企業を支える一貫した価値体系，つまり経営理念といった企業固有のしかも強固な文化をもっていることが認められる．つまり，企業の成功は，単に新しい商品を生みだしたとか，新しい技術を提供したとかいうことでなく，新しい商品，新しい技術を生みだす土壌である企業文化がどうであるかが重要であって，確固とした組織文化をもたない企業は短期的に成功したと

しても，長期にわたって成功し続けることは困難であるといわざるをえないのである．

III 日本的経営

1 日本的経営

経営と文化との関係ですでに明らかであると思われるが，日本人は欧米人，あるいは他の民族の人々とは違った行動特性をもっているようである．したがって，日本人によって構成されている企業は，日本人のもっている文化を反映した日本的な経営を行っていると考えられるのである．

この日本的経営の研究は，J.C.Abegglen(1958)によって先鞭をつけられた研究分野である．しかし，日本的経営への注目は日本がドル・ショック以後，第1次石油ショック，第2次石油ショックをたくみにくぐりぬけ，経済発展を果たしたことを契機としている．第2次世界大戦後，日本企業はこぞってアメリカ式経営を導入し，高度成長をとげてきた．しかし，石油ショック以後世界の先進諸国が経済的停滞もしくは経済的衰退を経験しているのに対し，日本は一時的停滞はあったにせよ，他に類をみないほどの経済的成功を果たしてきた．そして最先端技術の分野においてさえも，日本は世界のトップ・レベルに到達している．この日本経済発展の担い手である日本企業は世界的に注目されており，ここ数年来，「日本に学べ」が世界各地でおこっているのである．

Abegglen(1958)は日本的経営の特徴として，①従業員採用の独自性，②終身雇用，③年功序列制(年功賃金，年功昇進制)，④企業別労働組合，という経営の制度的特質を指摘し，その後，終身雇用，年功序列，企業別労働組合は日本的経営の「三種の神器」といわれている．しかし，日本企業の研究が，日本内外で盛んに行われるようになると，Abegglenがあげたような特質だけでなく，さまざまな日本的経営論が想起されている．たとえば，『セオリーZ』で著名なOuchi(1981)は，日本の企業とアメリカの企業の抽象モデルを対比して描いて

いる（表 7-2）．

表 7-2　アメリカの組織と日本の組織の対照的な相違

〈アメリカの組織〉	〈日本の組織〉
短期雇用	終身雇用
早い人事考課と昇進	遅い人事考課と昇進
専門化された昇進コース	非専門的な昇進コース
明示的な管理機構	非明示的な管理機構
個人による意思決定	集団による意思決定
個人責任	集団責任
人に対する部分的関わり	人に対する全面的な関わり

（出所）　Ouchi, 1981, p. 58, 訳 88 ページ．

表 7-3　機械的適応と有機的適応

	機械的適応（米国）	有機的適応（日本）
目　　標	投下資本収益率（ROI），株主利益の重視．	市場占有率，新製品比率の重視．多元的目標．
戦　　略	より広い活動領域の定義．機動的な資源展開と経営資源の有効利用．高い花形製品比率．正攻法の競争志向．製品戦略の重視．	経営資源の長期蓄積．高い負け犬製品比率．ニッチ戦略．生産戦略の重視．
技　　術	ルーチン性の高い生産技術．	ルーチン性の低い生産技術．
組織構造	高度の公式化・集権化・標準化（機械的組織）．横断関係の制度化．財務・会計部門の大きなパワー．高い事業部制採用率．より高度な業績評価．業績-報酬関係の結びつきが強い．高度の細分化と自己充足性，垂直的統合機構．	低度の公式化・集権化・標準化（有機的組織）．現業部門とくに製造部門の大きなパワー．低い事業部制採用率．単純な業績評価．業績-報酬の結びつきが弱い．低度の細分化と自己充足性．横断的統合機構．
組織過程	個人のイニシアチブによる決定．問題直視によるコンフリクト解消．アウトプット・コントロール．	情報志向的リーダーシップ．集団的決定．強権と根まわしによるコンフリクト解消．価値・情報の共有によるコントロール．変化志向的組織風土．ローテーションと内部昇進．
経営者の個人属性	スペシャリスト．高い価値主導性．革新イニシアチブ．実績．	ジェネラリスト．高い対人関係能力．
組織改革	トップ交代と結びつく．トップ・ダウン．第 1 次機能重視の漸進的改革．	高い変化率．第 2 次機能重視の変革．

（出所）　加護野 他，1983, p. 47.

また，日本人の行動特徴としていわれる集団主義，あるいは日本社会の特質をとらえた文化論的アプローチも盛んに行われている．

他方，この文化論的アプローチの限界（①文化や制度より，その変化と量が企業経営に必要であること，②実践的示唆に欠けること）を指摘し，環境適応論の立場から企業の国際比較を通しての実証データをもとに，日本企業と米国企業の違いを表7-3のようにまとめた研究もある（加護野 他，1983）．

以上を含めて，日本的経営については，さまざまな研究がされている．一連の日本的経営についてレビューしてみると，つぎのような日本的特徴を考えることができると思われる（表7-4）．第1は制度的特性であり，初期の日本的経営についての研究は主にこの特性の研究であったといえる．第2は文化・心理特性であり，文化論的アプローチの成果が一番反映している．第3は日本人の行動特性についてである．最後に，Ouchi(1981)，加護野 他(1983)のように組

表 7-4　日本的経営の特徴

1. 制度的特性
   (1) 日本的従業員の採用形式
   (2) 長期的雇用
   (3) 年功序列制
   (4) 企業別組合
   (5) 人事異動
   (6) 教育・訓練体系の独自性

2. 文化・心理特性
   (1) 能力観（潜在的能力の重視―長期にわたる個人能力の活用）
   (2) 従業員に対する全面的関わり
   (3) 帰属意識の強さ（同一化の作用）

3. 行動特性
   (1) 役割分担と柔軟性
   (2) 「ウチ」と「ソト」の区別
   (3) 集団主義

4. 組織特性
   (1) 有機的組織
   (2) 集団的意思決定（根まわし・稟議制度）・集団責任

織についての特徴である.

　このなかで，とくに日本人の行動特性と指摘される集団主義について簡単に説明することにする．集団主義は個人主義に対比されるものであるが，日本企業でこの集団主義はどのように機能しているのであろうか．日本型の組織と欧米型の職場組織は図 7-3 のように示すことができる．山田（1982）によれば，欧米型の個人主義の組織では，個人 A・B… はそれぞれ a・b… の仕事を個別にもっており，たとえば A が欠勤したからといって B・C… は a の仕事を手伝だってやる必要はないし，また手伝うという考えや義務感はもたない．A の仕事 a はマネジャーの責任事項なのである．他方，日本型の組織では，ある課の仕事は，ある課の全員が全体として負っているのであって，a＋b＋c＋d＋e 全体につき，A＋B＋C＋D＋E という 5 人の集団（しばしば課長を加えての 6 人の集団）が全体として責任を負う形となっている．もちろん，高度に機能化した集団であるからメンバーの役割は分化しており，したがって通常は A は a を，B は b をと分担ははっきりしている．しかしながら，B が病気で欠勤した場合 A＋C＋D＋E が a＋b＋c＋d＋e の仕事を処理するのが通常である．このように課の仕事全体を課のメンバーが全体として責任を負っているという型で，日本の職場組織が成立している点に注目して，「集団主義」というラベルが貼られ

図 7-3　欧米型組織と日本型組織

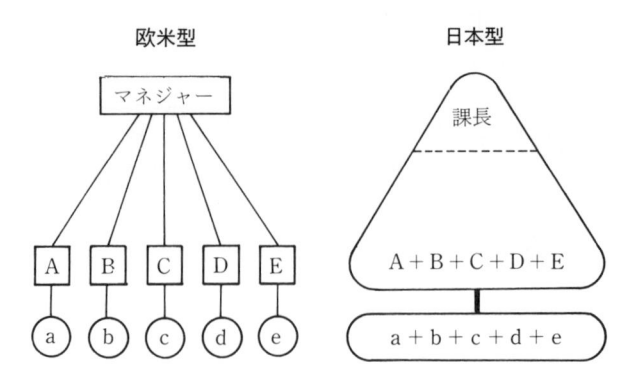

(出所)　山田，1982, p. 91.

ているようである．もちろん，この集団主義にはそれを与えている文化的心理特性を日本人がもっているということであり，主に文化論的アプローチで研究がされてきているのである．

2　日本的経営論

日本的経営に関してはまず基本的に2つの考え方があると思われる（占部，1978）．その1つは(1)収斂説(convergence theory)であり，他方は(2)非収斂説(divergence theory)である．

(1) 工業化とともに都市化が進むことにより伝統的な家族主義的な関係もくずれ，人と人との関係は合理主義化され，非人格化されてくる．欧米の工業化は，自由市場社会の成立を前提として進められ，そして工業化の進行は，社会の合理主義と非人格化を進めてきた．非欧米諸国でも，工業化が進むことによって，同じような社会の変革が行われ，欧米的な社会のパターンに収斂していくという立場が，収斂説である．

　収斂説によると，工業化と都市化が進むことによって，日本の社会も欧米的パターンに社会が収斂していくのであるから，日本的経営も，その特殊性をしだいに失って，欧米的な経営管理制度に近づいていき，それとほとんど変わらないものに変化するであろうと予測するのである．つまり，近代的な生産技術がより有効に利用されるためには，日本の社会は欧米的な社会に変化しなければならないし，日本的管理制度は，欧米的なパターンに近代化され，合理主義化されなくてはならないという主張を生じてくる．さらに，現状において，日本的経営が欧米的なパターンと異なるとしても，それは日本の後進性のためであり，工業化の高度化とともに日本の社会が後進性からの脱皮をとげるならば，欧米的な経営管理制度を採用することが，より有効であるという主張が収斂説から考えられるのである．

(2) 非収斂説は，工業化によって同じ近代的な生産技術が導入されても，それはその国の伝統的な社会や文化を変革するものではなく，しかもそ

れが有効に働くとする立場である．この非収斂説に立つと，日本の工業化の過程のなかで，近代的な生産技術を導入しながら，日本の伝統的な社会や文化を破壊しないで，むしろそれに適応することによって，日本的経営という独自の経営管理制度を生みだしてきたといえる．工業化によって，日本の伝統的な社会が変革されない限り，日本の伝統的な社会に適合した日本的経営の方が，日本の社会に適合性をもたない欧米的な経営管理制度よりも，より有効であると考えられる．非収斂説では，日本の工業化が今後高度化するとしても，日本の社会それ自体は急激には変化しないのであるから，終身雇用制として特色づけられる日本的経営の本質も根本的には今後も不変であると主張される．

収斂説はその背後に普遍論があり，非収斂説は特殊論の立場にあるといえよう．

さらに，日本的経営には5つのアプローチが考えられる（丸尾，1981；加藤，1985）．

① 日本人の心理的な特性を重視するアプローチ——この考え方をする人たちは2つに分けられる．(a)津田(1976, 1977)のように，共同生活体ということを基本において，共同生活体を求めるという人間の本源的な行動が企業に現われたものとして，日本的経営の特徴をとらえる考え方が1つある．(b)岩田(1977, 1980)は，日本人の心理特性としての集団主義が一定の制度的条件のもとで現実の行動特性となって発現すると考える．集団主義とはいうまでもなく，西欧の個人主義に対し，集団の利益を優先させることである．

② 歴史的な伝統を尊重するアプローチ——間　宏(1963, 1971)の経営家族主義によるとらえ方がそれである．間の考え方によれば，歴史的に連続している，変化しない日本的特性と，その時代，時代の社会的環境の特殊性によって変化するものとの2つの面があるという．その点では，岩田龍子と共通するが，間は，岩田のように日本的経営の源流を，日本人の心理的特性におくのではなく，江戸時代からの家業経営（経営家族主義）という歴史的伝統のなかに求めている．そして，この経営家族主義という形が，戦後の民主化された社会環境のも

とで，経営福祉主義といわれるような形で現われてきたとみるのである．

③ 経済合理性によって説明するアプローチ——占部（1978）は，いま述べてきた津田や岩田，そして間のような考え方は日本人の心理的特性をあまりにも重視しすぎて，経済的合理性による説明を欠いていると批判する．そして，日本的な終身雇用制にも労使間に義務の相互交換のような形で，経済的合理性が認められるのだと指摘するのである．ただ占部によれば，日本では労使間の関係が欧米と異なるのは，金銭的なものに加えて非金銭的要因が多いということであって，それは，労使関係が長期的にバランスをとる相互交換であることに特徴があるからだとされる．また小池（1977，1978）は，内部労働市場という概念を用いて説明する．つまり，労働者は，その企業にとどまる方が得になるからこそ終身雇用制を受け入れるのであり，経営者にとっても，そうすることが得だから，終身雇用制や年功賃金を維持するのだというわけである．さらに，山田（1980）は，日本的経営は日本民族の特異性によるものでも，封建的なものでもないという．それは，人間の本性と組織の本質にかなった，合理的な組織であるという考え方で，日本的経営の経済合理性を主張している．

④ システム論的アプローチ——これは，公文（1976），村上 他（1979）のような社会システム論からアプローチする考え方である．組織内の情報交換機能を重視しているのがこのアプローチの特色である．

⑤ 経済，政治，社会の発展段階の遅れによって説明するアプローチ——この考え方は日本の労使関係を基本的には後進性に基づいているととらえ，日本の経営の独自性を，経済と民主主義の発展段階の遅れのためとする考え方である．一昔前までは，この第5のアプローチのような見方が支配的であった．しかし，日本の経済水準が欧米諸国の水準に達しつつあるにもかかわらず，日本的労使関係に予想されたほどの変化がみられないうえに，逆に海外から日本的労使間の長所が見直されはじめるに及んで，この考え方は優勢ではなくなってきている．

以上のごとく，日本的経営に関する研究，すなわち日本的経営論には多くの

研究業績があって，ここでふれていない研究も多くある．たとえば，米国商務省による『株式会社・日本』(1972)，Pascale = Athos(1981)，Vogel(1979)らの外国からの研究も多いが，ここではこのなかで日本的経営論の代表的理論である間 宏，津田真澂，そして岩田龍子の研究を概説するにとどめたい．

(1) 歴史研究による間 宏の日本的経営論

間(1963, 1964, 1971, 1978)は，日本的経営について第2次世界大戦の前後を通しての労務管理，労使関係の分野を中心にしながら，「集団主義」の概念を通歴史的な日本の文化的特徴として指摘した．集団主義とは，「個人と集団との関係で集団の利害を個人のそれに優先させる集団中心の考え方」(間, 1971, p.16)であり，この集団主義経営はその集団の永続（「和」）の目的から終身雇用制と年功制という管理制度によって与えられているのである．ここに，集団主義のもとでの企業と従業員との一体関係を示す運命共同体としての企業が想起される．この企業運命共同体は，戦前においては「経営家族主義」，戦後は「経営福祉主義」とよばれるのである．

「経営家族主義」とは，経営者の従業員に対する家族的温情主義——家長（＝経営者）の支配のもと，それに忠実に服従し，家（＝企業）の存続と繁栄を願うことが子（＝従業員）のつとめとして要求されるという家族主義のイデオロギーとそれによる終身雇用制，年功的，身分的な賃金制度という家族主義的管理——を意味している(間, 1964)．そして，この経営家族主義は明治維新から昭和初期に成立したと間は指摘している．

この経営家族主義は戦後の民主化によって崩壊したかにみえるが，その管理制度は継承される．しかし，経営家族主義の労使一体論の理念にかえて，戦後は労使協調の上に立つ企業繁栄，従業員の生活向上，そして社会への福祉という新しい経営概念のもとにこの経営家族主義は再編され，「経営福祉主義」となるのである．

この「経営家族主義」から「経営福祉主義」への転換は戦前—戦後の断絶ではなく，ここには集団主義的経営の原理が貫かれ，現在の経営福祉主義経営の

もとでも，運命共同体としての企業——のちに「企業コミュニティ」(間，1978)——が考えられているのである．

以上のように，間の日本的経営論は「日本的行動特性としての集団主義」を歴史的概念として考え，文化論的色彩をおびながらも，その歴史的考察を通して単なる日本的文化論に陥ることを批判している．

(2) 津田真澂による日本的経営論

津田(1976,1977,1981 a,1981 b)の日本的経営論については，つぎのような特質が指摘されている(津田 編,1982,pp.146-148)．

① 津田の理論が国際的な性格を有しており，多くの学問の成果の積極的な適用に基づいていること．

② 日本的経営という場合の分析対象として，経営のほぼすべての局面がとりあげられていること．つまり，人事・労務管理だけでなく，経営戦略，経営組織，経営過程など経営全般について考察されていること．

③ 日本的経営の理論化を戦後の経営の実態把握に基づいて行っていること．

④ 日本的経営を特殊論の枠に閉じ込めず，「日本的という特殊を研究しながら，他方はいつも世界＝普遍的なものを視野の中に入れている」(津田，1981 c, p.24)こと．つまり，日本的経営学を下位体系として位置づけ，普遍論を志向していること．

以上のような特質をもちながら，津田は日本的経営の理論化を「共同生活体」という普遍的そして基本的概念によって行うのである(津田，1977)．共同生活体とは，企業とその身近な社会を一組にした生活圏を意味している．そして，日本の企業が従業員にとってこのような共同生活体として機能している点に，津田は日本的経営を位置づけている．ただ，この共同生活体は欧米でも同じであるが，その共同生活体の形成は異なっているのである．イギリスでは，人々は家庭とその周りの身近な社会が一組の生活圏をもっている．つまり共同生活体を形成している(図7-4)のに対し，日本では勤労者は家庭の周辺に共同生活

体をもたず，企業経営体こそが共同生活体となっているのである（図7-4）。この共同生活体としての経営体が日本の企業であり，日本的経営を特徴づけているとされるのである．したがって，この共同生活体は間（1971）の「運命共同体」とは区別される．共同生活体である日本的経営体は，①参加するメンバーにとって全人格が発動される場所であり，②権威は共同生活体としての性格を維持し繁栄させることで発生するのである．さらに，③業績をあげるトップ・マネジメントであると同時に，従業員を帰依させる人格をもたなければならないという最高権威の二重性が日本的経営の組織と管理の二重性として貫かれ，④この二重性は経営体内の人間集団の主張の形に結晶しやすい，という4つの基本

図 7-4　地域社会の共同生活体と企業

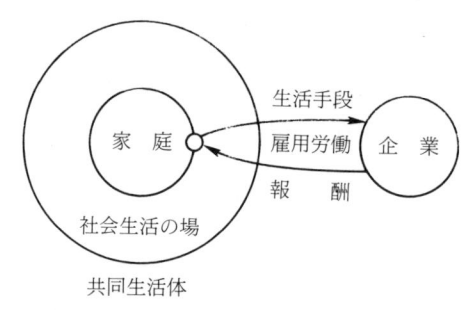

（出所）　津田，1977, p. 199.

図 7-5　共同生活体としての企業

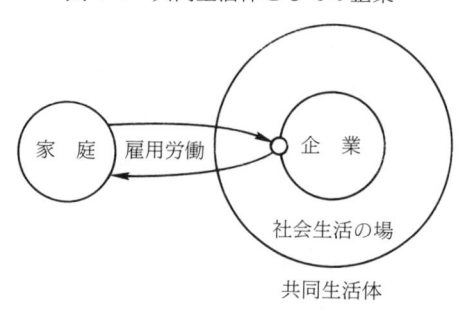

（出所）　津田，1977, p. 204.

原理によって共同生活体は成立するのである．

このように日本の企業は合理性と能率性を基本原理とした業績達成という経済機能を保持しながら，従業員にとっては共同生活体として機能するという日本的経営論を津田は展開しているのである．

（3） 岩田龍子による日本的経営論

日本的経営を岩田(1977, 1978, 1980)は，日本の経営制度を規定する日本人の心理特性を問題として，文化論的なアプローチを展開している．

日本的経営とは，経営制度——経営目的を効率的に達成するために，人びとの心理特性に支えられた志向性を一定の方向に誘導し，これによって，人びとの行動を規制し，秩序づけるように，意識的に形成されたシステム(岩田，1977，p.8)——の日本的特質として考えられている．この経営制度を形成する編成原理——人びとの行動を効果的に組織化する場合，つねにその拠りどころとされる考え方ないし原理(岩田，1977, p.7)——として7つの編成原理を岩田はあげている．

　原理1—"関係"そのものの永続性の維持
　原理2—調和的関係の維持
　原理3—形成された身分秩序の尊重
　原理4—集団編成による所属感の満足と情緒的安定性の維持
　原理5—急激な変化の回避
　原理6—安定志向性と沈滞回避の両立
　原理7—組織成員の義務の無限定性

この編成原理は日本人の心理特性と経営制度を適合させるものである．そして，この編成原理を支える日本人の心理特性は安定志向のある「集団主義」であり，この集団主義が日本人の間に深く定着した行動特性・心理特性に根ざしたものであることから，これを「集団志向性」と岩田はよんでいる．この集団志向性は何代にもわたって同じ集団が維持されてきた日本のムラ（村）構造のなかで形成されてきており，ムラを中心とする人間関係（ウチとソトを区別す

る），つまりムラ意識に根ざした集団志向性によって日本的経営が展開されているとされる．

この集団志向性は，集団への責任意識を強め，自分の「仕事」をこえて組織目標のために協力し合う（これは「義務の無限定性」として示されている）という柔軟な組織構造は，千変万化する状況に対応する鋭い感覚力をもち，状況変化に即応しようとする性質および即応しうる能力を示す状況即応性と日本の長期的雇用関係からくる「組織事情」に精通していること，すなわち「組織事情に通じた即応性」がバックボーンとなっている．

では，日本企業の経営組織について岩田(1980)はどのように考えているのであろうか．従来，日本的経営の特質とされる「終身雇用」と「年功制」は，従業員にとって安定と年功的昇進制度給による地位と賃金の上昇をもたらし，企業側にはさまざまな不便はあるにせよ人材の確保，育成，機動的な組織中枢の形成などの利点が考えられていた．しかし，「終身雇用制」は広く社会に定着すると労働移動を大幅に制約し，従業員は経営組織内に閉じ込められるという，いわば「高圧釜」となる．このように出口をふさがれた従業員は他に同一あるいはより好条件の就職の機会を求めることが困難となり，定年まで1つの組織で頑張らなければならない．さらに，この高圧釜のなかで年功制が激しい競争を生みだしているのである．実は年功制は単なるエスカレーターではなく，ある種の能力主義なのである．つまり，年功制は年功を重要な基準としながらも，徐々に少しずつ処遇上の格差をつけていき，長年のうちには，結局然るべき人を然るべきポストにつけるきわめて日本的能力主義なのである．この能力主義は，①日本人の能力観，②日本人の地位感覚，③期待と動機づけが重要な要因となっているとされる．日本人は現実に到達したレベルの能力，すなわち「実力」よりも"潜在的可能性"としての能力，すなわち「力量」が問われる一方で，能力評価においてその評価基準が一元化し，能力評価が人間評価に結びつく傾向にある．つまり，それは「できる人」と「駄目な奴」である．

また，社会的階級意識の薄い日本人は，①所属集団の社会的威信，および②所属集団内部での地位に対してはきわめて敏感である．さらに，日本社会が間

人社会，あるいは間柄社会であることは広く認められていることであるが，このような環境下ではそれにふさわしい相互の期待関係が維持される．したがって，他者の期待に敏感であるために，上司や仲間が高く評価し，大いに期待してくれることは多くの日本人にとって重要な動機づけの原因となると岩田(1980)は考えているのである．

このように日本企業の経営組織における終身雇用制と年功制は，日本人の心理特性から従業員を「ぬるま湯」の状況におくというよりはむしろ激しい社内の昇進競争をひきおこし，動機づけるという組織の合理的メカニズムとなっていることを岩田は指摘しているのである．

文化論的アプローチをとる間，津田，岩田の日本的経営論について若干のレビューを行ってきたが，さきの研究アプローチにおいて示しているごとく，ほかにも多くの研究がみられる．小池(1981)の主張のように，日本の労働雇用慣行である終身雇用制などの経営慣行は日本独特の制度ではないとして否定論を示し，普遍論としての日本的経営論を展開しているものもみられる．この主張は経済学者の間で支持が多いのである．いずれにせよ，日本経済の発展，そしてそれを支える日本企業の世界への展開により，ますます日本的経営についての研究が今後とも行われていくであろう．その場合，文化論的アプローチによる研究に加えて，経営組織，経営管理システムなどの国際比較による研究を，日本的経営の研究にこれまで以上に取り入れていく必要があると思われる．

IV 日本的経営の課題と展望

1970年代から1980年代にかけて，石油ショックという世界的経済危機を乗り超えて日本企業は急激に発展し，1980年代後半には世界を席巻するにいたった．そこで日本的経営といわれる一連の日本型経営システムが，世界的に注目されたのである．トヨタ式生産システムに代表されるリーン・マネジメント

による「改善」はアメリカの工場において日常的な言葉になっているし，デザイン・インといわれる設計段階からの参加システムも世界的に受け入れられている．また，企業の系列やその下請けシステムは日本企業の競争力の高さを支えてきたといえる．

　しかし，1990年代に入り，バブル経済の崩壊とともに日本経済の基盤であった「土地神話」が崩れ，これにともなう金融システムの弱体化，さらに円高による輸出不振を契機とする日本経済の空洞化といった経済環境の変化により，日本企業はこれまでのような経営システムを維持することが困難になってきている．そのうえ，価値観の変化による就業形態の多様化など社会的な環境も変わり，従来のような日本的雇用関係の維持も難しくなってきている．つまり，日本的経営を象徴する終身雇用，年功序列，企業別組合という「三種の神器」は有名無実となりつつあり，日本型経営システムはこのような環境変化に応じて変わらなければならない時期にきている（吉田，1993）といえよう．

　今後の日本的経営を展望し，その課題を以下のようにまとめることができる．

（1）経済構造の変化

　日本型経済システムの変化は，それ自体に起因するだけでなく，国際化による日本市場の開放という規制緩和の進展に原因がある．わが国の流通，農業，サービスの各分野における生産性の低さが指摘されているが，日本市場の開放によって一時的にこれらの分野の日本企業にマイナスの影響を与えるかもしれない．しかし，これまで国際競争にさらされてきた日本企業の競争力の強さを考えれば，長期的にみて日本企業のみならず消費者にとってもよい結果をもたらすと考えられる．そのことは困難さをともなうが，その克服は何よりも日本企業の経営システムの改善に依存しているのである．

（2）価値の多様化

　とくに若い世代を中心とした仕事観の変化がみられ，就業形態の多様化を生

んでいる．もちろんこの変化は企業側の雇用関係の見直しを否定するものではない．経済の国際化にともない競争力を維持しなければならない企業は，従来の終身雇用や年功序列制度を維持することは難しくなると考えられる．近年の日本における転職率の上昇はいちじるしく，大企業による中途採用者の比率も上昇している．その一方で，労働コストの削減を目指した早期退職制度が盛んに導入され，中高年齢者の退職を促している．右肩上がりの経済成長を前提としてこれまで大企業を中心として採用されてきた終身雇用制度や年功序列制，すなわちいったん新卒者として入社すれば，特別の事情がないかぎり定年まで年齢とともに給料が上がり，昇進するといった制度は，これからの低成長経済環境下では企業の負担を増大し，競争力の低下を招くとの懸念から変更を余儀なくされ，一部の中間管理者に採用されている能力主義に基づく年俸制が企業全体に普及しだしている．これらの要因も日本型経営システムを変革させる要因である．

(3) 高齢化社会の到来

少子・高齢化による労働者数の減少にともなった労働年齢比率が，日本型経営システムの変化を誘発する決定的な要因となる．日本的経営は企業が成長し，その規模を常に拡大することを念頭に置いて，中高年齢者層と若年年齢者層の比率が一定に保たれていることが重要であった．しかし今後の労働力増加率の低下，さらにはマイナスとなる事態を考えるとき，従来のような雇用関係を前提とすることはできない．基本的生産要素である労働力の絶対的供給不足は避けがたい事実であり，扶養人口の増加による社会構造の変化によって企業は経営システム変革を推進する必要がある．労働力不足を女性労働者や日本人以外の労働者の雇用によって緩和することができるとしても，そこには文化やジェンダーなど新たな課題が生じ，それに対処する経営システムを模索する必要がある．

ここで指摘した問題以外にも多くの課題があると思われるが，いずれにして

も日本的経営には新たな展開が求められていることは事実である．しかし，これまでの日本的経営がまったく無力で時代遅れになるとは俄かには考えにくい．日本企業の成功には，日本的経営といわれる経営システムに合理性があったからであり，同じ資本主義であっても歴史的，社会・文化的背景によってそれぞれの国で異なった資本主義経済システムがあるのであるから，今後の日本経済システムに適合する日本型の経営システム，すなわち日本的経営が展開するはずである．どのように経営システムが変革されて行くのかを注意深く見守ることが必要なのである．

【参考文献】
岩田龍子『日本的経営の編成原理』文眞堂，1977年
河野豊弘『変革の企業文化』講談社現代新書，1988年
間　宏『日本的経営――集団主義の功罪――』日本経済新聞社，1971年
村山元英『経営文化論』ぎょうせい，1977年
並木信義編『日本社会の特質』日本経済新聞社，1981年
高橋正泰『組織シンボリズム』同文舘，1998年
土屋守章・許斐義信『これからの日本的経営』NHK出版，1995年
津田真澂編『現代の日本的経営――国際化時代の課題――』有斐閣，1982年
梅沢　正『企業文化の革新と創造』有斐閣，1990年
占部都美『日本的経営を考える』中央経済社，1978年
山城　章『日本的経営』丸善，1976年
吉田和男『日本型経営システムの功罪』東洋経済新報社，1993年
G. ホーフステッド，萬成　博・安藤文四郎訳『経営文化の国際比較』産業能率大学出版部，1984年

参 考 文 献

Abegglen, J.C. (1958) *The Japanese Factory : Aspects of Its Social Organization*. Glencoe：Free Press.（占部都美監訳『日本の経営』ダイヤモンド社，1958年）
Abernathy, W. J. (1978) *The Productivity Dilemma*. Baltimore：Johns Hopkins University Press.
Adams, J.S. (1963) "Toward an Understanding of Inequity," *Journal of Abnormal and Social Psychology*, 67：422-436.
Adams, J. S. (1965) "Injustice in Social Exchange," In L. Berkowitz (ed.), *Advances in Experimental Social Psychology*, Vol. 2, New York：Academic Press.
Aitken, H.G. (1960) *Scientific Management in Action : Taylorism at Watertown Arsenal, 1908-1915,* Princeton；N. J.：Princeton University Press.
Alderfer, C.P. (1969) "An Empirical Test of a New Theory of Human Needs," *Organizational Behavior and Human Performance*, 4：142-175.
Alderfer, C.P. (1972) *Existence, Relatedness, and Growth*. New York：Free Press.
Allen, T. J., and M. S. Scott Morton (1994) *Information Technology and the Corporation of the 1990s*. New York：Oxford University Press.
Allison, G.T. (1971) *Essence of Decision : Explaining the Cuban Missile Crisis*. Boston：Little, Brown & Company.（宮里政玄訳『決定の本質：キューバミサイル危機の分析』中央公論社，1977年）

米国商務省編,大原進・吉田豊明訳(1972)『株式会社・日本』サイマル出版.
Amonn, A. (1911) *Objekt nud Grundbegriffe der theoretischen Nationalökonomie*, Wien und Leipzig. (2. erw. Aufl., 1927)(山口忠夫訳『理論経済学の対象と基礎概念』2版訳,有斐閣,1973年)
Andrews, K. (1971) *The Concept of Corporate Strategy*. Dow-Jones-Irwin.(山田一郎訳『経営戦略論』産業能率短期大学出版部,1976年)
Ansoff, H. I. (1965) *Corporate Strategy*. New York: McGraw-Hill.(広田寿亮訳『企業戦略論』産業能率短期大学出版部,1969年)
Ansoff, H. I. (1978) *Strategic Management*. New York: Macmillan.(中村元一訳『戦略経営論』産業能率短期大学出版部,1980年)
Argyris, C. (1957) *Personality and Organization*. New York: Harper & Row.(伊吹山太郎・中村 実訳『組織とパーソナリティー —システムと個人の葛藤—』日本能率協会,1970年)
Argyris, C. (1964) *Integrating the Individual and the Organization*. New York: John Wiley & Sons.(三隅二不二・黒川正流訳『新しい管理社会の探求』産業能率短期大学出版部,1969年)
Atkinson, J. W. (1964) *An Introduction to Motivation*. Princeton. N. J.: Van Nostrand.
馬場克三(1938)「経営学における個別資本運動説の吟味」『会計』,12月号.
馬場敬治(1931)『経営学方法論』評論社.
Bacharach, S. B., and E. J. Lawler. (1980) *Power and Politics in Organizations*. San Francisco: Jossey-Bass.
Barnard, C. I. (1938) *The Functions of the Executive*. Cambridge, MA: Harvard University Press.(山本安次郎・田杉 競・飯野春樹訳『新訳 経営者の役割』ダイヤモンド社,1968年)
Bartlett C. A., and S. Ghoshal (1989) *Managing Across Borders: The Transnational Solution*. Boston. Harvard Business School Press.
Baumol, W. J. (1959) *Business Behavior, Value and Growth*. New York:

Mcmillan.（伊達邦春，小野俊夫訳『企業行動と経済成長』ダイヤモンド社，1967年）

Berle, A.A., and G.C.Means (1932) *The Modern Corporation and Private Property*. New York: Macmillan.（北島忠男訳『近代株式会社と私有財産』文雅堂，1958年）

Blake, R.R., and J.S. Mouton (1978) *The New Managerial Grid*. Houston: Gulf Publishing.（田中敏夫・子見山澄子訳『新・期待される管理者像』産業能率短期大学出版部，1979年）

Blau, P.M.(1956) *Bureaucracy in Modern Society*. New York: Random House.（阿利莫二訳『現代社会の官僚制』岩波書店，1958年）

Blau, P.M.(1964) *Exchange and Power in Social Life*. New York: John Wiley & Sons.（間場寿一・居安　正・塩原　勉訳『交換と権力』新曜社，1974年）

Burns, T., and G.M. Stalker (1961) *The Management of Innovation*. London: Tavistock.

Cannon, W. B. (1939) *The Wisdom of the Body*. New York: Norton.

Cartwright, D., and A. Zander, eds.(1960) *Group Dynamics：Research and Theory*, 2nd ed., Evanston, IL: Row, Peterson.（三隅二不二・佐々木　薫訳編『グループ・ダイナミックス』上・下，誠信書房，1969年）

Chandler, A.D.Jr.(1962) *Strategy and Structure*. Cambridge Mass.: M.I.T.Press.（三菱経済研究所訳『経営戦略と経営組織』実業之日本社，1967年）

Child, J.(1972) "Organization Structur, Environment, and Performance: The Role of Strategic Choice," *Sociology*, 2: 409-443.

一寸木俊昭 編（1983）『現代の経営組織』有斐閣

Cole, M., amd S. Scribner (1974) *Culture and Thought : A Psychological Introduction*. New York: John Woley & Sons.（岩井邦男訳『文化と思考―認知心理学的考察―』サイエンス社，1982年）

Crozier, M.(1964) *The Bureaucratic Phenomenon*. Chicago: University of

Chicago Press.

Cummin, P.C. (1967) "TAT Correlates of Executive Performance," *Journal of Applied Psychology*, 51: 78-81.

Cyert, R.N., and J.G. March (1963) *A Behavioral Theory of the Firm*. Englewood Cliffs, NJ: Prentice-Hall. (松田武彦・井上恒夫訳『企業の行動理論』ダイヤモンド社, 1967年)

D' Aveni, R. A. (1994) *Hypercompetition*. New York: Free Press.

Davis, K., and R.L. Blomstrom (1975) *Business and Society : Environment and Responsibility*. McGraw-Hill Kogakusha.

Davis, M., and P.R. Lawrence (1977) *Matrix*. Reading, Mass.: Addison-Wesley. (津田達男・梅津祐良訳『マトリックス経営』ダイヤモンド社, 1980年)

Deal, T.E., and A.A. Kennedy (1982) *Corporate Cultures : The Rites and Rituals of Corporate Life*. Reading, MA: Addison-Wesley. (城山三郎訳『シンボリック・マネジャー』新潮社, 1983年)

DeGeorge, R. T., (1982) *Business Ethics*. New York: MaCmillan. (山田経三訳『経済の倫理-21世紀へのビジネス』明石書店, 1985年)

Dietrich, R. (1914) *Betrieb-Wissenschaft*, Munchen und Leipzig.

Drucker, P.F. (1954) *The Practice of Management*. New York: Harper & Brothers. (現代経営研究会訳『現代の経営』ダイヤモンド社, 1965年)

Drucker, P.F. (1973) *Management*. New York: Harper & Row. (風間禎三郎他訳『マネジメント』上・下, ダイヤモンド社, 1974年)

Duncan, R.B. (1972) "Characteristics of Organizational Environments and Perceived Environmental Uncertainty," *Administrative Science Quarterly*, 17: 313-327.

Dunnette, M.D., ed. (1976) *Handbook of Industrial and Organizational Psychology*. Chicago: Rand McNally.

Eilbert, H., and I.R. Parket (1973) "The Current Status of Corporate Social

Responsibility," *Business Horizon*, August.

Emery, F.E., and E.L. Trist (1965) "The Causal Texture of Organizational Environments," *Human Relations*, 18 : 21-32.

Emery, F.E., and E.L. Trist (1969) "Socio-Technical Systems,"in F.E. Emery (ed.), *Systems Thinking*, Harmondsworth : Penguin Books.

Epstein, E. M. (中村瑞穂・風間信隆・角野信夫・出見世信之・梅津光弘訳『企業倫理と社会政策過程』文眞堂, 1996年)

Etzioni, A. (1964) *Modern Organizations*. Englewood Cliffs, NJ : Prentice-Hall. (渡瀬 浩訳『現代組織論』至誠堂, 1967年)

Evan, W.M. (1966) "The Organization-Set : Toward a Theory of Inter-Organizational Relations," In J.D. Thompson(ed.), *Approaches to Organizational Design*, Pittsburgh : University of Pittsburgh Press. (土屋敏明・金子邦男・古川正志訳『組織の革新』ダイヤモンド社, 1969年)

Fayol, H. (1916) *Administration Industrielle et Générale*. Bulletin de la Societe de l' Industrie Minerale. (山本安次郎訳『産業ならびに一般の管理』ダイヤモンド社, 1985年)

Festinger, L. (1957) *A Theory of Cognitive Dissonance*. Evanston, IL : Row, Peterson. (末永俊郎監訳『認知的不協和の理論』誠信書房, 1965年)

Fiedler, F.E. (1967) *A Theory of Leadership Effectiveness*. New York : McGraw-Hill. (山田雄一監訳『新しい管理者像の探求』産業能率短期大学出版部, 1970年)

Filley, A.C (1975) *Interpersonal Conflict Resolution*. Glenview, IL : Scott Foresman and Company.

Fleishman, E. A., and E. F. Harris (1962) "Patterns of Leadership Behavior Related to Employee Grievances and Turnover," *Personnel Psychology*, 15 : 43-56.

Follett, M. P. (1942) *Dymamic Administration-The Collected Papers of Mary Parker Follett*. edited by Henry C. Metcalf and L. Urwick, New

York : Harper & Row, Publishers. (米田清貴・三戸　公『組織行動の原理-動態的管理-』未来社, 1972 年)

Forehand, G. A., and B. von H. Gilmer (1964) "Environmental Variation in Studies of Organizational Behavior," *Psychological Bulletin*, 62 : 361-382.

Frederick, W, C., K, Davis, and J, E. Post : (1988), *Business and Society : Corporate Strategy, Public Policy, Ethics, 6th ed.,* New York : McGraw-Hill.

French, J. R., and B. Raven (1959) "The Bases of Social Power," In D. Cartwright (ed.) *Studies in Social Power*. Ann Arber, MI : Institute for Social Research (佐藤静一訳「社会的勢力の基礎」三隅二不二他訳『グループ・ダイナミックスII』誠信書房，1959 年，pp. 727-748.)

藤芳誠一編著（1980）『経営学』学文社.

古川栄一（1967）『経営学通論』同文舘.

二村敏子編（1982）『組織の中の人間行動―組織行動論のすすめ―』有斐閣.

Galbraith, J. K. (1967) *The New Idustrial State*. Boston : Houghton Mifflin. (都留重人監訳『新しい産業国家』河出書房，1968 年)

Galbraith, J. R. (1973) *Designing Complex Organizations*. Reading, MA : Addison-Wesley. (梅津祐良訳『横断組織の設計』ダイヤモンド社，1980 年)

Galbraith, J. R. (1977) *Organization Design*. Reading, MA : Addison-Wesley.

Gomberg, E. (1897) *La Science de la Comptabilité et son Système Scientifique*. Geneve et Paris.

Gomberg, E. (1903) *Handelsbetriebslehre und Einzelwirtschaftslehre*, Leipzig.

Gomberg, E. (1929) *Histoire Critique de la Théorie des Comptes*. (岡田誠一訳『批判的勘定学説史』東洋出版社，1953 年)

Gouldner, A. W. (1954) *Patterns of Industrial Bureaucracy*. New York : Free Press. (岡本秀明・塩原　勉訳『産業における官僚制―組織過程と緊張の研究―』ダイヤモンド社，1963 年)

Greiner, L. E. (1972) "Evolution and Revolution as Organization Grows,"

Harvard Business Review, July-August : 37-46.

Gutenberg, E. (1951) *Grundlagen der Betriebswirtschaftslehre.* 1. Bd. : Die Produktion. 1. Aufl., Berlin・Göttingen・Heidelberg（溝口一雄・高田　馨訳『経営経済学原理』第1巻　生産編，千倉書房，1957年）

Gutenberg, E. (1955) *Grundlagen der Betriebswirtschaftslehre.* 2. Bd. : Der Absatz. 1. Aufl., Berlin・Göttingen・Heidelberg（溝口一雄・高田　馨訳『経営経済学原理』第2巻　販売編，千倉書房，1958年）

Gutenberg, E. (1955) *Grundlagen der Betriebswirtschaftslehre.* 3. Bd. : Der Finanzen. 1. Aufl., Berlin・Göttingen・Heidelberg（溝口一雄・森　昭夫・小野二郎訳『経営経済学原理』第3巻　財務論，千倉書房，1977年）

Hage, J. (1972) *Techniques and Problems of Theory Construction in Sociology.* New York : John Wiley&Sons.（小松陽一・野中郁次郎訳『理論構築の方法』白桃書房，1978年）

Halpin, A.W., and B. J. Winer (1957) "A Factorial Study of the Leader Behavior Descriptions," In Stogdill R. M., and A. E. Coons (eds.), *Leader Behavior : Its Description and Measurment.* Columbus : Ohio State University, Bureau of Business Research.

Hamel, G., and C. K. Prahalad (1994) *Competing for the Future.* Boston, Harvard Business School Press.（一條和生訳『コア・コンピタンス経営』日本経済新聞社，1995年）

Hannan, M.T., and J. Freeman "The Population Ecology of Organizations," *American Journal of Sociology*, 82 : 929-964.

Hargreaves, J., and J. Dauman (1975) *Business Survival and Social Chage.* Associated Business Programmes.

林　伸二（1985）『仕事の価値―新しいモティベーション研究―』白桃書房．

間　宏（1963）『日本的経営の系譜』日本能率協会．

間　宏（1964）『日本労務管理史研究』ダイヤモンド社．

間　宏（1971）『日本的経営―集団主義の功罪―』日本経済新聞社．

間　宏（1978）『日本における労使協調の底流』早稲田大学出版部．

間　宏（1979）『経営福祉主義のすすめ』東洋経済新報社．

Hellauer, J. (1931) *Kalkulation in Handel und Industrie*. Ein Lehrbuch fur Hochschulen und fur die Praxis, Berlin und Wien.（平井泰太郎監修　久保田音二郎訳『ヘラウアー経営計算論』同文舘，1937年）

Henderson, B. D. (1979) *On Corporate Strategy,* The Boston Consulting Group.（土岐　坤訳『経営戦略の核心』ダイヤモンド社，1981年）

Hersey, P., and K. H. Blanchard (1977) *Management of Organizational Behavior*. Englewood Cliffs, NJ: Prentice-Hall.（山本成二・水野　基・成田　政訳『入門から応用へ　行動科学の展開―人間資源の活用―』日本生産性本部，1978年）

Herzberg, F. (1966) *Work and Nature of Man*. World Publishing.（北野利信訳『仕事と人間性―動機づけ-衛生理論の新展開―』東洋経済新報社，1968年）

Herzberg, F., B. Mausner, and B. B. Snyderman (1959) *The Motivation to Work*. New York: John Wiley & Sons.

Hickson, D. J., C. R. Hinninings, C. R. Lee, R. E. Schnech, and J. M. Pennings (1971) "A Strategic Contingencies Theory of Intraorganizational Power," *Admnistrative Science Quarterly*, 16: 216-299.

Hickson, D. J., W. G. Astley, R. J. Bulter, and D. C. Wilson (1981) "Organization as Power," In L. L. Cummings and B. M. Staw(eds.) *Research in Organizational Behavior*, Vol 3. Greenwich, CT: JAI Press.

Hinnings, C. R., D. J. Hickson, J. M. Pennings, and R. E. Schneck (1974) "Structural Condititons of Intraorganizational Power," *Administrative Science Quarterly*, 19: 22-44.

ヒルシュマイヤー, J.・由井常彦（1977）『日本の経営発展』東洋経済新報社．

Hofer, C. W., and D. Schendel (1978) *Strategy Formulation: Analytical Concepts*. West Publishing Company.（奥村昭博・榊原清則・野中郁次郎訳

『戦略策定』千倉書房,1981年)

Holden, P. E., L. S. Fish, and H. L. Smith (1941) *Top-Management Organization and Control.* New York：McGraw-Hill.(岸上英吉訳『トップ・マネイジメント』ダイヤモンド社,1951年)

Homans, G.C. (1961) Social Behavior：Its Elementary Forms, New York：Harcourt, Brace and World.

House, R.J. (1971) "Path-Goal Theory of Leader Effectiveness," *Administrative Science Quarterly*, 16：321-338.

Hull, C.L.(1943) *Principles of Behavior.* New York：Appleton-Century-Crofts.(能見義博・岡本栄一訳『行動の原理』誠信書房,1960年)

Hull, C.L. (1952) *Behavior System：An Introduction to Behavior Theory Concering the Individual Organism.* New Haven：Yale University Press.

市原季一(1953)『ゴムベルクの個別経済学』平井泰太郎編『経営学辞典』ダイヤモンド社.

池本　清・上野　明・安室憲一(1981)『日本企業の多国籍的展開―海外直接投資の進展―』有斐閣.

石井淳蔵・奥村昭博・加護野忠男・野中郁次郎(1985)『経営戦略論』有斐閣.

岩田龍子(1977)『日本的経営の編成原理』文眞堂.

岩田龍子(1978)『現代日本の経営風土』日本経済新聞社.

岩田龍子(1980)『日本的センスの経営学』東洋経済新報社.

岩田龍子(1985)『日本の経営組織』講談社現代新書,講談社.

Jacques, E. (1961) Equitable Payment. New York：John Wiley & Sons.

Jehle, E.(1973) *Über Fortschritt und Fortschrittskriterien in betriebswirtschaftlichen Theorien*, Stuttgart.

加護野忠男・野中郁次郎・榊原清則・奥村昭博(1983)『日本企業の経営比較―戦略的環境適応の理論―』日本経済新聞社.

Kahn, R.L., D.M. Wolfe, R.P. Quinn, J.D. Snoek, and R.A. Rosenthal (1964) *Organizational Stress : Studies in Role Conflict and Ambiguity.*

New York: John Wiley & Sons.（奥田俊介訳『組織のストレス』上・下,産業能率短期大学出版部,1973年）

Kast, F. and J. Rosenzweig (1973) *Contingency View of Organization and Management*, Science Research Institute.

Kast, F. and J. Rosenzweig (1979) *Organization and Management*, 3rd ed. McGraw-Hill Kougakusha.

加藤　寛（1985）『日本的経営は崩壊するか？―「異質社会・日本」の到来―』PHP研究所.

Katz, D., and R. L. Kahn. (1978) *The Social Psychology of Organizations*, 2nd ed., New York: John Wiley & Sons.

Katz, D., N. Maccoby, and N. C. Morse (1950) *Productivity, Supervision and Morale in Office Situation*, Detroit: Darel.

Kilmann, R. H., and K. W. Thomas (1978) "Four Persepectives on Conflict Management: An Attributional Framework for Organizing Descriptive and Normative Theory," *Academy of Management Review*, 3: 59-68.

北野利信編（1977）『経営学説入門』有斐閣.

Köhler, R. (1966) *Theoretische Systeme der Betriebswirtschaftslehre in Lichte der neueren Wissenschaftslogik*. Stuttgart.

小池和男（1977）『職場の労働組合と参加―労使関係の日米比較―』東洋経済新報社.

小池和男（1978）『労働者の経営参加―西欧の経験と日本―』日本評論社.

小池和男（1981）『日本の熟練』有斐閣.

Koontz, H., ed. (1964) *Toward a Unified Theory of Management*. New York: McGraw-Hill.（鈴木英寿訳『管理の統一理論』ダイヤモンド社,1968年）

Koontz, H. (1967) *The Board of Directors and Effective Management*. New York: McGraw-Hill.（永島敬識訳『取締役会』東洋経済新報社,1970年）

Koontz, H. (1980) "The Management Theory Jungle Revisited," *Academy* of *Management Review*, 5：175-187.

Koontz, H., and C. O'Donnell (1976) *Management : A Systems and Contingency Analysis of Managerial Functions*, 6th ed., New York：McGraw-Hill.

Kotter, J. P. (1982) *The General Manager*. New York : Free Press.(金井・加護野・谷・宇田川訳『ザ・ジェネラル・マネジャー』ダイヤモンド社，1984年)

Kotz, D.M.(1978) *Bank Control of Lange Corporations in the United States*. University of California Press.(西山忠範訳『巨大企業と銀行支配』文眞堂，1982年)

公文俊平 (1976)「日本的経営の原理を探る」『経済評論』4月号．

車戸 實編著 (1983)『現代経営学』八千代出版．

Larner, R.J.(1966) "Ownersip and control in the 200 largest non-financial corporations：1929 and 1963", *American Economic Review*, 56：777-787.

Lawler, E.E.(1971) *Pay and Organizational Effectiveness : A Psychological View*. New York：McGgraw-Hill.(安藤瑞夫訳『給与と組織効率』ダイヤモンド社，1972年)

Lawler, E.E., and J.L. Suttle (1973) "Expectancy Theory and Job Behavior," *Organizational Behavior and Human Performance*, 9：482-503.

Lawrence, P.R., and J.W. Lorsch (1967) *Organization and Environment : Managing Differentiation and Integration*. Boston：Harvard Bussiness School, Division of Research.(吉田 博訳『組織の条件適応理論』産業能率短期大学出版部，1977年)

Likert, R.(1961) *New Patterns of Management*. New York：McGraw-Hill. (三隅二不二訳『経営の行動科学―新しいマネイジメントの探求―』ダイヤモンド社，1968年)

Likert, R.(1967) *The Human Organization : Its Management and Value*. New York：McGraw-Hill.(三隅二不二訳『組織の行動科学―ヒューマン・

オーガニゼーションの管理と価値―』ダイヤモンド社，1968年)

Linton, R. (1945) *The Cultural Background of Personality*. New York : Appleton-Century-Crofts. (清水幾太郎・犬養康彦訳『文化人類学入門』東京創元社，1954年)

Lippitt, R. and R. K. White (1943) "The Social Climate of Children's Groups," In Barker, R.G., J.S. Kornin and H. F. Wright (eds.) *Child Behavior and Development*. New York : McGraw-Hill.

Litwin, G. H., and R. A. Stringer, Jr. (1968) *Motivation and Organizational Climate*. Boston : Harvard Business School, Division of Research. (占部都美監訳，井尻昭夫訳『経営風土』白桃書房，1974年)

Luthans, F. (1973) "The Contingency Theory of Management : A Path out of the Judge," *Business Horizon*, June : 67-72.

Luthans, F. (1976) *Introduction to Management : A Contingency Approach*. New York : McGraw-Hill.

March, J.G., and H. A. Simon (1958) *Organizations*. New York : John Wiley & Sons. (土屋守章訳『オーガニゼーションズ』ダイヤモンド社，1977年)

Marris, R. (1964) *The Economic Theory of 'Managerial' Capitalism*, New York : Macmillan. (大川　勉他訳『経営者資本主義の経済理論』東洋経済新報社，1971年)

丸尾直美 (1981)「日本型経営参加モデル」並木信義編『日本社会の特質』日本経済新聞社．

Maslow, A. H. (1943) "A Theory of Human Motivation," *Psychological Review*, 50 : 370-396.

Maslow, A. H. (1954) *Motivation and Personality*. New York : Harper & Row. (小口忠彦監訳『人間性の心理学』産業能率短期大学出版部，1971年)

Maslow, A. H. (1968) *Toward a Psychology of Being*, 2nd ed., New York : Van Nostrand.

Maslow, A.H. (1970) *Motivation and Personality*, 2nd ed., New York: Harper & Row.

増地庸治郎（1926）『経営経済学序論』同文舘.

Mayo, E. (1933) *The Human Problems of an Industrial Civilization*. New York: Macmillan.（村本英一訳『産業文明における人間問題』日本能率協会，1967年）

Mayo, E. (1945) *The Social Problems of an Industrial Civilization*. Cambridge, MA: Harverd Univirsity Press.

McClelland, D.C. (1961) *The Achieving Society*. Princeton, N.J.: Van Nostrand.（林　保監訳『達成動機』産業能率短期大学出版部，1971年）

McClelland, D.C., J.W. Atkinson, R.A. Clark, and E.L. Lowell (1953) *The Achievement Motive*. New York: Irvington Publishers.

McGregor, D. (1960) *The Human Side of Enterprise*. New York: McGraw-Hill.（高橋達男訳　新版『企業の人間的側面』産業能率短期大学出版部，1970年）

Mckelvey, B. (1982) *Organizational Systematics: Taxonomy, Evolution, Classification*. Berkeley and Los Angeles, CA: University of California Press.

Merton, R.K. (1957) *Social Theory and Social Structure*. rev. ed. New York: Free Press.（森　東吾・森　好夫・金沢　実・中島竜太郎訳『社会理論と社会構造』みすず書房，1961年）

Meyer, J.W., and B. Rowan (1977) "Institutionalized Organizations: Formal Structure as Myth and Ceremony," *American Journal of Sociology* 83 (September): 340-363.

Miles, R.E., and C.C. Snow (1978) *Organizational Strategy, Structure, and Process*. New York: McGraw-Hill.（土屋守章・内野　崇・中野　工訳『戦略型経営』ダイヤモンド社，1983年）

Mintzberg, H. (1983) *Power in and around Organizations*. Englewood

Cliffs, N.J.: Prentice-Hall.

Mintzberg, H. (1987) "The Strategy Concept I : Five Ps For Strategy", In Carroll, G. R., and D. Vogel (eds) *Organizational Approaches to Strategy* Combridge, Ballinger Publishing.

三戸　公（1982）『財産の終焉―組織社会の支配構造―』文眞堂．

三戸　公・正木久司・晴山英夫（1973）『大企業における所有と支配』未来社．

宮崎義一（1985）『現代企業論入門』有斐閣．

藻利重隆（1973）『経営学の基礎（新訂版）』森山書店．

森本三男（1982）『経営学入門』同文舘．

Moxter, A. (1957) *Methodologische Grundfragen der Betriebwirtschaftslehre*, Köln und Opladen.（池内信行・鈴木英寿訳『経営経済学の基本問題』森山書店，1967年）

三隅二不二（1966）『新しいリーダーシップ：集団指導の行動科学』ダイヤモンド社．

村上泰亮・公文俊平・佐藤誠三郎（1979）『文明としてのイエ社会』中央公論社．

村山元英（1977）『経営文化論』ぎょうせい．

Murray, H.A. (1938) *Explorations in Personality*. New York: Oxford University Press.

Murray, H.A. (1943) *Thematic Apperception Test Pictures and Manual*, Cambridge. MA: Harvard University Press.

Nash, L. L., (1990) *Good Intentions Aside : A Manager's Buide to Resolving Ethical Problems*. MA: Harvard Business School Press.（小林俊治・山口善昭訳『アメリカの企業倫理-企業行動基準の再構築』日本生産性本部，1992年）

Nicklisch, H. (1920) *Der Weg aufwarts! Organisation*. Versuch einer Grundlegung. Stuttgart.（鈴木辰治訳『組織向上への道』未来社，1975年）

Nicklisch, H. (1922) *Wirtschaftliche Betrieblehre*, 5. Aufl. Stuttgart.

Nicklisch, H. (1932) *Die Betriebswirtschaft*. 7. Aufl. Stuttgart.

西田耕三（1976）『ワーク・モチベーション研究』白桃書房．

西山忠範（1983）『脱資本主義分析』文眞堂．

野中郁次郎・加護野忠男・小松陽一・奥村昭博・坂下昭宣（1978）『組織現象の理論と測定』千倉書房．

野中郁次郎・竹内弘高『知識創造企業』東洋経済新報社，1996年

岡田昌也・永田　誠・吉田　修（1980）『ドイツ経営学入門』有斐閣．

岡本康雄（1982）『経営学入門（上）』日本経済新聞社．

奥村昭博（1982）『日本のトップ・マネジメント』ダイヤモンド社．

奥村　宏（1984）『法人資本主義』御茶の水書房．

小野寛徳（1970）『経営事務論』丸善．

小野豊明（1979）『日本企業の組織戦略』ダイヤモンド社．

Ouchi, W.G.(1981) *The Theory Z : How American Business can meet the Japanese Challenge*. Reading, MA : Addison-Wesley.（徳山二郎監・訳『セオリーＺ―日本に学び，日本を超える―』ＣＢＳソニー出版，1981年）

Parsons, T.(1960) *Structure and Process in Modern Societies*. New York : Free Press.

Pascale, R.T., and A.G. Athos (1981) *The Art of Japanese Management*. New York : Simon&Schuster.（深田祐介訳『ジャパニーズ・マネジメント』講談社，1981年）

Patchen, M. (1961) *The Choice of Wage Comparisons*. Englewood Cliffs, N.J. : Prentice Hall.

Perrow, C. (1979) *Complex Organizations : A Critical Essay*, 2nd ed. Glenview, IL : Scott, Foresman and Company.

Peters, T.J., and R.H. Waterman, Jr.(1982) *In Search of Excellence*. New York : Harper & Row.（大前研一訳『エクセレント・カンパニー――超優良企業の条件―』講談社，1983年）

Pettigrew, A.M.(1979) "On Studying Organizational Culture," *Administrative Science Quarterly*, 24 : 570-581.

Pfeffer, J.(1978) *Organizational Design.* IL：AHM Publishing.

Pfeffer, J.(1981 a) *Power in Organizations.* Marshfield, Mass.: Pitman.

Pfeffer, J.(1981 b) "Management as Symbolic Action: The Creation and Maintenance of Organizational Paradigms," In L.L. Cummings, and B. M. Staw (eds.) *Research in Organizational Behavior*, 3: 1-52. Greenwich, CT: JAI Press.

Pfeffer, J. (1992) *Managing with Power,* Mass: HBS Press.

Piper, P. R., M. C. Gentile., and S. D. Parks., (1993), *Can Ethics Be Taught？: Perspectives, Challenges, and Approaches at Harvard Business School.* MA: Harvard Business School Press.（小林俊治・山口善昭訳『ハーバードで教える企業倫理』社会経済生産性本部, 1995年）

Pondy, L.R (1967) "Organizational Conflict: Concepts and Models," *Administrative Science Quarterly*, 12: 296-320.

Pondy, L.R (1969) "Varieties of Organizational Conflict," *Administrative Science Quarterly*, 14: 499-505.

Porter, M.E.(1980) "*Competitive Strategy.* New York: Free Press.（土岐坤・中辻萬治・服部照夫訳『競争の戦略』ダイヤモンド社, 1982年）

Pondy, L.R., P.J. Frost G. Morgan, and T.C. Dandridge eds. (1983) *Organizational Symbolism* (Monographs in Organizational Behavior and Industrial Relations, volume 1). Greenwich, CT: JAI Press.

Porter, L. W., and E. E. Lawler (1968) *Managerial Attitudes and Performance.* Homewood,: Richard D. Irwin.

Quinn, J. B (1980) *Strategies for Change: Logical Incrementalism Homewood, Irwin.*

Rieger, W.(1928) *Einführung in die Privatwirtschaftlehre.* Nürnberg.

Robbins, S.P.(1974) *Managing Organizational Conflict: A Nontraditional Approach.* Englewood Cliffs, NJ: Prentice-Hall.

Robbins, S. P. (1978) "Conflict Management and Resolution are not Synonymous Terms," *California Management Review,* 21-2 : 67-75.

Robbins, S.P. (1980) *The Administrative Process*. 2nd. ed., Englewood Cliffs, NJ : Prentice-Hall.

Robinson, R.D. (1967) *International Management*. Holf, Rinehart and Winston.

Roethlisberger, F.J. (1941) *Management and Morale*, Cambridge, MA : Harvard University Press. (野田一夫・川村欣也訳『経営と勤労意欲』ダイヤモンド社, 1957年)

Roethlisberger, F.J., and W.J. Dickson (1939) *Management and the Worker*. Cambridge, MA : Harvard University Press.

Rue, L.W. and L.L. Byars (1977) *Management Theory and Application*. Homewood, IL : Irwin.

Rumelt, R.P. (1974) *Strategy, Structure and Economic Performance*. Division of Reserach, Harvard Business School. (鳥羽欽一郎・山田正喜子・川辺信雄・熊沢　孝訳『多角化戦略と経済成果』東洋経済新報社, 1977年)

坂下昭宣 (1985)『組織行動研究』白桃書房

坂下昭宣 (1992)『経営学への招待』白桃書房

鈴木辰治 (1996)『経営倫理・文化と経営政策-社会的責任遂行の方法』文眞堂

Schär, J.F. (1911) *Allgemeine Handelsbetriebslehre*. Leipzig.

Schein, E.H. (1980) *Organizational Psychology*. 3rd ed., Englewood Cliffs, N.J. : Prentice-Hall. (First published 1965, 2nd ed. 1970.) (松井賚夫訳『組織の心理学』岩波書店, 1966年)

Schein, E.H. (1985) *Organizational Culture and Leadership : A Dymamic View*. San Francisco, CA : Jossey-Bass Inc., Publishers. (清水紀彦・浜田幸雄訳『組織文化とリーダーシップ』ダイヤモンド社, 1989年)

Schmalenbach, E. (1911./1912.) Die Privatwirtschaftsleher als Kunstlehre. *ZfhF*, 6. Jg. (斉藤隆夫訳『シュマーレンバッハ「技術論としての私経済学」』会計第67巻第1号, 1955年)

Schmalenbach, E. (1919 a) *Selbstkostenrechnung. ZfhF*, 13. Jg.

Schmalenbach, E. (1919 b) *Grundlagen dyanamischer Bilanzleher. ZfhF*, 13. Jg (土岐政蔵訳『動的貸借対照表論』5版訳，1938年．6版訳，1939年．7版訳，1950年．11版訳，1956年．12版訳，1959年．7版訳以降，森山書店)

Schmalenbach, E. (1927) *Kontenrahmen.* Leipzig (土岐政蔵訳『標準工業会計図解』2版訳，1931年．4版訳，1939年，土岐政蔵訳『コンテンラーメン―標準工業会計組織―』4版訳，森山書店，1953年)

Schneider, B. (1973) "The Perception of Organizational Climate: The Customer's View," *Journal of Applied Psychology*, 57: 248-256.

Schneider, B. (1975) "Organizational Climates: An Essay," *Personnel Psychology*, 28: 447-479.

Schönpflug, F. (1933) "Das Methodenproblem in der Einzelwirtschaftslehre," Stuttgart. (2. erw. Aufl.: [hrsg. von Hans Seischab] *Betriebswirtschaftslehre—Methoden und Hauptströmungen.* Stuttgart 1954.) (古林喜楽監修　大橋昭一・奥田幸助訳『シェーンプルーク経営経済学』2版訳，有斐閣，1970年)

Selznick, P. (1957) *Leadership in Administration.* New York: Harper & Row. (北野利信訳『組織とリーダーシップ』ダイヤモンド社，1963年)

戦略経営協会編　浦郷義郎・市川　彰訳（1986）『コーポレート・カルチャー―企業人類学と文化戦略―』CBSソニー出版．

Simon, H. A. (1957) *Administrative Behavior.* 2nd ed., New York: Macmillan. (松田武彦・高柳　暁・二村敏子訳『経営行動』ダイヤモンド社，1965年)

Simon, H. A. (1977) *The New Science of Management Decision.* Englewood Cliffs, N. J.: Prentice-Hall. (稲葉元吉・倉井武夫訳『意思決定の科学』産業能率短期大学出版部，1979年)

Skinner, B. F. (1953) *Science and Human Behavior.* New York: Free Press.

Smircich, L. (1983) "Concepts of Culture and Organizational Analysis,"

Administrative Science Quarterly, 28 : 339-358.

総合研究開発機構編（1985）『21世紀の日本の株式会社像』東洋経済新報社.

Steers, R.M., and L.W. Porter (1979) *Motivation and Work Behavior*, 2nd ed., New York : McGraw-Hill.

Steiner, G.A. (1969) *Top Management Planning*. New York : Macmillan.

Steiner, G.A. (1971) *Business and Society*. New York : Random House.

Stogdill, R.M. (1948) "Personal Factors Associated with Leadership," *Journal of Psychology*, 25 : 35-71.

Stopford, J.M., and L.T. Wells Jr. (1972) *Managing the Multinational Enterprise*. New York : Basic Books.（山崎　清訳『多国籍企業の組織と所有政策』ダイヤモンド社, 1976年）

田島壮幸（1984）『企業論としての経営学』税務経理協会.

高田　馨（1978）『経営目的論』千倉書房.

高橋伸夫（1995）『経営の再生』有斐閣

高宮　晋（1970）『現代の経営』ダイヤモンド社.

Taylor, F.W. (1903) *Shop Management*. New York : Harper & Row.

Taylor, F.W. (1911) *The Principles of Scientific Management*. New York : Harper & Row.

Thomas, K.W. (1976) "Conflict and Conflict Management," In Marvin D. Dunnette (ed.), *Handbook of Industrial and Organizational Psychology*. Chicago : Rand McNally.

Thomas, K.W. (1978) "Introduition", *Colifornia Management Review*, 21-2 : 56-60.

Thomas, K.W. (1979) "Organizational Conflict," In S. Kerr (ed.) *Organizational Behavior*. Columbus, OH : Grid Publishing.

Thomas, K.W., and R.H. Kilmann (1975) "The Social Desirability Variable in Organizational Research : An Alternative Explanation for Reported Findings," *Academy of Mamagement Journal*, 18 : 741-752.

Thompson, J.D. (1967) *Organizations in Action*. New York: McGraw-Hill.

土屋守章（1977）「企業の社会的責任」高柳　曉・飯野春樹編『経営学（１）』有斐閣．

土屋守章（1984）『企業と戦略』日本リクルートセンター．

津田真澂（1976）『日本的経営の擁護』東洋経済新報社．

津田真澂（1977）『日本的経営の論理』中央経済社．

津田真澂（1981a）『現代経営と共同生活体』同文舘．

津田真澂（1981b）「日本的経営の将来」並木信義編『日本社会の特質』日本経済新聞社．

津田真澂（1981c）「日本的経営論の基礎視角」『経済評論』7月号．

対木隆英（1978）『現代の経営者』中央経済社．

Tushman, M.L., and D.A. Nadler (1978) "Information Processing as an Integrating Concept in Organizational Design," *Academy of Management Review*, 3：613-624.

占部都美（1976）『経営学』マネジメント社．

占部都美（1978）『日本的経営を考える』中央経済社．

Vogal, E.F. (1979) *Japan as Number One*. Cambridge, Mass.: Harvard University Press.（広中和歌子・木本彰子訳『ジャパンアズナンバーワン—アメリカへの教訓—』TBSブリタニカ，1979年）

Urwick, L.F. (1943) *The Elements of Administration*. New York: Harper & Row.（堀　武雄訳『経営の法則』経林書房，1961年）

Vroom, V.H. (1964) *Work and Motivation*. New York: John Wiley & Sons.（坂下昭宣・榊原清則・小松陽一・城戸康彰訳『ヴルーム・仕事とモティベーション』千倉書房，1982年）

Vroom, V.H., and P.W. Yetton (1973) *Leadership and Decision Making*. Pittsburgh：University of Pittsburgh Press.

渡辺鉄蔵（1922）『商事経営論』修文館．

Weick, K.E. (1969) *The Social Psychology of Organizing*. Reading, MA : Addison-Wesley. (金児　暁訳『組織化の心理学』誠信書房，1980年)

White, R. K., and R. Lippitt (1960) *Autocracy and Democracy : An Experimental Inquiry*. New York : Harper.

Whyte, W.F. (1972) "Skinnerian Theory in Organizations," *Psychology Today*, April : 67-68, 96, 98, 100.

Woodward, J. (1965) *Industrial Organization : Theory and Practice*. London : Oxford University Press. (矢島鈞次・中村寿雄訳『新しい企業組織』日本能率協会，1970年)

Woodward, J. (1970) *Industrial Organization : Behavior and Control*. London : Oxford University Press. (都筑　栄・宮城浩祐・風間禎三郎訳『技術と組織行動』日本能率協会，1971年)

山田　保（1980）『日本的経営の経済学』中央経済社．

山田雄一（1982）『企業のなかでどう生きるか』講談社現代新書，講談社．

山本安次郎（1961）『経営学本質論』森山書店．

山本安次郎（1964）『増補　経営学要論』ミネルヴァ書房．

山城　章（1976）『日本的経営論』丸善．

吉田和男『日本型経営システムの功罪』東洋経済新報社, 1993年.

吉原英樹・佐久間昭光・伊丹敬之・加護野忠男（1981）『日本企業の多角化戦略』日本経済新聞社．

〔事項索引〕

〔ア 行〕

ROI　64
アウトサイダー　54
ERG 理論　131
委員会　104
意思決定　167
　　——の意味　167
　　——の構造　172
　　——の合理性　169
　　——のパターン　170,172
　　——のプロセス　168
意思決定機関　48,82,90
意思決定志向的経営経済学　33
一般環境　111
インターディシプリナリー・アプローチ
　8,33
インターネット　190
イントラネット　190
インフォーマル・グループ　28
売上高極大化仮説　61
衛生要因　133
ASME　17
SL 理論　150,151
SBU　207
X 理論　31,134
FA　185
MIS　189
LPC (Least Preferred Coworker) 尺度
　153
OA　189
OJT　183
オープン・システム　34,97
オープン・ショップ制　191
オペラント行動　142
オペラント理論　137

〔カ 行〕

外部環境　113
科学的管理法　10,21
課業管理　21
学際性　7
価値前提　32,168,173
過程の分化　100
金のなる木　205
株　式　188
　　——の分散　72,73,76
株式会社　48
株主総会　48,83
株主反革命　79
カルテル　53
環境決定論　115
監査役　49
感受性訓練　183
感情の理論　30,31
かんばん方式　185
管　理　175,177
　　——の原則　176
管理原則　23
管理的意思決定　171
管理人仮説　32
管理人モデル　169
機械的システム　37,116
機関所有　77
希求水準　64,126
企　業　43,217
　　——の結合形態　52
　　——の行動理論　33
　　——の国際化　57
　　——の社会的責任　65
企業家　61,225
企業資本　187

266　事項索引

企業戦略　197
企業文化　218,222
企業別労働組合　227
企業倫理　65
期　待　137
期待理論　136
忌避宣言権　106
客観的環境　114
QCサークル　35,183
強化理論　139
協議機関　90
競争戦略論　211
競争優位　58,212-214
共同企業　44,45
協同組合　49
共同生活体　232,235,236
共同法定法　29,185
業務的意思決定　171
極大化原理　62
極大利潤　60
クローズド・ショップ制　191
経　営　13,174
経営委員会　91
経営学の課題　10,11
経営家族主義　232,234
経営管理　177
経営経済学　14
経営者革命論　78
経営戦略　193
経営風土　218
経営福祉主義　233,234
経営文化　218
経営目的　60
経営理念　218
計画化　178
経験曲線　203
経験対象　4
「経済人」仮説　20,29
経済人モデル　62,169
経済性原理　4
KJ法　183

決定前提　168,174
研究対象　3,5
コアコンピタンス　212
公企業　44,51
貢　献　32,96
合資会社　46
公式組織　31,159
公私合同企業　52
公正取引委員会　56
行動科学　31,125
行動変容理論　137,141
公認会計士　49
公平理論　137,140
合名会社　45
高齢化社会　241
ゴーイング・コンサーン　61
コーポレート・アイデンティティ　226
コーポレート・ガバナンス　78-80
コーポレイト・キャピタリズム　78
顧客の創造　63
国民経済学　16,17
個人企業　45
個人人格　173
個別資本　34
　──の理論　34
雇用経営者　73
コンツェルン　55
コンティンジェンシー理論　37,116-119
コンフリクト　156,157
　──の解消方法　161
　──・マネジメント　162-164
コンビナート　53

〔サ　行〕

最適化意思決定　169
最適化原理　62
財務管理　184
差別出来高給制度　20
産業社会の発展　3,13
CI戦略　213
CEO　90

事項索引　267

私企業　44
事業戦略　198
事業部制組織　107, 208
私経済学　20, 21
刺激賃金制度　21
資源依存モデル　20
自己金融　188
自己資本　187
事実前提　32, 168, 174
市場開拓戦略　201
市場浸透戦略　201
システムズ・アプローチ　36, 97
システム4　31, 147
システム4理論　31
慈善原理　67
実践性　7
シナジー効果　202
支配連合体　165
指　標　179
資本的企業　43
社会・技術システム　98
「社会人」仮説　31
社会的責任　65-67
社外取締役　83, 84
社　債　188
社内取締役　83, 84
社内振替価格制　106
収益性原理　4
集権の意思決定　172
集権の組織　106
終身雇用　227
主体性　7
受託経営層　82, 88
受託原理　67
集団志向性　237
集団主義　230, 232, 234, 237
収斂説　231
情報処理モデル　120, 121
情報通信革命　190
常務会　88, 90
ジョイント・ベンチャー　53

職務拡大　179
職務充実　179
職能的職長制度　102
職能の分化　100
職能部門制組織　104, 209
職能別職長制度　22
職能別戦略　198
所有経営者　72
所有と経営の分離　61, 71, 72
人事管理　182
シンジケート　53
人的企業　43
シンボリック・マネジャー　225
スタッフ帝国　88
ストックオプション　79
制限された合理性　30
生産管理　184
成長戦略　210
成長ベクトル　202
成長率極大化仮説　62
製品開発戦略　202
製品―市場戦略　201
製品ポートフォリオ・マネジメント　202
制約された合理性　169
ZD運動　35, 185
ゼネラル・スタッフ　87
ゼネラル・マネジャー　85
7—S　213, 214
ゼロ・ベース予算　181
選択原理　4, 20, 26
全般経営層　82, 84
専門経営者　71, 73, 86
専門経営者支配　61, 74, 76, 77
全般経営者の職能　84
戦　略　193, 194
戦略策定　195, 208
戦略策定プロセス　199
戦略的意思決定　171
戦略的計画論　211
戦略的コンティンジェンシー理論　124

戦略的選択論　115,118
戦略的要因　210
戦略の概念　193
相互会社　50
創発的戦略　196
組織化　179
組織間関係論　114
組織形態　101
組織行動論　125
組織人格　172
組織シンボリズム　224
組織体　5-8
組織的意思決定　173,174
組織的怠業　21
組織デザイン　119-121
組織の意思決定　174
組織の概念　95
組織の諸原則　100
組織のパワー　123,159
組織風土　218-220
組織文化　218,223,224

〔タ　行〕

貸借対照表　187
多角化戦略　201
多元的目的論　62
多国籍企業　217
タスク環境　111
タスク・フォース　104
脱資本主義論　78
達成欲求の理論　128
他人資本　187
単位組織　97
単一目的論　61
長期利潤極大化仮説　61
ツーボス・マネジャー　109
DSS　189
TAT　128
TOB　55
TQC　183
定型的意思決定　170

TWI　35,183
テクノストラクチュア論　78
伝統的組織原則　100
ドイツ組織学　17
動因理論　136
動機づけ―衛生理論　29,133
動機づけ要因　133
投資利益率　64
統制　180
独占禁止法　56
トップ・マネジメント　81
トップ・マネジメントの組織　88
ドメイン　195
トラスト　53,55
取締役会　49,82,89
取締役会の形骸化　84,89

〔ナ　行〕

内部環境　113
成行管理　21
日本的経営　227
日本的経営の特質　36
日本的経営の特徴　229
二要因理論　133
人間関係論　10,29,126
認識対象　4
認知環境　114
ネオコンティンジェンシー理論　118
年功序列制　227
能率　32,176
　――の論理　29
能率増進運動　21

〔ハ　行〕

花形製品　205
PM理論　148
PPM　203,205,208
PPBS　181
非収斂説　231
非定型的意思決定　170
ファンクショナル組織　102

事項索引　269

フィランソロピー　67
フォード・システム　185
不確実性　120
複合組織　97
部分的分化　100
部門組織層　82
フレックス・タイム制　184
ブレーン・ストーミング　183
プロジェクト・チーム　104
プロフィット・センター　106
文化　212,214
分権的意思決定　172
分権的組織　106
法人資本主義論　78
法人所有　77
募集設立　48
ホーソン実験　29,30
発起設立　48

〔マ　行〕

マクロ組織論　112
負け犬　205
マーケティング　185
マトリックス組織　107,109
マトリックス・マネジャー　108
マネジメント・セオリー・ジャングル　8
マネジリアル・グリッド論　31
満足化意思決定　169
満足化原理　62,169
満足基準　169
ミクロ組織論　112,125
無機能資本家　72,82
無限責任社員　45
目標―経路理論　155

目標―手段の連鎖　197
持株会社　56
モティベーション　125
問題児　205

〔ヤ　行〕

誘意性　137
誘因　32,96
有価証券　48
有機的システム　37,116
有限責任社員　46
有効性　32,178
ユニオン・ショップ制　191
要素的分化　100
欲求段階論　31,130
欲求リスト　127

〔ラ　行〕

ライフ・サイクル説　203
ライフ・サイクル論　226
ライン・アンド・スタッフ組織　103
ライン組織　101
利害関係者集団　62,78,79
利潤の極大化　61
リーダーショップ　142
理論構築　6,7
リンキング・ピン組織　31,148
労働組合　184
労働三権　184
労働志向的経営経済学　36
労務管理　182
ロール・プレイング　183

〔ワ　行〕

Y理論　31,134

〔人名索引〕

Abegglen, J. C.　38, 227
Abernathy, W. J.　208
Adams, J. S.　140
Alderfer, C. D.　133
Andrewa, K.　193, 199, 211
Ansoff, H. I.　33, 63, 171, 193, 199, 202, 211
Argyris, C.　31, 136
Athos, A. G.　39, 234
Atkinson, J. W.　140

馬場克三　34
馬場敬治　34
Barnard, C. I　24, 32, 36, 95, 96, 210, 225
Berle, A.　33, 74
Blake, R. R.　32, 148
Blanchard, K. H.　150
Rurnham, J.　33, 78
Burns, T.　37, 116

Campion, G. 一L.　38
Chandler, A. D.　193, 208, 210
Child, J.　118

Dahrendorf, R.　29
Davis, K.　107
Deal, T. E.　225
Drucker, P. F.　32, 63
Duncan, R. B.　115

Emery, F. E.　112, 114

Fayol, H.　17, 20, 144, 174
Fiedler, F. E.　36, 153
Filley, A. C.　158
Follett, M. P.　161

French, J. R.　165
古川栄一　39

Galbraith, J. K.　78
Galbraith, J. R.　117, 120
Gutenberg, E.　27, 35

間　宏　37, 232, 234
Heinen, E.　35
Hersey, P.　150
Herzberg, F.　31, 133
Hickson, D. J.　37, 123, 124
Hinnings, C. R.　124
平井泰太郎　34
Hofer, C. W.　194, 199
Holden, P. E.　85
House, R. J.　155
Hall, C. L.　136

池内信行　34
石井淳蔵　204
岩田龍子　39, 232, 237-239

Jehle, E.　28

加護野忠男　229
Kahn, R. L.　165
Kast, F.　98, 116
Katz, D.　146, 165
加藤　寛　242
Kennedy, A. A.　225
北川宗蔵　34
古林喜楽　34
小池和男　239
Koontz, H.　24, 31, 142
公文俊平　233

Larner, R. J.　75
Lawler, E. E.　31, 139
Lawrence, P. R.　37, 107, 117, 157
Lewin, K.　31, 145
Likert, R.　31, 146
Litwin, G. H.　215
Lorsch, J. W.　37, 117, 157
Luthans, F.　117

March, J. G.　33, 126, 158
丸尾直美　232
Maslow, A. H.　31, 130
増池庸治郎　32
Mayo, E.　30
McClelland, D. C.　129
McGregor, D.　31, 134
Means, G. C.　33, 74
Mellerowicz, K.　28
Miles, R. E.　37, 118, 119
Mintzberg, H.　124
三隅二不二　148
三戸　公　76, 77
宮崎義一　78
藻利重隆　39
Mouton, J. S.　31, 148
村上泰亮　220
村山元英　220
Murray, H. A.　127

Nadler, D. A.　121
中西寅雄　34
Nicklish, H.　25, 26, 35
二村敏子　127, 129
西田耕三　134
西山忠範　78
野中郁次郎　154

O'Donnell, C.　24, 31, 142
岡本康雄　5
奥村昭博　89
奥村　宏　78

小野豊明　89, 90
Ouchi, W. G.　39, 224, 226, 229

Pascale, R. T.　39, 234
Perrow, C.　165
Peters, T. J.　218
Pettigrew, A. M.　225
Pfeffer, J.　121, 122, 225
Pondy, L. R.　159
Popper, K. R.　28
Porter, L. W.　31, 132, 136, 139
Porter, M. E.　211
Post, J. E.　64
Pugh, D. S.　37

Raven, B.　165
Rieger, W.　26
Robbins, S. P.　154, 162, 180
Roethlisberger, F. J.　30
Rosenzweig, J.　98, 116
Rumelt, R. P.　209

坂下昭宣　127, 140
佐々木吉郎　34
Schendel, D.　194, 195, 199
Schmalenbach, E.　20, 21
Schönitz, H.　20, 26
Schönpflug, F.　26
Selznick, P.　225
Simon, H. A.　32, 33, 101, 126, 158, 167, 168, 173
Skinner, B. F.　142
Smircich, L.　221
Snow, C. C.　37, 118, 119
Stalker, G. M　37, 116
Steers, R. M.　132, 136
Stogdill, R. M.　144
Stopford, J. M.　208
Stringer, R. A.　219

高田　馨　63

高宮　晋　　39, 84, 85
田島壮幸　　5
Taylor, F. W.　　21, 102, 125, 143, 185
Thomas, K. W.　　157, 158, 163
Thompson, J. D.　　38
Trist, E. L.　　36, 112, 114
津田眞澂　　39, 232, 235
土屋守章　　206
Tushman, M. L.　　121

上田貞次郎　　24
占部都美　　5, 231

Vogel, E. F.　　39, 234
Vroom, V. H.　　31, 137

渡辺鉄蔵　　25
Waterman, R. H. Jr.　　218
Weber, M.　　21, 23, 100
Weick, K.　　118
Wells, L. T.　　208
Weyermann, M. R.　　20, 26
Woodward, J.　　37, 116

山本安次郎　　5, 39
山城　章　　39
山田　保　　233
山田雄一　　230
吉原英樹　　209

＜著者略歴＞

大月　博司
　昭和26年　東京生まれ
　昭和50年　早稲田大学商学部卒業
　昭和57年　早稲田大学大学院商学研究科
　　　　　　博士後期課程単位取得退学
　現　　在　早稲田大学商学部教授
　　　　　　博士（商学）

高橋　正泰
　昭和26年　新潟生まれ
　昭和50年　早稲田大学商学部卒業
　昭和57年　明治大学大学院経営学研究科
　　　　　　博士後期課程単位取得退学
　現　　在　明治大学経営学部教授
　　　　　　博士（経営学）

山口　善昭
　昭和32年　東京生まれ
　昭和55年　早稲田大学商学部卒業
　昭和62年　早稲田大学大学院商学研究科
　　　　　　博士後期課程単位取得退学
　現　　在　東京富士大学経営学部教授

昭和61年11月20日　初　版　発　行
平成9年4月15日　第　二　版　発　行
平成19年4月16日　第二版12刷発行
平成20年4月20日　第　三　版　発　行　　＜検印省略＞
平成30年5月28日　第三版10刷発行　　略称―大月経営（三）

経営学――理論と体系――
第三版

|著　者 ⓒ|大　月　博　司|
|高　橋　正　泰|
|山　口　善　昭|

発行者　　中　島　治　久

発行所　同文舘出版株式会社
　　東京都千代田区神田神保町1-41　〒101-0051
　　電話　営業 03(3294)1801　編集 03(3294)1803
　　振替　00100-8-42935
　　http://www.dobunkan.co.jp

Printed in Japan 2008　　印刷・製本：三美印刷

ISBN 978-4-495-33763-6

JCOPY　〈出版者著作権管理機構 委託出版物〉
本書の無断複製は著作権法上での例外を除き禁じられています。複製される場合は，そのつど事前に，出版者著作権管理機構（電話 03-3513-6969，FAX 03-3513-6979，e-mail: info@jcopy.or.jp）の許諾を得てください。